叢書・ウニベルシタス　356

無限の二重化

ロマン主義・ベンヤミン・デリダ
における絶対的自己反省理論

ヴィンフリート・メニングハウス
伊藤秀一 訳

法政大学出版局

Winfried Menninghaus
UNENDLICHE VERDOPPLUNG
Die frühromantische Grundlegung der
Kunsttheorie im Begriff absoluter Selbstreflexion

This book is published in Japan by arrangement
with Suhrkamp Verlag, Fankfurt am Main
through Orion Literary Agency, Tokyo.

目次

III　産出および絶対的総合としての反省
――非再現前化主義的な自己二重化モデルの根本規定（記号、言語、表出）　86

あとがき

凡例

一、原注は行間に(1)、(2)…で示し、訳注は同様に(一)、(二)…として巻末に一括した。
一、「 」は引用箇所(原文中では《 》)を示す。『 』は著作および「 」内の引用やせりふを表す。
一、著者の強調(原文中では〉〈)は〈 〉で示した。
一、( )および[ ]は原則として原文中の使用を踏襲した。
一、〔 〕は訳者の補足・説明(訳し分け・原文表示など)を示す。
一、——はそのまま踏襲したものと、( )に置き換えたものがある。
一、原文イタリックは傍点で示すが、著作名やラテン語、フランス語使用の場合は除く。

日本語版序言

本書の脱稿からおよそ六年を経た一九九〇年のことである。私は京都で芸術的二重化の基礎現象のおそらく最もめざましい自己表出、最も根本的な「露呈」を目の当たりにした。三十三間堂の千一体の観音像である。それらはあたかもドッペルゲンガーの群れのように機械的な列をなして並べられ、それぞれにまた自己自身においても頭上にある十一の顔と四十本の手によって幾重にも二重化していた。そしてこれらの千一体の観音像が配置されていたお堂もまた、パラレリズムの連続体によって構成されていたのである。正面に立つと三十四本の柱の間には三十三の均等な空間、すなわち窪み（間）が見られる。宗教的な想像の世界において、これはさらなる二重化の幻想に誘うものだろう。すなわちお堂の内部の観音像もまたそれぞれに三十三の姿に変化しうるものだという。

だがここはまだ物質的二重化の世界にとどまろう。二重化されたこれらの形象そのもの――その神話的表象ではなくて――は見る者に奇異な印象を与える。それは（一見）画一化された仏像の群れを見た多くの見物客の顔に驚愕として反映している。仏殿の外部建築からその内部の配置に至るまでパラレリズムはあらゆるところで増進され、そこで何か見る者をうろたえさせる力を得るのだ。というのは、千一体の等身大の仏像は救済の手と慈悲の顔の多様性を示す巨大な数の理念に回収されるものではないからである。それを表現するにはむしろ十一の顔と四十本の手をもつただ一体の仏像のほうが適しているだろう。千一体の仏像はほとんど不条理とさえ言える物質性のままで眼前に立ちつくすばかりなのだ。それはドッペルゲンガーの群れであり、機械的な連続反復の産物である。(この反復のために固有の手工業的生産技術も考案されたのだ。)

本書の考察が出発点としているのは、ヘルダーやドイツ初期ロマン主義者のフリードリヒ・シュレーゲルやノヴァーリスが定式化した挑発的な仮定である。それはすなわち、三十三間堂に見られるような一貫した二重化構造は芸術(や呪術)における風変わりな肥大化といった奇態な周縁的現象なのではなく、芸術一般において普遍的に認められるものなのだという仮定であった。本書の考察は、この仮定に形式的なモデルを付与し、理論的解釈を施そうとする試みなのである。

一九九一年一月

ヴィンフリート・メニングハウス

解　題

本書の経験的基底と理論的空間を略述するには、次の二つの特徴的なテクストを引用するのがよいだろう。ひとつは聖書からの引用、もうひとつはロマン・ヤコブソンの『言語学と詩学』からの引用である。まず最初に、ヨブが自分の生まれた日を呪っている不思議な文章を見てみよう。

一、この後、ヨブは口を開いて、自分の生まれた日をのろった。
二、すなわちヨブは言った、
三、「わたしの生まれた日は滅びうせよ。
『男の子が、胎にやどった』と言った夜も
そのようになれ。
四、その日は暗くなるように。
神が上からこれを顧みられないように。
光がこれを照らさないように。
五、やみと暗黒がこれを取りもどすように。
雲が、その上にとどまるように。
日を暗くする者が、これを脅かすように。

六、その夜は、暗やみが、これを捕らえるように。
年の日のうちに加わらないように。
月の数にもはいらないように。
一一、なにゆえ、わたしは胎から出て、死ななかったのか。
腹から出たとき息が絶えなかったのか。
一二、なにゆえ、ひざが、わたしを受けたのか。
なにゆえ、乳ぶさがあって、
わたしはそれを吸ったのか。
二四、わたしの嘆きはわが食物に代わって来り、
わたしのうめきは水のように流れ出る。
二五、わたしの恐れるものが、わたしに臨み、
わたしの恐れおののくものが、わが身に及ぶ。
二六、わたしは安らかではなく、またおだやかでない。
わたしは休みを得ない、ただ悩みのみが来る（一）」。

この『ヨブ記』の第三章の形式上の構成、新しい言葉でいえば「テクスト組織」は、引用された箇所だけではなくて『ヨブ記』全体、詩篇、そしてソロモン王の箴言にいたるまですべてを貫いている。この形式上の構造原理を説明する概念はヘルダー以来繰り返し詩学に記録されている。それはパ、ラ、レ、リ、ズ、ム、の概念である。この概念の語尾にある「イズム」と言う言葉は、文法、意味論、そして部分的には音声におけ

る類似関係の特別な濃度を指し示している。パラレリズムとは「ヘブライ文学」に顕在する一貫した原理としての平行関係形成の支配を意味しているのだ。引用箇所では簡単に約三種類のパラレリズムが識別できる。三節から六節にかけての段落では暗い生誕の日の主題が変奏され、特に意味論的な観点において平行関係となっている。一一節から一二節、二四節から二五節そして二六節にかけては、統語法と文法において、そして一部では音声的にも一貫した平行関係がみられる。最後に二六節だが、これは「わたしは休みを得ない」と「ただ悩みのみが来る」との間に対照法的パラレリズムあるいは逆転したシンメトリーを示している。さらにこれを超えて、個々のパラレリズム的な「かたまり」はそれぞれの内部においてだけではなくて、お互いの間でも平行関係にある。なぜならそれらは最終的には〈同一のもの〉を呪い、嘆いているのだから。

次にヤコブソンからの引用を見てみよう。これは（それ自身がすでに引用なのだが）次のようなものである。

> すべての芸術作品［技巧 artifice］そのものは、パラレリズムの原則に還元できる。詩の構造とは連続するパラレリズムの構造である。(1)

こう言ってよければ、この非常に大胆な命題の芸術哲学的〈実体〉こそが本書が究明しようとしているものなのである。なぜなら、パラレリズム的自己増殖の理論とは事実上、詩的自己鏡像化もしくは詩的自己反省（反射）の理論にほかならないからである。ここでパラレリズムが果たす役割は、単に数ある反省的自己二重化の中で特に人目を引く範例としてのものではない。むしろパラレリズムとの理論的な取り組みは——そしてそれはヤコブソンにはじまるものではない——、はじめは部分的な概念だったものを包括的で普遍的な概念へと強化し、それによってこれを詩的反省の普遍理論と共通の外延を持つものにしていこうとする傾向をもつものなのである。

I　パラレリズム、韻、詩的反省

「何か言うべきことがあるのなら一度に言うか、あるいは秩序ある描写を続けること。決して止めどない繰り返しをしてはならない。どのようなことでも二度言わなければならない者は、一度目では半分だけ、そして不十分にしか言わなかった、ということを示しているにすぎない[1]」。ヨハン・ゴットフリート・ヘルダー[一]によれば、ヘブライのパラレリズム〔対句〕に対する同時代人の批判とはこのようなものに帰着する。これはしかし、単なる日常常識に還元される類の批判ではなく、詩学の最前線に関係する批判である。この批判に対するヘルダーのメタ批判によって、パラレリズム概念は単に技術的な記述的カテゴリーから脱して詩学の中心概念へと転じたのだ。フリードリヒ・シュレーゲル、ヘルダーリン（*H* 184）、あるいはまたロマン・ヤコブソンにおいても、後世の理論的意図からのパラレリズム概念の再考は、その詩学的カテゴリーとしての〈源泉〉をヘルダーに帰している。この概念形成それ自身がヘルダーの決定的新機軸であったということではない。彼がこれに付与した新しい意味、新しい価値が決定的なのだ。すなわち彼は、均一化する形式的図式、つまり無限の二重化を命ずる単なる規則の骨組みを単調にそして表面的に適用しているだけだ、という嫌疑からパラレリズムを根本的に救済したのである。

詩的自己二重化の種類として一般にもっともよく知られた〔脚〕韻もまた、十八世紀の中ごろに同じような困難な状況にあった。これに異議を唱える声はヘブライの対句に対する懸念よりもずっと厳しいものだったのである。百五十年余りもドイツの詩文学をほとんど完全に支配してきた脚韻を踏んだイァンボス・トロカイオス形式に対して、クロップシュトックはその形式の「絶え間ない同じ響き」だけではなく、押韻の義務そのものをも、「不格好な言語騒音」で詩芸術を音声的パラレリズムという単調なくびきの下に置こうとする「悪霊[2]」として断罪したのである。たしかに類似性の現象に関係し、単調、表面的、動機を欠いた二重化といった同一の基準に照らし合わせた批判ではあるが、ヘブライの対句に対する批判と押韻に対する批判とは、必ずしもすべてにおいて一致するものではない。しかしヘルダーはいずれの批判に対しても反対の立場をとっていた。クロップシュトックの批判に初めは強い影響を受けていたレッシングやヴィーラントと同様、彼はやがて脚韻に対して新しい価値評価を見出すことになる。『人間性促進のための書簡』(一七九六)においてなされた韻の「保持」のための彼の弁明は、「われわれの詩から韻を奪わせはしない[3]」という確固たる信条告白に終わるのである。じつはすでに数年前に『オリエント考古学のための断章』(一七六九)や『ヘブライ精神について』(一七八二)といった書物でヘルダーは、韻は詩を基礎づける普遍的な「シンメトリー構造[4]」の一種であることを認識していたのである。「韻とは(……)連続するパラレリズムである[5]」。このように韻をパラレリズム概念の下に包摂することにおいてすでに、パラレリズム概念を包括的普遍へと一般化し、『聖書詩篇』においてみられる「シンメトリー」、「変奏」、「対照法」などの構造を詩文学全般に拡大しようとするヘルダーの意図が看取される。ヘルダーの論証は三つの段階に分けてその軌跡をなぞることができる。まず第一の段階は、特殊現象における経験的所見の確認である。

ラウスは、ヘブライの詩句がパラレリズム、つまり同義、対照、あるいは先行する意味の変換であるような詩句のシンメトリーを好むものであることを証明した。そして、聖書の詩篇、預言書、そしてヨブ記を読んだものなら誰もこのことを否定することはできないだろう。(6)

第二段階では、この特殊現象の起源と意味が問われる。たった二個の華麗な総合文(二)でヘルダーは自己の理論の実証的保証人の仮説の誤謬を訂正し、そこからさらなる普遍的考察に入るのである。

ラウスはこのようなヘブライのパラレリズムの起源を寺院の聖歌、聖堂の交誦に求めているが、これはどう見てもありえないことであり、およそ詩の歴史というものに反する考えである。ヘブライ人の詩はまず寺院で発生したものであり、決して舞踊や宴の中から人間の感情の子として生まれ出て、それから祭壇の奉仕者にされたのではない、などということを彼はいったいどこから聞いてきたのだろうか——もしそうだとすれば、ここでは寺院の詩は、他の民族の場合のように、自らの母、つまり田舎の音楽、若者の歓喜の叫び、民謡や民族舞踊からその姿を受け継ぐ必要はなく、むしろこれらの音楽が予言的に寺院の聖歌隊を手本にして自己形成したことになってしまうだろう。さらに根源的にパラレリズムを持っているのは寺院の歌謡、すなわち詩篇(それは必ずしもオリエントの詩芸術における最上のものではない)だけ、——「神をたたえて歌え」と響き渡るあの一連の歌だけなのだろうか。あるいはむしろすべての歌がそうではないのか。寺院からもっとも遠くにある歌も、説話の中の短い感情の発露も、物語の中に現れる炎のような短い比喩も、さらに歴史という長い物語自身もパラレリズムを持っているのではないのか。ヘブライの詩芸術のすべては、その詩的言語の深部にいたるまで、綿々と連なるパラレリズム(対句)である。——しかしそれは果たしてすべて綿々と続く連禱なのだろうか。

それでもよしとしよう。すべてのオリエントの詩芸術は、基本的には同様にパラレリズム的である。その問いと答え、祝福と呪い、教理と格言、謎かけとたとえ——これらすべては二つの面を持ってふらふらしているのだろうか。いや、むしろ二本足で悠々と歩いているというべきだろう。さてこれらのオリエント文化のすべてがイェルサレムの神殿で育ったと言うのだろうか。その言語、舞踊、歌謡のすべてがユダヤの神官聖歌隊のもとで形成されたとでも。だがここで結論を言えば、なぜそれがオリエントに限定されなければならないのかということなのだ。あらゆる未開人の古く単純な文学はこの二声のリズムを好むものである。それが北の民でも西の民でも、森の民でも山の民でも、スカンディナヴィア人でも北アメリカ人でも、ラトヴィア人でもラップランド人でも同様である。彼らの言語が詩に、そしてその詩が歌に、崇高なもの、魔術的なものに近づけば近づくほど、それは交誦に、そしてパラレリズムになっていくのだ。さていったいこれらの民族のすべては、その荒々しい魔法の響き、地の国の悪霊たちの歌声までを見ても、いったいどこにユダヤの神官聖歌隊と共通点を持っていると言えるのであろうか。(7)

パラレリズムの根源を、舞踊、音楽、言語における、普遍的なシンメトリー形式へ向かう傾向の中に求めようとする、このすばらしい論理の核心は、次の箇所においてもっとも明確に言い表されている。

個々の心象や感情の発露に技〔人工《クン》・芸術《スト》〕、つまり整理や形成が加わったとき、〔……〕まさにこのパラレリズム以外のどんな秩序、どんな規則、どんな組み合わせが自然で無理がなく、単純明快であり得たであろうか。二という数はもっとも簡単な尺度である。それはもっとも簡単で好まれる思考の対称形であり、言葉の運動、リズム、構造である。ここにおいてもっとも簡単な舞踊、すなわち向かい合って踊る聖歌隊、あるいはもっとも簡単な思考のシンメトリー、すなわち反復と対置、謎かけと答えが生じたのである。詩文の構造におけるもっともわかりやすいシンメトリー、すなわち対句あるいは脚韻が多くの民族において生まれ出た。そしてついには聴覚にとってもっとも自然なリズム、すなわち二つの相互対応する詩行である。これらはすべて同一の原理から発している。すべては、個々のばらばらの感情発露をもっとも簡単で無理のないかたちで、シンメトリーという単純な構図にしたがって美しく整理する技の野生の萌芽と起源を同じくしているのだ。結局のところこれらは、すべての言語、いかなる民族、どの地域においても確認されるものなのである。われわれは何もイェルサレムの寺院まで巡礼する必要はない。この地上で自然が詩を語り、技がそれを整理するところならどこでも、建築、舞踊、歌謡、人間の形姿、絵画などすべてのものにおいて、もっとも簡単なシンメトリーが芸術〔schöne Kunst〕の起源であるように、このパラレリズムが詩芸術の起源であるはずなのだ。(8)

ヘルダーはすなわち「自然のリズム」の理論においてパラレリズムを基礎づけ、この理論で芸術の「原理」を把握できたと信じていた。このパラレリズムの起源の理論によって、彼は、動機を欠いたもの、あるいは単に儀礼的なもの、とされる「ヘブライ文学」の二重化現象に向けられた批判に対して、いかなる迷いも感じずにすんだのである。はじめに引用された批判に対して、彼は次のような鋭い反問で対抗することもできたのだ。「それではあなたがたはまだ一度も舞踊というものを見たことがなく、またギリシャ演劇の合唱隊の歌を、そのストローペとアンチストローペ(三)を聞いたことがないのですか(9)」。

ヘルダーのパラレリズム賛美の第三段階は、すでに先行する第二段階にかなり盛り込まれているが、舞踊と音楽における「ヘブライ文学」の起源という定理とは無関係なものになっている。それはパラレリズム概念を、他の、まだこの概念の下に包摂されていない言語的創造行為にまで敷衍しようという試みである。もしもヘブライの対句〔パラレリズム〕が、表出一般が持つ「シンメトリー構造」への普遍的な傾向の中にその基礎を持つとすれば、むしろ逆にそれはそのような普遍的傾向が言語芸術において現れた例として唯一のものではないはずだ、ということがすぐに推測される。そして実際ヘルダーにとってヘブライのパラレリズムは、もっとも明白で「もっとも単純な詩的構成、形象、音調における均整[10]」にすぎなかったのである。ここで誰もが次のように推測するだろう。ヘルダーがヘブライの対句および脚韻という争点になっている諸現象をこれほどまでに弁護するのは、彼がこれらとともに何か別のもの——これらがただ極端に明証的に示しているあるもの——が批判にさらされている、と考えていたからだと。あるいは別の観点から言えば、シンメトリーや変奏や対照法のような詩におけるパラレリズム構造に関する彼の普遍理論は、必ずしも脚韻や詩篇の語法の評価とは結びつかないのである。このことはヘルダーが「もっとも単純なもの」としてのヘブライの対句と比較している「もっとも技巧的でもっとも繊細な」パラレリズム形式、すなわち古典古代の戯曲や頌歌の韻律の形式において示される。そこには脚韻はまったく見られず、意味上のパラレリズムは副次的な役割を担っているにすぎない。

> ギリシャ人の長短韻律は一つの国語が作り上げたもっとも技巧的でもっとも繊細な韻律であるが、均整と調和の上に成り立っている。最古の詩が歌われた六歩格は、その音調にしたがって言えば、延々と続くが常に変化していくパラレリズムである。このパラレリズム構造をより正確に構築するために、特に哀歌形式〔Elegie〕においては、五歩格が付け加えられる。これは二つの半詩行の繰り返しにおいて、やはりパラレリズムなのである。もっとも美しくもっとも自然な種類の頌歌の美はパラレリズムによるものである。それゆえ、詩節の美しい音調の交替にともなって軽やかなパラレリズムが聞こえてくればそれだけその詩節は心地よいものになる、

とさえ言えるだろう。たとえばサッフォー詩形やアルカイオス詩形、あるいはコリアンボス詩形の名をあげるだけで、このことの例証としては十分である。これらの韻律はすべて円熟した技術であり、言葉と音が美しく織り合わされた花冠である。だがオリエントでは二本の連珠はまだひとつの花冠に結び合わされておらず、ただそれぞれ別々にぶら下がっているだけなのである。(11)

この文章にならい脚韻の断固たる敵対者のクロップシュトックでも賛同し得よう。彼とヘルダーの相違点はつまるところ単なるパラレリズムの賛否論争ではなく、詩の根本原理として一貫するパラレリズムをより普遍的に捉えた理論の内部での、歴史的色彩を帯びた〈趣味問題〉として理解されるべきなのである。この離接をはっきりと見きわめておくことは、ヘルダーのパラレリズム概念の短絡的な理解を避ける意味でも重要なことである。つまりヘルダーのパラレリズム概念の意味を理解するためには、必ずしも「ヘブライ文学」や脚韻（これは民衆短唱詩や民謡に対する彼の高い評価によるところが大きい）に対する彼の態度に同意する必要はないのだ。ヘルダーのパラレリズム概念の意味は、むしろ彼の論証の極端な道筋の中に見出される。つまり、大いに人目を引き、論争のもとにもなっている二つのシンメトリー現象をめぐる同時代の議論に触発されてはじまったヘルダーの議論は、パラレリズムは普遍的な詩の根本構造であるという主張へ向かう傾向があった、ということだ。ヘルダー(12)によるこのパラレリズムの名誉回復に依拠しているのは、脚韻論の講義におけるペーター・リュームコルフだけではない。あの構造主義詩学の創始者であり、いまもなお乗り越えられない〈完成者〉でもあるロマン・ヤコブソンもまた、自らのパラレリズムの普遍理論においてヘルダーの名をあげている。

「パラレリズムの偉大なる擁護者」をもって自任するヘルダーは、後世しばしば見受けられた見解、すなわち、パラレリズムは単調で永遠の同語反復であるとか、すべてを二度言わなければならないのは初めの一回が結局のところうまくいかず未完成なのだ、という見解に対して断固として戦った。「あなたは舞踊を見たことがないのだろうか」というヘルダーの鋭い反問はヘブライ文学とそのような舞踊との比較から導かれたものだが、文法的パラレリズム構造を遺伝的不完全性から目標をもった詩的操作としてのよりふさわしい地位へと高めたのである。[13]

ヤコブソンのパラレリズムの（再）発見は四つの段階に分けられる。まず第一は、一九一五年に着手されたロシア民謡の詩形の記述においてである。これは、ヘルダーのパラレリズムと脚韻の理論も本質的に彼の民衆詩の知識に裏打ちされている、という点でヘルダーの場合とよく似ている。

学生時代から私を魅了してきたのは、ロシア民謡の詩句が常にあきらかに示す内的組織、特に隣合った詩句を一貫して結び付けているパラレリズムでした。ロシア民謡の専門家たちがなぜこの事実にほとんど興味を示さなかったのか、私には不思議でたまりませんでした。こういった詩句の対形成による首尾一貫性をもつテクスト組織は、聖書の詩句構造からよく知られたものでありましたから。なにせパラレリズムという概念それ自身さえ、今からちょうど二百年前［ヤコブソンがここで過去を振り返っている時点は一九八〇年である―メニングハウス］にそこから借用されたものなのです。それが同じように規則的なフィンランドの叙事詩における類似の詩句秩序に適用されたのです。[14]

民謡の分野におけるパラレリズムの再発見は、ロシア・フォルマリズムという名でよく知られている芸術詩理論として発展を遂げた。ヤコブソンの『ロシア現代詩』(一九一九)は「文学性」[15]を人為的二重化の操作、つまり対句、同義語、音位転換、脚韻などによって規定している。未来主義はこのような「操作」を、「大幅に意味拘束から解放することによって」「露呈」する。[16]ヤコブソンのテーゼは、この操作の露呈によって詩の本質自体が露呈される、というものである。指示機能が弱く論理的結び付きのない単語による押韻という、まさに外部に向けられた二重化現象こそが芸術の一種の原現象である、とする命題はここのところから出てくる。「隠された形式において、押韻の目的で選ばれた単語による押韻こそが詩一般に特徴的なのである[17]」。レヴィ＝ストロースもまた、後に似たような論理で神話の構造論的解釈を主張することになる。異なった叙述構図の同形性、等価表徴の束の永続的な反復、一見異なった神話間の相同性等々を、彼は「すべての言語において見られる」現象である「二重化」と比較しつつ解釈するのである。音や神話素パラダイムは、二重化されることによって自己のシニフィアンとしての存在の自己自身に対する差異を露呈し、それによって初めてシニフィアン的要素となり、これがメタレベルにおいてそのもの自身でもなくそれを意味することもしない何かを構造的に示すのである[18]。「反復は神話構造を顕現化させようとする独自の機能を持つ[19]」。

二重化とは常に同一の(自然の)「客体」にぎこちなくそして模倣的に呪縛されているものではない。二重化とはむしろ、音素や神話素が「それ自身が記号表示の対象ではなく[20]」、音声の音響的実体性や神話の連続体の始源的意味へのカテゴリー的飛翔である超在構造の実現の手段であることを「強調」するのである。これらの二重化現象において指し示されるものは、レヴィ＝ストロースにとっては結局のところその二重化現象そのものでしかない。というのは、この現象は最終的な超シニフィエを指し示すことをせず、結局のところ等価物や対蹠物（＝陰画的二重化）の間の指示・媒介遊戯でしかないとされる人間の精神を指し示すからである。(21) シニフィアンの二重化はそれゆえまずその「始源的」シニフィエ（あるいはその「存在」）からの解離として、次に新たな構造的規定の差異要素への潜勢力付与として、そしてまさにここにおいて一方では「文学性」、他方では人間「精神」の本質の自己表出として考えられる。これがレヴィ＝ストロースと、初期のすでに隠れ構造主義者の段階を脱していたヤコブソンにおける類似的な二重化の価値評価の三つの基本要素である。

ヤコブソンのパラレリズム理論の第二段階であるロシア・フォルマリスムの詩学は、たしかに内容的にも時期的にも第一段階と区別しにくいのだが、それから数十年を経てやっと展開された明確なパラレリズム理論を視座において考えると、やはり本質的な進歩を示している。対構成による「テクスト」の物質的「組織」に注目した方法は、聖書や民謡の詩句の対句形成の考察にのみとどまるものではなく、もっと拘束力の弱い他の詩的形式にも適用される。それは「軟化」する一方で――そしてまさにそれゆえに――拡大するのだ。ヤコブソンは水平等価原則とそれによって生じる自己関係性の、より多くの、そしてより複雑な変種を次々と発見した。脚韻、韻律、意味論における既知の平行構造に、特に文法的パラレリズムや言語のさまざまなレヴェル間でのパラレリズムが加わったのである（後者の観点は、たとえばペーター・ションディのツェラン解釈の土台となっている）。ヤコブソンは自己の記述装置を整備して、（潜在的には）どんな詩作品でも微視的、巨視的な視点におけるパラレリズムの織物として対象化できるようにした。詩学的言語学者としての実践において、彼はずっと自分のパラレリズム理論の第二段階、すなわち、詩句つまり詩作品をフォルマリスム的および構造主義的分析の格好の「対象」とする見解に忠実だったのである。だがおよそ一九六〇年頃から、時期的には重なり合いつつ、さらに二つの契機がパラレリズムの考察に加わっている。そのひとつとは、平行構造を厳密に「コード化」されたものとむしろ「潜在的な」ものとに徹底的に区別することから出発し、「散文作品のもっとも自由な構成」までもパラレリズム概念を用いて記述しようとする――ヤコブソン自身によっては果たされぬままに終わった――構想[22]に帰着する契機である。そしてもうひとつの契機とは、言語学的詩学者ロマン・ヤコブソンの経験的知識と、そしてこう言ってよければ形而上学的な知識とを総括し、「パラレリズムとは韻文および散文芸術を構造分析する際に非常に役立つ記述基準であるばかりではなく、まさに芸術の本質そのものなのだ」という定理に至るものである。このように、明らかに成功した記述の手続きを芸術の形而上学に移行させることによってはじめて、ヤコブソンの詩的構造主義は固有の理論とその実践の妥当性とを確証化することができたのである。というのは、パラレリズムが本当にすべての文学性の本質であるときにはじめて、その経験科学的研究は、たしかに芸術作品の「外的」組織の興味深い細部観察を提供してはくれるかもしれないが芸術の「内部」までは切り込めないのではないか、という広く流布している懸念から解放されるからである。

伝統的文学研究もまた正負のさまざまなパラレリズム（＝対立）の認識を求めて努力してきた、との指摘はもちろん正しい。そして実際に、対応、一致、反復、相似、類推、対立、二律背反、対比等々の豊富なパラレリズム概念の疑似類義語をわれわれは知っている[23]。だが構造主義の概念としてのパラレリズムが意味するのは、文芸学それ自身と同じくらい古くそして同じくらい流布している文学研究の実践を用語的統一と方法論的先鋭化を図りつつ単に統合するということだけではない。それは文学自身の完全に特殊な理論を意味しているのだ。このような理論的価値づけによってはじめて、後から導入され遡及的にそれ以前の実践にも適用されるヤコブソンの構造詩学の基礎概念の「イズム」が新しい形で動機づけられるのである。というのは、「ヘブライ文学」の平行構造はまさにその執拗な徹底性によって「イズム」の名がふさわしかったように、パラレリズム概念が散文の大形式の「潜在的」で「自由な」構造にまで拡大されたいま、単なる平行関係との差異は、そこに文学性一般の特殊な本質が措定されるというところに基礎づけられるからである。非常に思弁的なこの理論の保証人としてヤコブソンが常に引き合いに出すのは、「前世紀のもっとも刺激的な詩人の一人であり、同時にもっとも魅力的な詩学理論家でもあったジェラード・マンリー・ホプキンズ（一八四四〜一八八九）」[24]である。すでに一八六五年の学生時代の著作においてホプキンズは、パラレリズムが「ヘブライ文学」やその他の詩句形式の「明確な外延を持つ」平行構造のみに限定されるものではなく、より「うつろいやすく色彩的な」形式において、無韻律言語芸術にも認められるものと考えていた。ヤコブソンは、言語学的詩学の領域における彼のすべての考察の晩期の精髄として、このホプキンズのパラレリズムに対する信条を共有している。

文学の芸術作品的［人工的］な側面、あるいはそれどころかすべての芸術作品［技巧］そのものは、パラレリズムの原則に還元できる。詩の構造とは連続するパラレリズムの構造である［……］。[25]

連続するパラレリズム、（自己）二重化の永続、これが結局のところ意味するのは、「いかなる連続体も類似である」[26]ということである。この詩的なものの定義として現れた明確なテーゼとともに、ヤコブソン自身によっては主題化されてはいないのだが、彼の一般言語学としての構造主義と個別詩学としての構造主義の間にひとつの亀裂が入ったように思える。音声学者ヤコブソンは、弁別的差異システムの優れた分析家として、ソシュール構造主義の基本的業績、すなわち否定的・差異的規定の原則に常に余すところなく忠実である。だが文学の定義においては、対抗よりは平行、つまりネガティヴな差異の構造よりはポジティヴな類似の現象に重点が移るのだ。ネガティヴな差異の場としての日常言語に対して、芸術の言語は、ベンヤミンの言葉で言うところの「類似のものの領域」（*II* 204）として対置される。ここのところから、パラレリズム概念は構造主義詩学の基本概念である、という命題が対照的な焦点深度を得ることになる。というのは、構造主義一般の基本概念とはまさに差異性、すなわち「実定的な個々の部分を持たない差異[27]」の概念だからである。

しかしこのような対置は再度の省察[四]に耐え得るものではない。ヤコブソン自身がこれを実際には語らなかった、ということだけではなく、これを彼の理論に内包される結論として――少なくともこのままの形では――ヤコブソン自身に帰するわけにはいかないからである。たしかに彼は、純粋な差異原則と純粋な専断性原則――どちらもソシュールによれば同一の事象の二つの側面[28]にすぎないのだが――に異論を唱え、これに制限を加えている。ソシュールが音声学から得た「経験」を思弁的にすべての言語現象に「一般化し、言語には実体的な個々の部分を持たない差異しかないと主張するのは不当である[29]」と。「近似性原則〔la ressemblance〕[30]」の非常に単純な例は、多くの言語の複数形である。複数形の物質的シニフィアン〔Nächte, nuits, noches, nights〕は、それらのシニフィエの多数性に対応して、単数形のシニフィアン〔Nacht, nuit, noche, night〕よりも多くの音素や文字素をもっている。このような「意味するもの〔signans〕と意味されるもの〔signatum〕の間の内的な図象的結合[31]」や、ある記号組織内部のさまざまなパラメーター間の実定的な近似性構造を、ヤコブソンはすべての言語システムの契機であると考えている。だがその領域とは、彼にとっては「詩的言語[32]」なのである。ただこの限りにおいて、しかも単に段階的な程度においてだけのものとして、日常言語と詩的言語が、対立と相似、つまり否定的な差異性と実定的な近似性という基準にしたがって区別されるということにすぎない。

しかし、ヤコブソンのパラレリズム概念は、正確に読めば、決して構造主義の否定的差異原則の対極にあるものではない。それはむしろこの原則を包含している、と言うかあるいはむしろ逆にこの差異原則が彼のパラレリズム概念を差異の領域における特殊現象として包含しているのである。と言うのは、パラレリズムとは決して直接的および自己現前的な実在ではなく、本質的には言語の差異の戯れにおける結果〔Effekt〕なのである。（五）もっとも単純な脚韻の例でこれを説明してみよう。ある音素グループの反復は必ずしも他の音素の非反復、すなわち相違する押韻語による制限をともなってのみ生じるわけではない。脚韻が脚韻となるためには、非類似記号の連続を通過することが必要なのだ。他の記号の背景を前にして初めて、まさにその背景によって、相似は相似として規定されるのである。韻においてある音声的自己現前が他の音声的自己現前の中に反射する、というのではなく、むしろ両者のシンメトリー的現前は、本質的には、その両者相互の間のみならず、他の記号組織全体に対する差異関係の結果なのである。これをまとめると、押韻語は押韻語としての自己自身から、すべての韻を踏まない語によって、そして少なくとも部分的には、すべての韻を踏む語によっても分離されている。そしてこの自己からの分離によって、押韻語ははじめて押韻語たり得るのである。差延作用の理論家ジャック・デリダが韻の中にテクスト性一般の基礎現象を認めることができたのはまさにこのことによる。「韻——テクスト効果の普遍法則——は、次々に同一性と差異性を襞化（六）し続ける」（*Lds* 309）。

パラレリズムの理論とはそれゆえ、それ自身が同時に差異性（七）の理論でもある。それは、詩的言語と日常言語の区別をつける近似性や肯定的模倣性の現象の優勢にもかかわらず、というよりまさにそれゆえに、差異性の理論なのである。だがヤコブソン自身はこのような考察を示さなかった。彼もデリダも、否定的差異性という構造主義の原則を肯定的類似性によって屈折させることを真っ向から論じてはいない。差異と類似性の協力関係の考察は、それゆえ詩的自己反省〔反射〕[八]性の理論という未決の問題として残っている。だがひとまず、ここでヤコブソン自身による彼の詩学の中心公理の説明に立ち帰ってみよう。

文学の芸術作品的〔人工的〕な側面、あるいはそれどころかすべての芸術作品〔技巧〕そのものは、パラレリズムの原則に還元できる。詩の構造とは連続するパラレリズムの構造である〔……〕。

「すべての芸術作品」の構造と本質としてのパラレリズム——これではあまりにもみすぼらしいひからびた美学的形而上学にみえる。これはいったいどういう意味か、と誰もが尋ねたい思いに駆られるだろう。この公理はいったい何を〈意味〉しているのか。この問いは、ヤコブソンの思想内部ではまず次のような解答を得るだろう。パラレリズム概念とは、文学を「表現に向けて調整を施された」[33]「自己照準的な」[34]言語形態（機能）とするヤコブソンの比較的初期の現象学的な定義と、後期になって発見されたこの定義のいわゆる遂行的実現、すなわち自己関係的発話（エクリチュール）は「等価原則が選択軸から結合軸へ投射することによって具現化する」[35]という認識による実現とを統合するものなのである。等価原則の水平化がパラレリズムを「生み出し」、このパラレリズムにおいて再び言述の自己自身への回帰が認められる。このように考えれば、計算はぴたりと割り切れる。だがパラレリズムを文芸の本質であると宣言するこの理論の芸術哲学的価値を問うた場合には、これではぐらかしか引き延ばしにしかなるまい。そして事実ヤコブソンの思想は、その根底に触れるところで必ずがっかりさせるような中断を見せるのである。たしかにヤコブソンの理論は、詩学的実践の理論的意識まで迫っている点で、ただ単に無反省にはしゃぎながら研ぎ澄まされた構造主義の記述装置を利用する多くのエピゴーネンとは一線を画すものである。だが彼がたどりついた定義は技術的に不毛であるため、素朴な形而上学には違いないが拒否することのできない意味問題に満足のいく解答を与えるよりはむしろ、「テクスト組織」の構造主義的分析と芸術の「内的」な神殿とは架橋不可能な亀裂で分断されている、という世間に流布している留保の正当性を追認しているように見える。それでもヤコブソンの定義によって「構造主義の盲点」が盲点として浮かび上がってきたことはたしかである。そしてこれが盲点のままであって決して解明された点ではないということは、ヤコブソンが自分の著作の中でパラレリズム概念の理論的基礎づけが必要になると必ず多大な賞賛とともにG・M・ホプキンズの学生時代の理論を拠り所にするという軽率さを示していることによってとりわけ証拠づけられるのではないだろうか。

ヘルダーはパラレリズム概念を均衡と調和へ向かう人間学的、あるいは存在論的努力の中に基礎づけたが、ヤコブソンはこれをおそらく次の二つの理由から採用することができなかったようだ。ひとつには彼にはヘルダーの理論があまりにも思弁的に思えたからであり、もうひとつの理由は、それが詩以外の場所に詩的パラレリズムの基礎を割り当てているからである。だがヘルダーの基礎づけに代わる案をヤコブソンは提出していない。それどころか彼はむしろヘルダーやホプキンズのパラレリズムの価値評価に漫然と寄りかかっており、読者がさらに多くを期待するところでは必ず次のような空虚な決まり文句でその期待を裏切るのである。つまり、パラレリズムによって「明確な均質性と多様性の両立」[36]、「部分と全体の複合編成」、「対立と一致の緊密な詩的結合」[37]が可能になると。このような決まり文句に満足できない読者は――ヤコブソンが読者として考えているのは「学問以前」の説明の欲求をすでに放棄してしまった人々なのだろう――、すべての「文学性」の原理としてのパラレリズム概念の芸術哲学的価値に関する問いの答えをどこか別のところで探さなければならない。そしてこの問題こそ本書の課題であり、それは芸術作品の自己反省的組織化についての初期ロマン主義の理論とその理論のヴァルター・ベンヤミンによる叙述に立ち帰ることによって考察される。だが誤解を避ける意味ではじめに言っておかなければなるまい。ここでは決してパラレリズムの哲学が主題とされて、その展開のためにロマン主義の詩的反省の理論を援用しようというのではない。そうではなくてむしろ逆にロマン主義の詩的反省の理論の叙述が主眼であり、これがそれ自身パラレリズムの哲学へのひとつの寄与というか思考モデルを提供することになるのである。

新旧のパラレリズム、およびそれとともに与えられる自己反省性の詩学に向けられる三つの可能的な問いのうち、ここではひとつだけに絞って考察されることになる。まず考えられる第一の問いとはおそらく、十分に精緻な分析を経てもなお「すべての芸術作品はパラレリズムの原理に還元」できるということが経験的にも事実なのかどうか、ということであろう。私はこれは疑わしいと思う、というより反対したい。だがこの問いは立てないことにしよう。パラレリズム概念およびその代理概念を用いると芸術的諸現象のかなりのことが記述できるのでこれは芸術の基礎現象のひとつである、というだけでこれから展開される考察にとっては十分だからである。第二の問いは、普遍的なパラレリズム概念の枠組みのなかでどうしたら文学史上の区別がなされ得るのか、ということだろう。ヤコブソンの著作の中には次のような解答がみられる。すなわち文学性の歴史的差異は、パラレリズムの原理が常に他の言語レヴェルや修辞的文彩に、あるいは少なくともさまざまな言語要素の異なった優劣関係に変化していくことの中から生じ、またそこにおいて存続していくのである、と。だがこの問題も本書のテーマとはしない。この本で取り扱うのは理論的「実体」、すなわち文学技法的二重化現象の芸術哲学的価値の問題だけである。つまり、経験的顕在的なパラレリズム現象の意味を理論においても正当に評価するためのどのような思考モデルを美学は提供してくれるのかという問題である。

ロマン主義の芸術理論と科学主義的な構造主義の間には一見何も共通するものはないように思える。だがここでも多くの場合と同様に、第一印象は欺くものだということが、ヤコブソンの次の言葉で立証される。「ドイツの書物の中で〔もしそれを読んでいたら〕どれがもっとも自分の言語学の体系形成に役立っていたか」という問いに対して彼は、フッサールの『論理学研究』と並べて、一九一二年に知ったというノヴァーリスの『断章』を挙げているのだ(38)。ノヴァーリスの認識論的考察の中にヤコブソンは、部分と全体の問題および「不変性と変化の問題」に関する自分自身の考えが先取りされているのを認めているのである。これはヤコブソンの（先に引用した）パラレリズムの特徴の二大要素である。なぜならパラレリズムとは、相互に関係づけられたテクスト単位の不変性と変化が同時に生じることによってできているからである。さらにノヴァーリスの言語論を見ると、この関係はもっと密接なものであることがわかる。そのもっとも有名な断章である『独白』をヤコブソンはロシア・フォルマリスムの先取りとして引用している。

言語と数式とが同じような関係にあるということを、人々に理解させることはできないものだろうか。両者はともにそれ自身だけの世界を形成している。どちらも自己自身とのみ戯れ、自己自身の不思議な本質以外は何も表現しない。そしてまさにそれゆえに両者はこれほどまでに表現に富んでおり、まさにそれゆえにそこに事物の不思議な関係が映し出されるのである。（N2, 672）

ここで思い出してもらいたいのは、ヤコブソンが、構造言語学のレヴェルでは、その構成要素同士も「お互いに反射しあう」パラレリズムの堅固な構造が存在することにおいて、というよりはその存在の中に言述の自己照準を認めているということである。そしてこのようなヤコブソンにとって重要な理論的後見は、フリードリヒ・シュレーゲルにおいてノヴァーリス以上に明確な形で見出される。というのは、シュレーゲルはきわめて初期の段階において押韻を否定しておきながら、そのほんの僅か後の時期になるとパラレリズム一般の同義語としてこれを高く評価しているが、この間の理論的亀裂を埋めるのは彼の自己反省理論の展開そのものであったからである。

真性のロマン主義芸術理論をいちばんはじめに導入した一七九五年に書き始められた著書『ギリシャ文学研究論文』においてもまだシュレーゲルは――ここではまだヘルダー以前の十八世紀に流布していた見解から抜け出ていないのだが――、押韻に対して否定的な言葉しか見出せないでいる。韻とは「なじみの薄いゴシック装飾」で「頑固なよけいもの」であり、「偉大な巨匠たちの名人芸をもってしてもこれを根絶することはなかなかできない」ものとされる。その結論は、「芸術〔美しい技=schöne Kunst〕にとって韻は異質な夾雑物であり続けるだろう」(SI, 234f.) というものである。だが一八一二年の文学史講義のシュレーゲルは、ヘルダー(そしてヤコブソン)と軌を一にして、比類なき一貫性をもって「ヘブライ歌謡のパラレリズムが(……)詩篇の中で個々の詩行やその部分においてのみ現れるのではなく、全体の構成をも支配している」ことを賞賛さえしているのである (S6, 109f.)。この講義の中ではさらに、クロップシュトックの押韻否定論に対しての反論さえ試みられている (S6, 373f.)。この後期シュレーゲルのパラレリズムの特性記述は、同時にシュレーゲルに押韻否定論を放棄させた理由のひとつを提示している。すなわち、韻とは決して個々の詩行の組における対形成だけにおいて存在するものではなく、ひとつの作品の「全体の構成」のなかにもあるものであり、そしてさらにこれは散文作品にも当てはまるものだ、という発見である。ヤコブソンがパラレリズム概念をヘブライ歌謡という特殊な「テクスト組織」から切り離して「すべての芸術作品」へと拡大していったのと同様に、シュレーゲルは同じような普遍化を押韻概念に対して施したのである。そしてそこへ向かう可能性の萌芽は、すでに『ギリシャ文学研究論文』においても見られる。というのは、「芸術」からの押韻の追放は、押韻が「特徴的文学の重要な道具」として認可されたことによって少なくとも相対化されるからである。シェイクスピアとセルバンテスはシュレーゲルにとって「近代の特徴的文学」のもっとも偉大な代表者だが、まさにそれゆえに彼による押韻概念の肯定的普遍化の主要な実例でもある。たとえば、シェイクスピア劇のシンメトリー構造を論じている箇所では、「私はこれを巨人的な、あるいはシェイクスピア的な韻と呼びたい。なぜならシェイクスピアは韻の巨匠だからである」(S2, 163)と言われる。演劇におけるシェイクスピアに相当するのは——同じくシンメトリーの名人だが(S2, 283)——散文ではセルバンテスである。「セルバンテスにおいては思考さえ韻を踏んでいる。そしてこれこそがもっとも本質的なことなのである」(*LN*, 1589)。これらの現象への洞察とともに、最後にはパラレリズムの構造原理としての押韻に対するシュレーゲルの最後の留保さえ失われてしまう。そして韻は最初に排除された「美しい芸術」の領域にまで関係づけられ、美しい芸術を近代において継承し発展させているのはゲーテの『ヴィルヘルム・マイスター』ということになるのである。

> 近代詩の傑作にはその内部と全体にも韻、すなわち同一ののもののシンメトリー的繰り返しがある。これは作品にこのうえもない円熟味を与えるのみならず、ときには悲劇的効果を発揮することもある。たとえばそれは老女バルバラが夜にヴィルヘルムのテーブルに並べたシャンペンの瓶と三個のグラスである。(S2, 163)

老女バルバラがヴィルヘルムとマリアーネの契りの夜とヴィルヘルムにも責任がないわけではないマリアーネの死の物語の間にこのような小道具を用いて演出した「韻」は、決して孤立した特殊な技法ではない。それはその二つの極点の間に小説の筋の緊張を締めくくり、「円熟」の構成要素でありつつ同時に作品全体を貫くあの不協和音、すなわちあやしげな「陶冶〔Bildung〕」の代価として、首尾よく生きられないすべての生の破壊を要求するあの不調和の発露を支援するのである。これはひとつのパラレリズムで、事実性（韻の対）の執拗な同形性においてその特徴が根本的に変化したという意識をつのらせ、この同一と対立の弁証法において小説の推進力に――シュレーゲルの言葉を借りれば――「自己自身を表出させる」（S2, 134）のである。

構成的パラレリズムを扱う本書の基礎づけの先取りとしてはこれで十分であろう。ヤコブソンのノヴァーリス受容やシュレーゲルの押韻概念によって次のことが十分に明白だからである。すなわち、初期ロマン主義者によって記述された言語形成物の自己関係性の理論は彼らのパラレリズム現象への関心と結び付いており、テクストのパラレリズム構造の彼らによる概念的把握――「韻」はそのひとつの同義語にすぎない――は、逆に彼らの「自己表出」理論、すなわち言語形成物の自己反省構造の理論に立ち戻るのである。このようなヤコブソンの文学定義における二つの極に対する完全な平行関係こそ、ロマン主義の詩的反省についての理論が同時に構造主義詩学の哲学的基礎理論のモデルとはなり得ないだろうか、すなわち構造主義詩学の理論的欠落の中心をなすあの「盲点」、つまりパラレリズム理論の芸術哲学としての卓越した価値の解明のための基礎理論として使えないだろうか、と期待させる理由なのである。

たしかにフリードリヒ・シュレーゲルは、かつて「人間精神に固有な並列させ対置させる本能」について語っているが（S2, 190）、ロマン主義者たちは――ヘルダーの場合とは異なって――パラレリズムを「自然のリズム」[39]という人間学的理論の中に基礎づけようとはしないし、あるいはせいぜいしたとしても間接的なやりかたにとどまっている。彼らはたしかにヘルダーによるパラレリズムの名誉回復から批判的な部分を受け継いではいるが、肯定的な基礎づけの枠組みを人間学と普遍的な諸調の考えから観念論哲学の問題と言語に移し換えたのである。「自己を自己自身において二重化する」（*SI2*, 325）という形式的構造を、彼らは、いかにして反省、自己意識、そしてついには「絶対者」が可能になり表出され得るのか、という哲学的でもあり文学的でもある問いに関係づけた。この問いに対する彼らの解答は、基本的には表出能力の、つまり反省的平行構造の特殊な総合の精細な理論以外の何物でもなかった。これはその本質においては〔存在〕記号論の形態をとっていたのである。この理論は〈古典的〉になった構造主義の基本モティーフと同時に、それに対するポスト構造主義からのメタ批判と徹底化——とりわけジャック・デリダによってなされたような——を先取りする。鏡像反射の遊戯は、その徹底化においては、デリダが「現前性の形而上学」と呼ぶものからの離脱へと導くのである。この現前性の形而上学はヤコブソンの初歩的なパラレリズム「理論」においてはまだ問いただされることなく力を保持しているのだが、それは存在、意味あるいは精神のような、いわゆる即自的に自己自身であり、ただ追補的に後から〔*nachträglich*〕記号において再現前化〔*repräsentiert*〕されるだけの先行的現前性〔*vorgängige Präsenz*〕をもつものの想定によって命脈を保っている。このような前・後、前〔Prä-〕・再〔Re-〕といった〈古典的〉な論理は、ロマン主義者によって反省というそれに代わる予定的概念において突破されることになる。鏡像反射すなわち反省とは、彼らの理解においては、もはや前提とされる鏡像化されるものや反射〔反省〕されるものに付加的に付け加わるものではない。むしろ反省の運動とは——これは双対性であり、差異の分裂形式であるが——いちばんはじめから反省するものと反省されるものの両者を構成するものなのである。その概念に含まれる再〔Re-〕の要素に対する徹底的な切り返しにおいて、ロマン主義者たちの反省は、ベンヤミンの表現を使えば、「論理的に第一次的なもの」（*I* 39）、「絶対的に創造的なもの」（*I* 63）、「芸術およびすべての精神的なものにおいて根源的で構成的なもの」(*I* 65) になる。この「再」の〔先行的〕生産性〔*Produktivität*〕と構成性に対する洞察、およびそれと表裏一体をなすものだが、記号の差異的遊戯への外化に先行する、あるいはその彼岸にある自己現前的な存在、意味、精神などの脱構築は、ベンヤミンによって予言的に認識された「反省がそこにおいて無から生起する反省の無作用点」(*I* 63) へと導き、最終的には記号論および存在論の根本的転回へと回収されるのである。この両者の交差するところ、あるいはもっと正確に言えば、表出の問題を〈即自的〉に表出されるものまで広げて徹底的に考察したことによって、ノヴァーリスとシュレーゲルは、個々の用語法の矛盾律に至るまで、驚くほどの範囲においてデリダの存在記号論の中心図式――たとえば構成的補遺、根源的遅延、始源的代補、原痕跡、エクリチュール――を先取りしているのである。

これで、本書において総合的に考察され、また相互に解明の手がかりを与えることになる四つの要請の概略が定まった。

1、初期ロマン主義の反省概念をフリードリヒ・シュレーゲルとノヴァーリスのテクスト、および両者の同時代人のフィヒテ、シェリング、ヘルダーリンのテクストとの関係において再構築すること。その際、修辞学、数学、幾何学から借用された概念や観念、および初期ロマン主義自身の思考法における修辞性に特に力点がおかれる。

2、この問題連関のベンヤミンによる、彼にしては珍しく狭いテクスト基盤の上に構築された叙述、および「研究文献」におけるその前史および後史の検討。(この検討作業はベンヤミンの博士論文の解題と批判を越えて、テクストや理論とのベンヤミンの摂取的交流一般、つまり彼の読みと引用方法のモデルを提示することとを同時に課題とする)。

3、詩を自己自身において反省的でパラレリズムを産出する「言述」形式とするロマン・ヤコブソンの構造主義的な文学の定義の上に、ロマン主義の(詩的)自己反省理論を「結像」させること。

4、それ自身一部は反省理論の地平に立つものであり、同時に一部はその理論自身でもある初期ロマン主義の思考形象をデリダの思考形象、その根源的差延作用の理論との類縁性において解明すること。

この四つの理論の「筋」をひとまとまりにすることによって濁ったアマルガムを作るのではなく、それらが創造的なまとまりとして結び付くことを、この概念的作業は願っている。この概念的作業の目標は――この点において哲学的美学の伝統に忠実であることになるが――自己自身の中にある。なにか共通の分母のもとにすべてをまとめてけりをつけるということではなく、芸術の基本現象と詩学の根本的素材をめぐる思弁的な思想群を――あるときは明確な理論として、またあるときは技術的・実践的な解釈行為の内含として――共鳴的にそして対決的に動かしてみることである。概念の展開の抽象性に対してつりあいをとるのは、本書の後半三分の一にあたるところだが、初期ロマン主義者たちの文芸批評の実践の叙述と概念の展開が交差するところである。そこで中心的役割を果たすのは、もちろん『ヴィルヘルム・マイスター』の受容問題であり、わき役として登場するのがセルバンテスとシェイクスピアである。シュレーゲルの『マイスター』批評との平行関係に立ち、ロマン主義的反省概念に関する博士論文に連続するものとして、ベンヤミンの『親和力論』も理論的構成概念の具現化として考察に加えられよう。批判的・思弁的な概念的作業がまずもって文芸批評的実践のより正確な理解のための繊細な基準を開示していくように、逆にロマン主義哲学と文芸批評の両者を総合的に考察してはじめて、これまでほとんど触れられることのないままにされてきたシュレーゲルの諸概念、つまり根源的二元性あるいは二重性（二重中心理論）、転置法、楕円、双曲線、倒逆法、破格構文、パレクバーシス（語りの逸脱）等も、全体の叙述の主要名辞として価値付けられることが立証されるのである。

ベンヤミンの博士論文の頃と比べて資料面では大きな変化が見られるにもかかわらず、ロマン主義者の断章の概念および主題追求型の読みに関して言えば、その方法論的な問題はそこから何の影響も受けてはいないようである。最近のロマン主義「研究」には二種類の極端な方法がみられる。そのひとつとは、批判版大全集の編集の場合によく見受けられることだが、個々の断章や手記を直接それが属している文脈の内部だけで解釈しようとすることであり、もう一方の極端とは、さまざまなノートやファイルの類似箇所を平行して読破しようという、いまだ衰えぬ読みの実践である。これに対してベンヤミンはロマン主義者のテクスト総体の体系的解釈の方法論的問題を、自ら先駆者として未だ乗り越えられないレベルで開陳している。彼は（再）構築的に改竄され――そしてそれによって特権化した――「傾向」とそれに対抗する傾向および個々の言説との衝突を単に無視することなく認めているだけではなく、むしろ自ら導き出していこうとしているのである（*I* 41f.）。そして彼は散在する言述の「体系的関係可能性」――およびそれと同時に引用可能性――を、「ロマン主義者自身がはたしてそのような体系を完全な形で提示したかどうか」という問いからはっきりと切り離した。これによってベンヤミンは、作者からの作品の離脱、つまり意図、作品、批評の三者の創造的非同一性というロマン主義特有の認識を、ロマン主義者自身に帰することができたのである。ベンヤミンにとって問題追求型の読みの正当性はそれ自身の内部に見出される。そのような読みがさまざまな異質な断章を「体系的な思考経路へと関係付ける」ことができるとすれば、それは

「体系的注解の可能性および権利を〔……〕行動によって示すということに他ならない」(*I* 41)。すなわち、ロマン主義者にとって「批評可能性」が詩的、哲学的そして歴史的形成物の最高の基準であり、後代〔Später〕における進行的形成(*I* 71)へと向かうそれら形成物の(メシア的)傾向の基準であったように、意味ある「関係可能性」とはベンヤミンにとっての研究の基準だったのである。[40]

一筋縄ではいかない引用とのベンヤミンのつきあい方は、個別的に見ていくと、曖昧であり矛盾さえしている。だが個々の断章の文献学と体系的浸透の間の原理的差異の決して注意深いとはいえない取扱いにもかかわらず、ベンヤミンは彼の特殊対象において「深層」解釈と解釈されたものの語義通りの意味との間に広範囲にわたる一致が見出せると考えていた(*I* 42)。それどころか彼は、引用における省略は「当然のことながら断章の意味に変化が加わらないように行われた」(*I* 120)とさえ主張している。この「当然のことながら」という注釈が単なるアカデミズムの義務によるものなのかどうかはさておき、これはベンヤミンのテクストを見ていくと幾度も、そしてしばしばかなりひどい虚偽であることがわかる。このような方法論的観点に立って、本書はそれゆえ次のような目標を設定する。ここではベンヤミンの体系的要請を実証的文献学によって否認することもしなければ、文献学との合体を拒否することで救済することもしない。ここで試みられるのは、詩的反省の思弁的な理論――それは必ずしもベンヤミンのそれとは完全に一致するものではないが――を得るためには、実際のロマン主義者の言説にベンヤミン自身が宣言し実行したような超越化や過重化を施す必要はまるでない、ということを明らかにすることである。

II　ヴァルター・ベンヤミンによるロマン主義反省理論の叙述

『ドイツ・ロマン主義における芸術批評の概念』――これがヴァルター・ベンヤミンの博士論文（一）の題であった。だが、より正しく、またふさわしい題としては、むしろ『ドイツ・ロマン主義における詩的反省の理論』のほうがよかったのではないだろうか。というのは、この論文全体の核であり焦点となるのはロマン主義の反省概念であり、批評の概念はこの反省概念の体系上の結果のひとつを形作るものにすぎないからである。この反省概念の体系上の結果はそのほかにも、形式、作品、イロニー、超越論的ポエジー〔Transzendentalpoesie〕、小説〔Roman〕等いろいろあるが、それらは決して副次的叙述にとどまるものではない。むしろこれらの主要概念をベンヤミンは厳格な首尾一貫性をもって無限反省の理念から導き出した、と言っても決して過言ではないだろう。あるいは、ベンヤミン自身の言葉で言えば、「そこ〔反省の理論〕から彼ら〔ロマン主義者たち〕のもっとも重要な芸術哲学的概念、すなわちイロニー、作品、批評といった概念の解説が企てられる」（*I* 707f.）のである。

反省の直接性と無限性

ベンヤミンの博士論文の第一章は、シュレーゲルとノヴァーリスの「ロマン主義的反省概念」を「フィヒテの反省概念との関係において」説明することにあてられている（*I* 19）。この説明の枠組みは、その導入部においてすでに二つのシュレーゲルからの引用の解釈によって境位を定められているが、それによって次のような後々厄介なことになる問題が生じている。このロマン主義的反省のベンヤミンの最初の「解釈」は、非常に〈自由〉な取扱いを受ける一連の引用の最初のものであるだけではない。これは同時に反省概念の叙述における根本的な制約と歪曲に向けての出発点でもある。はじめの引用はテクストの無理な使用としてはまだ比較的罪のないものであり、なによりもそのテクスト濫用の意識を裏付けるとともに客観化することによって隠蔽もする言語表現が興味を引く。

シュレーゲルは「ルツィンデ」(一)のなかで次のように言う。「思惟は、自己自身に次いでは、果てしなき思惟ができるものについて思惟することをもっとも好むという特性をもっている」。ここで同時に理解されているのは、自己自身についての熟考において思惟は決して終わりを見出さない、ということである。（*I* 18）

シュレーゲルは思惟が好んで対象とする二つのものについて語っている。自己自身についての思惟と、それに次ぐものとして「果てしなき思惟ができるものについての」思惟である。ベンヤミンにとっては無限の自己反省が関心事なので、この二つの「対象」の同一化が必要になる。そのような同一化は他のロマン主義者の言説からでも無理なく導出することができたかもしれない。しかし実際にここで引用されている文章からは、少々無理な力を加えないと望まれている同一化を導き出すのは不可能である。そしてまさに「ここで同時に理解されているのは」（誰によって？　なにゆえに？）という見え透いた表現によってここでなされているのがそれである。このような決まり文句は――ベンヤミンの博士論文の外部ではほとんどお目にかかれないものだが――その他の言語レベルとの落差において確実な「嘘の証拠〔index falsi〕」である。「ここで同時に理解されているのは」に代わって、ベンヤミンが第二の、そしてもっと重大な結果をもたらす――あえて厳しい言葉を使えば――語義からの解放を開始するために用いたのは、「それゆえこれによって」という表現である。

「自己自身に立ち帰る活動の能力、つまり自我の自我でありうる能力が思惟である。このような思惟はわれわれ自身の他にいかなる対象も持たない」。それゆえこれによって思惟と反省が同置される。しかしながらこの同置がなされるのは、反省において与えられ、自己自身についての思惟の思惟という以外に何も定義を与えられないままあやしげな価値とみなされるあの無限性を、単に思惟に保証するだけのためにではない。むしろロマン主義者たちは、思惟の反省的な性質のうちにその直感的性格の保証を見出したのである。（*I* 19）

ベンヤミンの「それゆえ」は豊富にあるが、それに続く文の論理性は決して保証の限りではない。まず、自己自身に関係づけられているのは、フィヒテおよびシュレーゲルやノヴァーリスの多くの言説においては、反省としての思惟の特権ではなく、(1)知的直観の特徴でもあるのだ。この知的直観とは「われわれ自身およびわれわれの行為の直接の意識として」たしかに自己関係的ではあるが、これは論理的および超越論的反省の形式を持たない。それゆえシュレーゲルによって主張された思惟の自己関係性それ自身から〔per se〕「思惟と反省」の同一化を結論づけることはできないのである。第二に、そしてこれが特に重要なことなのだが、ロマン主義者たちが「思惟の反省的性格のなかにその直観的性格を認めた」ということに対して、ベンヤミンの叙述は、典拠の上でも論証の上でも、この箇所ではいかなる支えも見出せない。ベンヤミンがここで漠然と確信の源であり支えの岩として頼っているのは、自己反省の哲学史的および体系的機能なのだろうか。つまり反省の両極の距離が比較的小さい、あるいはむしろその距離が近いと思われるので、自己の意識は〈外部の〉事物の認識よりも疑いようがないものだ、というような仮説なのであろうか。だがまさに自己反省の地位に関するこのような論理こそロマン主義者たちによって破壊されたものではなかっただろうか。ベンヤミンもこのような伝統的論理に回収させるつもりはまるでないようだし、むしろ彼は同時期のシェリングや、少し時代が下がるとヘーゲルの著作に見られるような反省の間接性や外面性といった否定的性格付けに対して、ロマン主義的反省概念を守るために一線を画そうとしていたようである。だがふだんはベンヤミンの強みとなるもの——〈古典的〉ドイツ観念論の範例的な階層秩序と健全な人間悟性という観念からの徹底的な離脱——は、ロマン主義の反省概念に関する限り、まずは見当はずれの方法論に陥ったようである。というのは、間接的で分離する思惟の形態から「直接的」で「直観的な思惟」の唯一の形式へと反省概念の解釈を変えたことは、ベンヤミンが主張するような形では、用語法の領野におけるロマン主義者たちの革命的新機軸に属するものではないからである。だがさしあたりここでは、ベンヤミンの反省概念の導入における——これと深い関係にある——もうひとつの要素へと進むことにしよう。それはロマン主義的反省の唯一の対象として形式を特権化したということである。

ベンヤミンのフィヒテに関するいちばん最初の考察は、『知識学』の初版に先行するテクストである

『知識学の概念について』（一七九四）に関するものである。フィヒテはそこで反省という語を二度類縁的な意味で用いている。まずは論理学を視座において次のように言われる。論理学においては、空虚な、いかなる内容にも無作用的な思惟の形式が、抽象化する反省の主題であり内容となる。そしてこのことによって再び自らがひとつの表出形式、つまり「形式の形式」[2]を見つけ出すのである。「知識学」――これはすべての個別学を基礎づける「知性の必然的行為」の学とされるが――で問題とされるのは、たしかに「互いに離れることがなく」内容に結び付いている諸形式である（また逆に内容も形式に結び付いている[3]）。だが知識学がこれらの諸形式を反省的に意識化し、同時に「知および意識の新しい形式へ」取り入れる[4]限りにおいて、ここでもやはり「反省という言葉において理解されるのは形式に向けられた変形的反省作用」（*I* 20）なのである。「形式の形式」という語義は、しかし決して特殊なものではない。これは論理学と知識学の差異を超越するのみならず、少し工夫すればほとんどすべての表出に関係させることができる。しかしベンヤミンは、それでもこの言葉においてフィヒテの反省概念の完全な定義を見出したと信じていた。反省と形式の相関関係はここから出発してすべての表出の段階を通して立ち現れ、結局は「芸術作品のロマン主義理論とは」、それが詩的反省の理論であるがゆえに、あるいはまたそうある限りにおいて、「作品の形式の理論」に帰着するものとされる（*I* 72）。これは大きく見れば間違ってはいないが、それはフィヒテの反省概念との対決が切り詰められたためにではなく、むしろそういった対決が切り詰められたにもかかわらず成功したというのが実情であろう。というのは、フィヒテの初期テクストにおける抽象と反省を組み合わせた行動形式の定義を見ると、それらは結局のところ実にさまざまな現象に――つまり思惟の形式だけではなく――適用可能なものだからである。反省を何かに合わせるという場合、その何かとは、反省の内容が〈即自的に〉内容であるか、形式であるか、あるいはその両者であるかにかかわらず、常にひとつの（表出の）「形式」を見つける「内容」の位置にあるのである。

反省を形式の形式とするどちらかといえば浅薄な見方は、それ自身としてよりもむしろその解釈において衆目を集める。ベンヤミンは言う。「あきらかにここでの問題は直接的認識の規定およびその正当化の試みであり、これは後にフィヒテによって試みられた知的直観を介した基礎づけとは異なったものなのである」（*I* 21）。あるいは別の言葉で言えば、「（フィヒテは）反省をある形式の反省と規定し、この道筋で反省のなかに与えられた認識の直接性を証明している」（*I* 20）。「あきらかに」と「この道筋で」というこの二つの根拠付けの定式は、ベンヤミンがそれに対して真の根拠付けの責任を負う、いや負わねばならない不透明箇所となっている。というのは、事態は実のところまるで違っているからである。ベンヤミンが「反省的思惟と直接的認識の交互の相互原因的所与〔Durch-Einander-Gegebensein〕」（*I* 19）のテーゼで示唆しているのは、そのテクストの基盤を考慮に入れて考えると、ほぼ次のようなことである。すでに『知識学の概念について』のなかでフィヒテは、「直接的」で「自己自身によって確実」だとされる最上位の命題について語っている。(5) だが同時に、唯一の認識形式として挙げられるのは反省的抽象である。すなわち、反省とは直接的認識の形式である、と結論付けるのが当然と思われる。だがそのような結論はあまりにも短絡的にすぎる。なぜなら同年に完成した『知識学』においても、フィヒテの主張とは次のようなものにとどまるからである。すなわち、知性の必然的な、自己自身によって確実な行為とは「反省の介在を経て」(6) あるいは「そこを通って」「探し出される」(7) のみであって、抽象する反省自身がこの直接的な無条件性として決して証明できない確信そのものであるとか、抽象する反省の実行のなかにこの直接性が存立する、ということにはならないのだ。むしろ逆に、ベンヤミンが認識の目標とその手段を短絡的に同一化しているのとは違って、フィヒテはシュレーゲルやノヴァーリスと同様、この両者の間に埋めがたい溝を見ていたのである。このような認識へ至ることができたのは、ロマン主義認識論の中心主題であるにもかかわらずベンヤミンが驚くべき論理立てで消去させてしまっている反省の基本特徴、すなわち対象化の問題を、彼らがきちんと視座に据えているからなのである。

「絶対者」、すなわち知性の無制限の行為は、いかなる事物的存在に対しても正反対のものであり、限定された対象としては決して把握できないものである。しかし反省がどこに向けられようと、その場所はすでにそのことによってひとつの対象となるのである。「すべてわれわれがそこに反省を向けるところは、いかなるものであっても対象であり、対象としての諸法則にしたがう」とノヴァーリスは言い、さらに次のように続ける。「われわれがそこに反省を向ける限り、たとえ非対象的なものであってもひとつの『対象』になる」(N2, 106)。非対象的なものに向かう哲学にとってこのことは結局、「反省によって非反省を表出しようとし、結局そこを通っては非反省にたどりつかない」(N3, 122)というジレンマを意味することになる。直接的認識を保証せずに反省は反省されたものへの関係においてひとつの逆転、つまり「逆転秩序〔ordo inversus〕」(N2, 127)を作り出す。この逆転が、絶対者が「決して自己自身の尻尾をつかませない」(N2, 131)ことの保証となっているのである。同じようにシュレーゲルも「至高者に反省によって実定的に到達する」(S19, 25)ことの不可能性について語っている。そしてこのことはまず自己反省に目を向けるとよくわかる。自我が自己自身を自我として反省するところでは、自我はもはや自我ではありえず「分裂した自我」(N2, 131)、つまり反省の主体と客体、反省の能動の極と受動の極に分裂させられるのである。後期のフィヒテは次のようにまとめている。反省は「その本質上自己を分裂させて自己自身になるものであり」、それによって「すべての反省形式が絶対的無に崩壊する」という危険とともに、「実在の破壊」へと導くのである。[8]

認識における「自己把握」が同時に「自己破壊」でもあるというこの洞察は、フィヒテを反省の拒絶にではなく、その限界意識における反省の「実行」へと導く。[9] シュレーゲルとノヴァーリスは、反転させる反省の反転を比類なきほど徹底的に押し進め、事実この運動において結局は反省の形式を絶対者のもっとも固有な（表出）形式とみなすことになったのである。そしてこの考えは、絶対者を反省の媒質とするベンヤミンの理論の基礎を形作る。だがこのことはもう少し後になってから展開しよう。さしあたりここでの課題は、反省の直接性のベンヤミンの「導き出し方」があまりにも雑駁であったこと、そしてロマン主義哲学の問題状況に妥当ではないその次元において、むしろ正反対の結論が現れたことを解明することであった。たとえば、フィヒテは一七九七年の『知識学の新叙述』においてはじめて反省を直接的認識の形式として認めた（I 19, 21）、ということも事実ではない。たしかにフィヒテが「われわれ自身の直接意識」に対して「知的直観」[10]という用語を使いはじめたのは、実際に一七九七年以降、すなわち『知識学』の初刊が出た三年後からであるが、すでに一七九四年にはもう反省における自我が「自己の行為を直接的に意識化すること」が不可能であることについても語っている[11]のである。

それゆえ、初期のフィヒテが直接的認識という「表現」を決して彼の反省概念に直接には関係させなかったということは、ベンヤミンが勘ぐっているような（I 19）単なる用語上の不明瞭さでは決してない。むしろ、最初期のフィヒテは反省の限界規定においてしばしば明確さを欠いていた、とさえ言えるのかもしれない。ところで、当のベンヤミン本人も『知識学の新叙述』を視野に入れつつ簡潔かつ的確に次のように言うとき、思惟＝反省＝直接性という等式を修正している。「思惟の直接意識は自己意識と同一である。この自己意識はその直接性のために直観と名付けられている」（I 25）。だが、何かを「その直接性のために」直観、あるいはそれ以前やそれ以後にも何度もそう言われるように、反省と呼ぶことができるだろうか。フィヒテの知的直観のなかに（自己）「反省が決して消去されることなく呪縛されている」（*I* 25）ということによってこの矛盾を調停しようというのはかなり無理な話であろう。というのは、その自己関係的性格にもかかわらず知的直観が導入されたのは、反省との差異が主要な動機となっていたからである。そして最後にもう一言だけ付け加えておこう。それは、すくなくともシュレーゲルに関する限り、ベンヤミンにおける反省の直接性のあまりに直接的な基礎づけに対して、いわゆる歴史的土台というものを斟酌してやってもよいということである。彼は主として近年になってから入手可能になったテクストにおいてだけ、しかもそこですらごくまれにしか反省の根本的間接性を主題化していないのだから。だがノヴァーリスの同類の発言は、部分的にではあれ当時のベンヤミンも読むことができたはずである。たとえば感情と反省の関係をめぐる一七九五年から九六年にかけてのフィヒテ研究の断章群（*N*2, 113–125）は、ベンヤミンが使用したエルンスト・ハイルボルン編集の版ではゆうにその三分の一、すなわち『演繹』のすべて（*N*2, 113–117）が、それに続く注釈や補足を欠いてはいるが、掲載されていたのだ。そこに叙述されている反省理論のモティーフがまったく言及もされなければ引用もされていないのは、ベンヤミンの資料選択におけるひとつの謎である。もっとも反省の対象化性格を端的に言い切る言説は、ハイルボルンの版には欠落しており、しかも今日読むことができるようになった他のすべての手記の束を見ても、見あたらないのだが。

直接性という点に関するフィヒテとロマン主義者の共通性よりも、むしろこの両者を分ける分水嶺を見つけ出すときのベンヤミンのほうがより的を射ている。その分水嶺とはすなわち「無限性」である。いかなる反省もそれ自身さらなる反省の対象になることができる。「反省のメカニズムはいかなる方向をとろうとも無限なるものへ向かう」（*SI*8, 250）と、ベンヤミンが読むことのできなかった『哲学的修業時代』

のなかでフリードリヒ・シュレーゲルは述べている。この無限性の帰結とは、断片的、あるいは暫定的ではない反省的自己意識は不可能だということである。「完全には、そして厳密な意味では誰も、自己自身を知り得ない」（S2, 115）。あるいは、「自我はいかなる反省によっても汲み尽くされることはない」（S18, 374）。なぜならすべての有限の反省がなし得るのは、その不完全な様態において、無限の反省連関におけるる完全な「自己浸透」という決して果たされることのない企投へと差し向けることだけでしかないからである。ロマン主義者たちはここに、自己というものの無尽蔵性、その発展的成就の妥当な表出形式、いや存在形式を看取していた。ベンヤミンはこのことをきわめて鋭くえぐり出したが、同時にその理由付けを放棄し、あまつさえそのような理由付けが不可能であるとさえ主張したのである。「反省は空虚な無限性となるのではなく、自己自身の内で実体的であり成就している」ということをベンヤミンは、もはやそれ自身その土台を問うことができないロマン主義的思惟の「公理的前提」（*I* 31）と、すなわちそれに対して「根拠」を求めることは「完全に見当違い」（*I* 62）であるような「形而上学的信条」とみなしていたのである。

ベンヤミンはこれ以上に極端なかたちで自己の叙述の中心部分を任意の専断的受容にさらすことはできなかっただろう。だが、反省の「成就した無限性」の観念（*I* 26）の根拠を挙げることができるかどうかということは、もうすこし後になってから問うことにしよう。少なくともフィヒテは反省の終結不可能性に対して反対の立場をとっており、これに対してはベンヤミンもはっきりとひとつの理由を挙げている。フィヒテの考えによれば、もし思惟する自我と思惟される自我とに無限に分裂し二重化していけば、すなわち自己意識に、そしてさらに自己意識の自己意識に、というように無限の分裂と二重化に入り込めば、理論哲学の領野では「決して本当の自己意識に到達することはできない[12]」と言われる（もちろんここで

「本当の自己意識」というときは、フィヒテにならって定立と披定立物との差異の彼方にある主客同一〔identische Subjekt-Objektivität〕として考えることを前提としている)。反省の無限性とはそれゆえ障害要因であり、発展的成就の様態ではない。ここから知的直観の構想が生まれる。それゆえすでに最初の『知識学』において「自己意識の源泉」は「絶対的抽象能力」としての「理性」に置かれ、この抽象能力によって「(反省的)構想力の相互作用が完全に廃棄され、この廃棄自身が直観される[13]」のである。かくして最後には「理性(ここでは理論理性)の完全な規定」が理性自身によって可能となる。すなわち「表象者の表象[14]」である。ベンヤミンはそれゆえ、次のような簡潔な確言にいたることができた。

フィヒテはいたるところで自我の活動の無限性を理論哲学の領域から閉め出し、これを実践哲学の領域へ押し込めようと努力している。一方ロマン主義者のほうはこれをまさに理論哲学、そして哲学全体にとって構成的なものにしようと試みているのである。(*I* 22)

ベンヤミンが無限反省の概念を視座に据えて展開したように、ロマン主義が理論哲学の優位性を復権させたことが、フィヒテの諸カテゴリーの改変的受容において決定的な触媒の役割を果たしてきたことがこれまで幾度も確認されてきたが、その場合ベンヤミンの範例的前作業に言及されることは一度もなかった。だがベンヤミンに対しても価値相対化をするコメントが二つばかり可能であろう。まず第一に、フィヒテにおいては理論哲学に対する実践哲学の優位があるので、結局は彼においても実践的自我の活動形式としての無限性が下位におかれた理論哲学における制限の試みに対して優位を保っている。だがこの実践的自我の無限の行為は反省の形式ではなくて反省の対極にあるものの形式、すなわち努力、および無限定位の形式を持っているのである。第二点。自我の他の理論的行為様式による反省の囲い込みを視野に入れることで、ベンヤミンは「反省はフィヒテ哲学の方法ではない」（*I* 29）というテーゼに到達する。だがこれでは方法と内容の境界を消去することになってしまう。というのは、フィヒテの方法とは、彼の自己理解によれば、「反省による介在を経た[15]」人間精神の必然的な行動様式の「捜索」の方法だからである。この「反省列」の介在を経て他の行為形式もそれ自身反省として見つけ出されたとしても、まだ方法には何の変化ももたらされない。知的直観ですらフィヒテは哲学的反省の様態で導入したのだ。もちろんこの場合はまさに反省に対する不満足に重点がおかれ、反省はこの知的直観に決して追いつくことはできないし、いわんや追い越していくなどということは決してできないものとされたのである。

ひとまずベンヤミンの博士論文の再構築および脱構築はここまででやめにしておこう。他の重要な意味側面を多少おろそかにしつつではあるが、ロマン主義的反省概念にとって「二つの契機、すなわち直接性と無限性」（*I* 25）が本質規定的契機であることが明らかにされたからである。ただしその根拠は部分的にしか満足させるものではなかった。しかしこの基礎づけの欠陥は、以下の各章が示すことになるが、かなり修正できるものなのである。だがそれにしてもベンヤミンを概念的外挿へ走らせたものはいったい何だったのか。それが初期ロマン主義テクストの読解だけだったとはとうてい信じがたい。というのは、それらのテクストに関しては次のような事実があるからである。反省概念は、ベンヤミン論文で（そしてそれ以降の多くの研究論文でも）ほとんど前触れもなく突然割り当てられた大切な役回りをほとんど演じきっていないのである。たしかに遊戯的自己反省は長いことロマン主義詩芸術の特性として通用してきたし、シュレーゲルの芸術的自己鏡像理論を述べた『アテネーウム』断章一一六と二三八はその注釈とされてきた。しかし、たとえこれが反芸術的であるとまで非難されなかったとしても、作品内の作品についての直接の反省的言及とは、ロマン主義者にとって「絶対者」の中核、および全体性における芸術作品の中核でもある反省構造の極端な、そして結局は周縁的な現象でしかない、ということについてのいかなる意識もそこには欠けていたのである。そしてこの認識の欠如にはじつは理由がないわけではない。ロマン主義者が反省概念に直接言及する文言は非常に乏しいものであり、そのわずかの言及箇所でも必ずしも一義的に反省の体系的な指導的役割が指摘されているわけではなかったというのがそれである。

ベンヤミンもまた「ロマン主義の深奥のいくつかの傾向については、ほとんど典拠が見つけられない」（*B* 188）と語っている。この「深読み」の要請と実証的文献学との間の葛藤には、必ずしも体系的かつ還元不可能な理由ばかりではなく、非常に偶発的な編纂史的理由もある。ベンヤミンは彼の主要保証人であるフリードリヒ・シュレーゲルの初期の哲学的および文学理論的テクストのうちほんの一部だけを、しかも断片的にしか読むことができなかった。一九五七年の『文学ノート』、一九六三年と一九七一年の『哲学的修業時代』のIとII、一九八一年の『詩と文学についての断章』のI等（三）、多くの膨大な覚え書きや研究草稿がその後次々に公刊され、さらにこれから公刊されようとしているが、これらの資料はベンヤミンが入手可能だった断章集『リュツェーウム』、『アテネーウム』、『イデーエン』）を数倍にもわたるその量において圧倒しているのみならず、まさにベンヤミン論文の微妙な核心問題についての豊富な論証典拠の宝庫でもあるのだ。これほど劇的にではないが、ノヴァーリスのテクスト状況もかなり変化してきている。ベンヤミンが用いたエルンスト・ハイルボルンの版（Berlin, 1901）は、今日読むことができる哲学的断章や覚え書きの約半分を収めている。ベンヤミンが取り扱ったテーマに関しての質的な観点からいえば、これは約三分の二にも及ぶものである。だがこの比較的恵まれた資料状況を、ベンヤミン論文はほとんど利用していない。むしろ逆に、反省概念に言及するノヴァーリスの直接の文言は、その大部分がほとんど触れられることなく考察の対象からはずされている。あきらかにベンヤミンは、これを部分的にしか自己の構想に吸収することができなかったのである。もちろんそれに対して『アテネーウム』や『リュツェーウム』断章では、反省の主題化のための代表的な概念を見つけ出すことにベンヤミンは成功している。さらに彼は、その編者の名をとって『ヴィンディッシュマン講義』と名付けられた一八〇四年から一八〇六年にかけてのケルンとパリでの講義を、一八〇〇年までの時期のシュレーゲルの思惟が内含する認識論の補完的典拠とするというはなれ技を広範囲に用いている。これらの講義と『アテネーウム』時代の間の断層を隠そうともせずに、すべての物質的特殊性を捨象しつつ、ベンヤミンは「認識論的基礎措定」のなかにひとつの同一の「構成要素」(*I* 17, 34)を見出すのである。

いかに方法論的に明確な意識に基づいて取り扱われているとはいえ、他には欠けている反省や直観などについての体系的発言が含まれているとなると、『ヴィンディッシュマン講義』をアテネーウム時代の論拠として大胆に用いようとする誘惑は抑え難いものになる。しかしこの問題はもっと後になってから論じることにして、ここではまだごく一般的な考察にとどめておこう。ベンヤミンが引用した箇所でしか『ヴィンディッシュマン講義』を知らない人は、少なくともこの講義においては、ベンヤミンが初期ロマン主義のすべての段階に妥当すると遡及的に主張している反省のあの地位がほぼ認められていると考えることだろう。それゆえなおさらのこと、ここにおいても、この純粋に認識論を取り扱う章の枠のうちにあってさえも、反省とその理論が占める位置価がいかに控えめなものであるかということを知れば驚嘆するに違いない。というのは、たしかにここで世界全体は自我として、そして自我は本質的に自己関係的なものとして理解されているにもかかわらず、反省は認識論的ヒエラルヒーの裏側に地歩を占めるものにすぎないからである。「認識の唯一の源泉」として機能するのはむしろ「感情と記憶」であり（SI2, 355）、その（キリスト教的）「三位一体の基礎」といえばこれまた「希望、愛、信仰」なのである（SI2, 257）。ベンヤミンが参照したパウル・レルヒの博士論文は『ヴィンディッシュマン講義』だけを対象としており、その全体像をかなり大ざっぱにではあるが決して不適当ではない形にまとめあげたものだが、そこでも反省に割り当てられた叙述はたったの二段落にすぎない。[16] そしてこの二つの段落も、シュレーゲルの意志概念を引用しつつ、反省の無限性に制限を加えるのを忘れてはいない。これはフィヒテによく似た制限付与であるが、自分自身がこの後期シュレーゲルから無限反省の理論を抽出しているのにもかかわらず、ベンヤミンはこれを「弱体化した妥協策」（I 36）であるとか後期シュレーゲルの「穏和主義」（I 63）と呼び、むしろ気まずそうに言及している。これらのことはすべて、流線型に切り出された自分の反省理論を準備するために補助構成物としてかなりの負担を強いた「二次的典拠」（1.17）を、ベンヤミンがいかに選択的に取り扱わなければならなかったか、ということを示してあまりあるのである。

それゆえひとまず出発点の問題に戻ろう。すなわち、このような絶望的なテクスト状況にもかかわらず、直接性と無限性という「二つの契機」を備え持ったロマン主義的反省概念の抜きんでた体系的意味をベンヤミンに追い求めさせたのはいかなる占い杖だったのか。天才的直観、というのがベンヤミンの理論的浸透力によって少なくとも批判的感嘆を呼び起こされたほとんどすべての文学研究者の判で押したような解答であった。もうひとつの、これの対案ではなくて補完的な根拠は、ベンヤミンの思惟自体に内在するものである。「直接性と無限性という二つの契機」（I 25）は、ベンヤミン以降、絶対者の「媒質（Medium）」[四]としての反省の理論を支配しているが、これは実は一九一六年の初期言語論において単に表面上だけの対立を示す概念として現れ、反省と同様にロマン主義者からの借用概念でもある魔術

〔Magie〕という術語を用いて展開されたベンヤミンの言語哲学の「根本問題」を正確に再生したものなのである。

媒質的なもの、これはすべての精神的伝達の直接性〔非媒介性 *Unmittelbarkeit*〕であり、言語論の根本問題である。そしてこの直接性を魔術的と名付けるなら、言語の始源的問題とは言語の魔術である。だが同時に言語の魔術という言葉はもうひとつ別のもの、すなわち無限性を指す。直接性が無限性の原因となる。（2, 143）

直接性、無限性、媒質。これだけのものが一致しているということは決して偶然ではありえない。さらに、反省という術語のもとで、かつて、およびその後においても、魔術という術語のもとに捉えられたものと同じ特徴が再帰しているということは決して筋違いの話ではないのである。というのは、反省と魔術の両者はロマン主義者の概念化学〔Begriffschemie〕において、すくなくとも「全体化〔Totalisierung〕」、「累乗化〔Potenzierung〕」、そして「ロマン化〔Romantisierung〕」の形式、つまり「絶対者」への媒質的関係の形式であるという点においては同一なのである。ということはすなわち、ベンヤミンのロマン主義的反省理論の取り込みの道筋は、それ自身ロマン主義的な彼の言語理論においてすでにかなり輪郭を与えられていたということになる。驚くばかりの確信、および特にはじめの部分に顕著な、まさしく拒絶するテクストを貫通する暴力性は、ここにその原因があったということは言うまでもない。

「反省」対「知的直観」

自我の他の行動様式に対する反省の優位性を保証するために、ベンヤミンはさらなる境位設定を企てる。無限反省を哲学の全領域にまで拡大した結果、彼はロマン主義者たちが自我の他の行動様式、特に定立と知的直観を無力化し、あるいはそれどころか完全に放棄したものと考えるにいたる。まず知的直観のほうを見てみよう。ベンヤミンは言う。「シュレーゲルはフィヒテとの対立をきっかけにして、『ヴィンディッシュマン講義』でフィヒテの知的直観の概念に対してしばしば精力的な論難を加えることになる」（*I* 32）。この論難は直観一般に対する批判の結論である。

> 直観は本来いかなる対象をも圧殺し、滅亡させるものである。なぜなら、直観が生じるところでは、かならずその対象が持続的なものとして思惟されることになるからである。対象は固定され留めおかれなければ直観され得ないことになる。（*SI2*, 329）

それに対して真の認識とは、事物の概念から完全に離れたものでなければならないものとされる。そのようなものとしてはじめてそれは「生きた本質」、無限の「生成」として捉えられるのである（*SI2*, 329, 355）。直観作用は直観されたものを持続的な固定した客体として物象化し、対象化する。まさにこのような対象化こそ、フィヒテが、そしてノヴァーリス、初期のシュレーゲル、シェリングが、反省対象としてのあるものを反省形式によって排除するという点において批判した契機でもある。それゆえシュレーゲルによる直観の批判は、ベンヤミンがそれによって追求していた意図に部分的に反する場合すらあるのだ。その一例を見てみよう。シュレーゲルは規定する。「われわれは自己自身を直観することはできない。その場合は自我が常にわれわれわれわれから逃れ去るだろう。だがわれわれは当然のことながらわれわれ自身を思惟することはできるのである」(*SI2*, 332)。ベンヤミンのテーゼとは、直観に代わっていきいきとした物象化していない自我に妥当であるような思惟とはまさしく反省だ、ということであった。だが対象化の動きを視座におくとき、シュレーゲルはこの自己思惟〔Sich-selbst-Denken〕をそのまま反省と呼ぶことはできなかったのである。だがベンヤミンのように思惟と反省とを同置(*I* 19, 32f.)するよりは、シュレーゲルの「思惟」の概念のなかに、直観と反省の両者の物象化の諸相を超越すべき滑走するいきいきとした意識形成運動を看取するほうが、すくなくとも理にかなっているように思える。そしてこれを支持するあきらかな文献学的証拠もないわけではない。それは、ベンヤミンが彼の目的にとって有効なものと主張している「自我の自我でありうる能力」という定式の術語形成史である。彼の批判的「直観理論」のはじめの部分でシュレーゲルは、この自己関係性の図式を、そこから次々と再び直観が生まれ最後には無限性へといたる「直観の直観」と呼ぶ。この直観相互の関係――その直観自身ではない――は「果てしのない反省」の関係と規定される(*SI2*, 325)。そしてそこから、果てしのない反省と直観の両者に対して批判が展開されるのである。まず前者に対しては、その無限の自己鏡像作用において結局最後には「自我は対象を完全に失ってしまうだろう」(*SI2*, 329)という理由で(ところでこのような終わりのない〔endlos〕反省による脱対象化に対する論難は、個々の有限の〔endlich〕反省による対象化に対する論難のもう一方の極端な対をなすものとして、しばしば現れるものである)、そして後者に対しては、それが対象を自己の恒常不変性の基礎構造によって「押しつぶし」て「圧殺」してしまうからと(*SI2*, 329)いう理由によってである。「自我の自我でありうる能力こそが思惟である」（SI2, 340）というはじめに挙げた公理も、思惟の概念においてこの二重の批判が繰り返された後にはじめてその妥当性を復活させられるのである。このようにシュレーゲルの直観批判の内実を詳細に検討していくと、逆に非直観的な思惟と反省との一致を導出し、それによってシュレーゲルが「思惟」に帰されるべきものとして要求するいきいきとした「直接性」を再びそのまま反省にも認めてやろうとする（*I* 33）ベンヤミンのやり方は実に疑わしいものに思えてくるのである。

それどころか、ベンヤミンが喜んで取り上げているシュレーゲルの（知的）直観批判は、ベンヤミンの構想にとってさらにいくつかのマイナス面を持っている。それは、シュレーゲルの批判がフィヒテの直観概念の意味を取り違えているということ、および、この批判は、ベンヤミンが主張するように、『アテネーウム』時代のロマン主義の立場に一致するものではないということである。すくなくとも一七九四年の『知識学』でフィヒテが直観と呼んでいるのは、固定化する対象化のまさに対極にあるもの、すなわち産出的構想力における「浮遊する〔schwebend〕」総合である。[17]「直観することとそれ自体は、決して固定されたものではなく、拮抗する方向の間で構想力が浮遊することである」。このような浮遊する活性的総合を固定しようとすれば「直観は完全に破壊され破棄されることになる」[18]だろう。このような直観概念はあきらかに後期シュレーゲルの批判には合致しない。だがもっとゆゆしいことには、ベンヤミンは『ヴィンディッシュマン講義』に依拠しつつも、自己の構想にそぐわない初期ロマン主義による知的直観の肯定をあからさまに無視しているのである。彼が『アテネーウム』断章の七六番――「知的直観は理論の定言的命法である」（S 2, 176）――や、彼が読んだ二次文献のなかの知的直観に関する数多くの指摘を見落としたとはとうてい考えられない。

だがここは慎重にならねばなるまい。事態はノヴァーリスにおいてのみ多少ともはっきりしている。ノヴァーリスは知的直観を決して非難したことはないが、フィヒテやシェリングにおいて付与されるような体系的意義を認めたこともなければ、その方向への接近のそぶりさえ見せてはいない。絶対者の把捉の唯一の形式、あるいはそれどころか絶対者それ自身となるかわりに、ノヴァーリスにおいて知的直観が果たすのは、「感情」と「反省」の相互作用による絶対的「連関」の構築におけるむしろ派生的な契機としての役割でしかない[19]。だが初期のフリードリヒ・シュレーゲルにおいては、知的直観に対する二つの立場が交互に立ち現れる。そしてそのうちのひとつが結局『ヴィンディッシュマン講義』まで勝ち残ったのである。知的直観に対する肯定的立場は、まず同時代のフィヒテによる知的直観の再導入に依拠している。これは物自体ではなく単に自己意識を、存在ではなくて単に自我の行為を問題とする限りにおいて、カントの批判による乗り越えを免れている[20]。だが他方において、これは経験と認識におけるカントの諸制限の直接の修正を図るものでもある。『アテネーウム』におけるごくわずかの省察と並んで、特にベンヤミンが知り得なかった一連の文言がこの方向を指し示している。

知的直観と定言的命法とはあきらかに絶対的能力の行為である。(*SI8*, 111)
美学〔感性論〕のみがわれわれを人間の知的直観へと導く。(*SI8*, 208)
知的直観とは予定調和の意識、必然的な永遠の二元論の意識以外のなにものでもない。(*SI8*, 280)
生とは自然の知的直観である。(*SI8*, 281)
(……)哲学にとっての知的直観とは、ポエジーにとっての神話である。(*SI8*, 284)

ここに挙げた『哲学的修業時代』のメモと同様、『ヴィンディッシュマン講義』以前のシュレーゲルの最初の「完遂した」体系である――そしてやはりベンヤミンは知ることができなかった――『一八〇〇年から一八〇一年にかけての超越論哲学についてのイエーナ講義』も、知的直観に枢軸的な哲学的地位を認めている。だが逆に、すでに一七九七年以降の『哲学的修業時代』において、最後には『ヴィンディッシュマン講義』の立場へつながっていき、その限りではベンヤミンの極度に偏向したテクスト選択をすくなくとも傾向上は正当化できる、知的直観に対する批判的文言が見られるのである。

> 知的直観や美に対するセンスに頼ることは何の助けにもならない。(SI8, 70)
>
> 人が通常知的直観と呼ぶものはおそらく本来は理念的事実（das ideale Faktum）と呼ばれるべきものだろう（……）(SI8, 40)
>
> 直観は認識の源泉ではない。というのは知的直観において直観に翻訳されるものとはもともと根源的想像なのだから。(SI9, 57)

それでも全体として見れば次のことが言えよう。ベンヤミンがすべてを「知的直観というものはわれわれには存在しない」(SI2, 355) という立場に固定化するのはあまりにも自分の関心から影響を受けているということ、それゆえこれを認めることは、たとえ原理的には個々の文言の語義的矛盾には目をつぶることも許すベンヤミンの疑似考古学的問題設定という理由からでも不可能だということである。

反省と定立

知性の行為の最上位をめぐる潜在的競合物を排除する二番目の仕事としてベンヤミンが目を向けたのは、フィヒテの定立の概念であった。ロマン主義者たちがこの概念とはっきりとした対立を見せるとき、事態は知的直観の場合と驚くほど似た様相を呈する。ノヴァーリスは定立という言葉を「すばらしく意義深い」(*N2*, 232) ものとして認め、この行為形式を特に反定立として自己の「体系」に取り込もうとする。シュレーゲルは一方では定立のうちに反省と並ぶ「フィヒテの形式の利点」(*SI8*, 476) を認めておきながら、他方ではすでに同時期に「悪趣味」として断罪する (*SI8*, 405)。この二つの傾向――あるものの「恣意的な」定立を劣悪な「経験論」ととる (*SI8*, 31) か、高次の哲学的「神秘主義」ととる (*SI8*, 3) か――のうちで競り勝つのは、直観概念のときと同様に否定的批判的なほうであり、それも同じ論拠によるものである。「すでにフィヒテの定立は実在論であり、これによって彼は再び実体へと導かれる。というのは、執拗に構成するということ以外にそれはいったい何を意味するというのだろうか[21]」(*SI9*, 129)。おそらくベンヤミンは、これに関するシュレーゲルのほとんどすべての言説を読む手だてもないので、そもそもはじめから定立に関する自分の考察をロマン主義者の明白な自己理解であると主張しようとはしなかったのだろう。彼は単に体系的概念的作業において、定立そのものというよりは反省との関係に関する二つの点だけを強調するにとどまる。ベンヤミンは言う。「フィヒテにとっては自我にのみ自己という権限が認められる。つまり反省とは、唯一定立に相関的であることにおいてのみ存在するのだ」(*I* 29)。フィヒテは、自我のみがわれわれのすべての身体性から「自己自身を反省する原理」によって離接していることを認めている。そしてこれはフィヒテにとって次のことを意味している。すなわち、自我は自己自身を定立するのみではなく、自我は自己を自己定立するものとして、つまり対自的に定立されたものとして自己定立するということである。(22)反省とはこの場合分裂する自我の特権であり、定立作用のはたらき、すなわち反定立(障害)によって定立する自我へ定立作用を曲げ戻すはたらきなのである。自我定立の存在と定立の自我存在とは、したがって反省の「特殊な存在論的規定」であり、前提である(I 29)。まさにこれこそが、ベンヤミンによれば、「ロマン主義者においては消滅する」契機なのである。ロマン主義者は反省を自己関係性の「客観的構造」(I 13)を示す「すべてのもの」に向けて拡大する。まずは文学作品へ、そして究極的にはすべての精神的「形成物」へ、ついには芸術の「理念」にまで。このことに関してはは実際数多くの指摘が、ベンヤミンが知り得たテクストのなかにもすでに見られるのである。

反省の追補性と先行性、無からの起源、感情

ベンヤミンが主張した「反省における存在と定立」の止揚(I 29)は、しかしながら数多くの未解決の問題を招来する。なぜならこれは反省の起源という問題を立てることになるからである。反射〔再屈折〕する〔reflektierend〕ものとしての反省は存在を定立するものではなく、屈折させる〔flektierend〕ものとしての反省は存在を定立しない。(五)その限りでは、無限反省のすべての「存在」は関係の全体性としてその全部分の反射鏡像のうちにある、と言ってよいだろう。脱中心化された反省中心の連続体である。さらにこのような形の絶対的反省が同時に絶対者自身の構造(I 36)でもあり、それゆえに「方法論的絶対者」が「存在論的絶対者」ともなる(I 54)ような、ベンヤミンが公理的「信条」と呼んだこのような認識論

と形而上学の根本的結合によってはじめて、詩的反省の理論と絶対者の理論の連関も結局は基礎づけられる。ベンヤミンが単にごく措定的に開陳しただけのこのような連関に対しては、ひとまず次のような問いが立てられよう。それはすなわち、反省とはそもそもそれに先行する定立、先行的存在を欠いても考えられるものであろうか、ということである。反省〔反射〕とは、そもそもその言葉の成り立ちからして何か先立っているものを指示している。それにベンヤミンもはじめのほうの叙述では追補性の図式、反省の再生産性〔複写性〕の図式にしたがっていたのである。まず反省とは「変形する——そして変形する以外のなにものでもない——」行為であり、それゆえに先行定立されたものの変容であるとされる。後に無限反省連関の成就は、最終的にはその「第一反省段階」、つまり「何かについての思惟、素材についての思惟」（*I* 27）とされるものから演繹される。この反省の第二段階に至ってはじめて、無限反省は「おのずから自己活動的に」発生する形式（*I* 28）となる、とベンヤミンは論文の当該箇所で説明している。だが絶対者に関するロマン主義理論を論ずる文脈では、この最後の制限もはずれてしまう。ノヴァーリスの「障害、すなわち彼の言う意味での非我を含まないフィヒテ主義」と、すべてを包括するシュレーゲルの「原自我」の「定理」に依拠しつつ、ベンヤミンは「反省の絶対的に中立的な起源」（*I* 64）、「無からの」起源を考えるように要求するのである。つまり反省を単に再生産的なものとする考えの放棄である。そしてさらにそこにとどまらず、ベンヤミンはヴィンデルバントによるフィヒテ哲学の叙述を引用する。

> 活動とは普通なにか存在を前提とするものと考えられるのに対して、フィヒテにおいてすべての存在とは根源的行為の産物にすぎない。はたらく存在を持たないはたらきが、彼にとっての形而上学的根本原理なのである。思惟する精神がまず「存在」して、それから何らかの動因によって自己意識へと至るのではなく、演繹も説明

もなされえないような自己意識の作用によってはじめて、思惟する精神が成立するのである。（*I* 39）

この「いわば無から成立した観念論」――これはシュレーゲルの言葉である（*I* 39）――は、反省の活動に関係づけられると、根本的な結果を招来することになる。単に先行定立されたものの反射〔再屈折〕でしかなかった反省は、逆にこのとき「論理的に第一次的なもの」（*I* 39）、「絶対的に創造的なもの」（*I* 63）、「芸術およびすべての精神的なものにおいて根源的なものであり構築的なもの」（*I* 65）に変わるのである。フィヒテや特にシェリングにおいては、絶対者は決して追いつけないものであったが、それとは逆の事態が出来したのだ。「反省が絶対者を構成する。そしてそれは媒質として構成するのである」（*I* 37, 強調はメニングハウスによる）。これによって反省概念は、ベンヤミンの最初の規定をはるかに超え出たレベル、それを無効化するレベルにまで到達する。この概念の（反転）運動はごくわずかのページのうちに展開するものであるにもかかわらず、ベンヤミンはこの矛盾をそれとして記しておくことを放棄している。だがすくなくとも注において彼は、これらが対象そのものの矛盾であるかのように偽装するために矛盾の意識を告白している。その全体性において、ことに反省の起源や原反省の問題において、ロマン主義の反省理論は最終的には「純粋に論理的には解決がつかない矛盾」に突き当たるが、それにもかかわらずこれは芸術理論の領野においてはかなり実効的な結実を見ている（*I* 57f.）、というのがそれである。それによると、この理論をこれ以上論理的に追求することはたしかに可能ではあるが、それは矛盾を解決せずに新たな「闇のなかに導く」ことになるという。その意義からすれば決して欄外に属するものではないこの注に対しても、本書は検討を加えようと思う。だがまずはベンヤミンが叙述する先行構成的反省の理論における欠点の考察を続けよう。

「障害を持たないフィヒテ主義」や反省の「無からの」起源に対するベンヤミンの乏しい言及を読むと、そこには概念的作業の本質的部分が欠けていることがわかる。これは少なくとも部分的には、ロマン主義のなかに（すでにそれ自身誤解されている）フィヒテの自我哲学をさらに強固にしたもの、すなわち非我を完全に自我のなかに解消してしまおうとする動きを見てきたあの受容史の系譜に連なるものである。このような解釈に対して、テオドール・ヘーリングとマンフレート・ディックは大規模な研究を通して説得力のある異議を提唱している。(23) すなわち彼らは自我の活動に対する非我の価値、つまり事物的世界の決定的な価値付けをノヴァーリスにおいて看取したのである。しかもこれは個々の文言、たとえば「フィヒテはあまりにも恣意的にすべてを自我に読み込んでいるのではないか」（N2, 107）という疑問のような個別的言説を挙げることによってなされているのではなく、思惟の総体において追求された研究なのである。「障害、つまり彼の意味における非我を持たないフィヒテ主義」という定式は、反省の第一段階においてのみ非我の解消を意味する。第二段階においてこれが意味するのは、まさにフィヒテとは異なった意味における非我なのである。それは自我の自動的な産出性における「障害」の機能であるにとどまらず、自我と同価値同起源の地位を持つ非我である。(24) 無からの起源、無からの創造という定式に関しても同じことが言える。この表現を特に好んで用いたシュレーゲルにとって「無と全がロマン主義のカテゴリー」だったのは、無それ自身がすでにその核心において全を意味しているという意味においてのことであった。「全が無から区別されるのは全が充実〔voll〕しているということだけによる」（SI8, 271）。この前提に立つことでシュレーゲルは次のように定式化することができる。「無は、全と同様、思いのままに表示されなければならない」（SI8, 271）。無とはすなわちベンヤミンの読みが示すように何かあるものの欠落ではなく、反省媒質の非現前的原動力であり、それゆえにそれ自身が全の、すなわち無限の「充実」の展開としての全の可能性なのである。[25]

このようなさまざまな兆しに照らし合わせて見ると、反省の自己起源性に対するベンヤミンの示唆には、ベンヤミン自身が十全に基礎づけてもいなければ語り尽くしてもいない意味ポテンシャルが見て取れる。特にここで視線を引きつけるのは、ベンヤミンがたった二度用いただけでそれ以降は一切触れることがなかったひとつの概念、しかしそれにもかかわらず詩的反省の理論の「核心」を記すものであると言ってはばからなかったひとつの概念である。自己自身のみによる触発能力としての詩的感情（das poetische Gefühl）について述べるシュレーゲルの『アテネーウム』断章の四三三番を引き合いに出した後、ベンヤミンはこの博士論文全体のなかでは孤立しているひとつの定式化を図るのである。「反省の無作用点[六]〔Indifferenzpunkt〕、そこにおいて反省が無から生起するこの無作用点が詩的感情である」（*I* 63）。この命題に何の説明も付与されていないのは、すでにシュレーゲルの詩的感情に関する文言自身も徹底的に孤立しているからということでは説明がつかない。というのは、「詩的」という形容詞――これについては後に、ベンヤミンには入手不可能だったテクストにおいてまだいくつかの省察が付け加えられることになるのだが――が付かなければ、感情概念はあきらかにいかなる情緒主義的な誤解とも無縁なロマン主義哲学の基礎概念なのである。フィヒテにとって感情とは、悟性の対極にあるものとか純粋な内面性の形式などではなく、「すべての実在の根拠[26]」なのだ。何かの現実存在に触れること〔Fühlen〕、否定的にいえば完全に自由な産出性を阻むことが自我と非我の前反省的接触を表しており、そこから他のすべての行動形式が現れ出るのである。感情により感情においてはじめて「実在は、自我の実在も非我の実在も、自我に対して生成するのである[27]」。これにしたがえば、反省の第一の行為とはフィヒテにとっては感情の反省である。そしてこの反省された感情（感覚）への反省や絶対者の自己意識にいたる他のすべての反省においても、この「感情」に置かれた起源は決して消えることはない。ノヴァーリスもまた、「感情」と「反省」の相互作用としての彼の絶対「連関」の構成において、厳密に認識論的な視点から次のように定式化することができた。「感情の限界は哲学の限界である」(N2, 114)。ベンヤミンがこの関係にもう一度言及するのは一箇所だけであり、そこでもまだ核心には迫るというにはほど遠い。それは彼がシュレーゲルの『マイスター』批評の言葉に続けて、まさに反省および反省の表出としての批評〔Kritik〕を「芸術作品の根源的で純粋に感情的な受容」に結び付けようとする箇所である(*I* 68)。

つまりベンヤミンは、感情における反省の無作用点という彼の定式においてロマン主義認識論の根幹に触れているのだ。だが彼自身はこの軌跡をそれ以上追い求めようとはしないばかりか、あまつさえこれを再び消し去ってしまったのである。そしてこれについては彼の叙述に内在する二つの理由がある。そのひとつとは仮言的なものである。すなわち、もし反省の絶対的遊動の無作用点が感情であるなら、それによってそれまで主張されてきた反省の先行性と構成性が疑問に付されてしまうことになる。なぜなら、そのとき反省〔反射〕とは意識に対する先行的反省〔反射〕や非反省〔反射〕の単なる後発的展開にしかならないように思えるからである。しかしこのような異議は、言語と絶対者の自己表出についてのロマン主義の理論を視野に入れることによって退けることができよう[28]。ベンヤミンが感情概念に言及するのをおそれるもうひとつの理由は文献学的に証明できる。それは無意識の契機、つまりフィヒテの根源的に意識を欠く産出の理論および無意識の表象の理論を指している。だがまさにこの無意識の契機こそ、ベンヤミンがはじめからロマン主義反省理論から完全に排除しようとしていたものであった。彼はロマン主義者が反省を(自己の)存在を定立する自我の枠組みから切り離そうとすることを、同時に前反省的存在や無意識的行為によるいかなる制限からの離脱としても理解していたのである(*I* 23)。彼のテーゼによれば、ロマン主義者は「意識された反省」における場合以外にはいかなる制限も認めようとはしない。「彼らは無意識的なものによる制限を忌み嫌っている」（*I* 36）。だがまさに感情においては、そのような無意識的行為における制限や基礎づけが端的に認められるのだ[29]。それゆえ、反省の起源を感情におくことは、ロマン主義の思惟の絶対的意識性についてのベンヤミンの定理を最後には腐食してしまうものなのである。この定理はノヴァーリスのいくつかの文言においてすでに直接の矛盾に突き当たるのだが、これによってベンヤミンは偏見をもたずに感情と反省の相互的基礎づけをすることができなくなっただけではない。これは他にも、彼のさまざまな片寄った見方の源になっていくのである。

「散文としての反省」対「美と脱自」

ロマン主義の思惟と詩作の意識的悟性的性格を明確に強調するということは、常に先鋭化された意識的契機がその意味の内奥に含まれている反省概念に即した方向づけとだけ結び付くものではない。ベンヤミンにおいてこれは、あきらかにもうひとつ別の論争的役割をもっている。彼の論文が企図するのは、その内容的力点の置き方と哲学的形式の厳密さによって「ロマン主義的なもの〔ロマンティックなもの〕」——無意識の無定形なポエジーとか経験の闇の中にある夜の領域といった意味での——の頽落イメージとできるだけ明確に袂を分かとうとすることなのである。この戦略において、ベンヤミンの論文は初期ロマン主義の詩学の言辞をはっきりと味方につけている。繰り返し要求されるのは芸術制作の最大限の意識性である。それはその制作における「手仕事的」、あるいはそれどころか「製造業的」なメカニズムの冷徹な支配という意味、および芸術一般の完全な冷静さという意味で現れる。

芸術と学問のもっとも内奥の原理とは機械的〔mechanisch〕なものである。そしてこれは、機械的なものに潜む神性についてのもっとも新しい証明なのである。（*SI8*, 309）

音楽における偉大さは機械的なところにある。まさに教会音楽の精神であるところのもの、すなわちフーガはネジや梃子のように進行する。（*LN* 1990）

ベンヤミンはロマン主義者たちから似たような関係箇所を引用し（*I* 104-107）、そこからいくつかの疑わしい結論を導き出している。彼はロマン主義の散文理念を、その形式論的充実を妨げることなく、ほとんど齟齬を来さずに〈散文的なもの〉の内容的意味ポテンシャルに組み込むことに成功する。そして彼は――あきらかにここで美と意識化された反省性の間には衝突が生じると主張するような観点に立って――「結局、美の概念はロマン主義の芸術哲学から離反する」（*I* 106）ことを認めるにいたるのである。これらはいずれも完全に間違っている。たしかにロマン主義の散文が純粋に〈散文的なもの〉でもなければ、美の概念が重要性を失ったこともない。ロマン主義者たちは、客観美学の構成の過程で美の概念を根底から変革したが、彼らはむしろそれによって美の概念の重要性を増大させたのである。一方にはギリシャ人の客観的な「美しい芸術」、もう一方にはゲーテおよび来るべき将来の文学というのが、シュレーゲルの体系的かつ歴史哲学的美学の規範となる柱であり続けたのだ。

詩的反省の理論にとっては、しかし[30]特に次のことが興味を引く。ベンヤミンは、すでにリカルダ・フーフにおいてでも読めたかもしれないことを認識していないのである。すなわち〈累乗化〉や〈ロマン化〔Romantisierung〕〉は、とりわけノヴァーリスにおいては無意識と意識の両者が増大するという意味を持っているということを。そして彼は基底とされた絶対的意識性から「反省は脱自〔Ekstase〕の対極である」（*I* 104）という性急な結論をつむぎだすのだ。この結論は「詩的反省とは脱自である」（*SI9*, 164）というベンヤミンが知らないシュレーゲルの命題に妨害されるだけではない。これはもう体系的なレベルで批判されるべき問題である。というのは厳密に認識論的語義で脱自〔Ek-stasis〕とは、まさに詩的反省の理論の文脈に欠かすことができない形で組み込まれているものだからである。それは一方ではベンヤミンが少なくとも示唆だけはしておいた、感情における反省の起源ということに関して、そしてもうひとつはベンヤミンが強調している反省連続における「跳躍」、すなわちその「各段階」や脱中心化された「各中心点」の間における「跳躍」に関して欠かせないものなのである。脱自という言葉は、たしかにロマン主義者のテクストではあまり出会わない言葉である。しかしそのかわり、特にフリードリヒ・シュレーゲルは、自己からの離脱、ある連関の内在からの離脱の意味で別の言葉を用いており、これに芸術哲学的普遍的意味を付与している。その言葉とはパレクバーシス〔劇中役割逸脱〕である。この言葉や他の幾何学的メタファーに関係づければ、反省と脱自の関係をベンヤミンとは違う形で、もっとロマン主義者の理論にふさわしい形で考えることができるのではないだろうか。(31)

反省と構想力

フィヒテおよびロマン主義者の思惟の根本概念で、ベンヤミンの博士論文のなかを捜しても無駄なものがひとつある。それは構想力の概念である。知的直観、定立、意識を欠いた産出等の（フィヒテの）行為形式から、ベンヤミンはロマン主義の反省概念を戦略的意図で切り離しておいた。だが反省と構想力はいったいどのような関係にあるのだろう。ここでもすでにベンヤミンの博士論文の基本要素のなかに、構想力の問題を叙述しない理由があることが読み取れる。つまり、もし構想力を問題にしていれば、ほとんど収拾のつかないほどの矛盾を露呈してしまうことになったのであろう。たしかに一方では、直観や定立に対するのと類似の批判、類似の価値切り下げを、ロマン主義者たちは構想力に対してはひとつも挙げてはいない。しかし他方、ベンヤミンの批判の対象となる行為形式が再び関わってくるのがまさにこの構想力の問題なのである。というのは、産出的構想力の能力はフィヒテにおいては本質的に「反省ではなく」、そうではなくてそれは意識されない産出とされ、その結果が直観だからである。[32] このあまり好ましくない展望のために、ベンヤミンはロマン主義の反省概念を構想力との関係において解明することをあきらめたのだろう。だがこれによって彼は、ロマン主義が反省に付与した高い評価の本質的な理由を失うことになった。というのは、特にこれはノヴァーリスにおいて顕著なのだが、反省の（認識）理論と同様、構想力の諸規定もまた絶対者の客観的形而上学へと改変されているからである。その結果、存在と非在の間を浮遊する構想力、浮遊する反省および絶対者自身のそれぞれの構造が非常に密接な呼応関係を形成することになる。ここにもベンヤミンを乗り越える詩的反省理論のための新たな指標があるのだ。

戦略上の理由によるシェリングの不在

ここまでの脱構築および再構築作業の結果をまとめてみると、ベンヤミンのテクストにはもうひとつの空所があることがわかる。巻末の文献表に至るまでシェリングが完全に欠落しているのである。ロマン主義についての哲学論文にしてはこの欠落は驚くべきことであり、これはすでに欠落自身として考察の価値があるように思える。ベンヤミンがドイツ観念論の概念算術をどれほど「おぞましく」「身の毛もよだつもの」と考えていたかを知っている読者は、そこにベンヤミンのシェリングに対する禁欲の第一の理由を見出すかもしれない。だがそのような解釈は、こと彼の博士論文に関してはまったく無意味である。ここではむしろ、彼の博士論文がほとんどすべての要素においてシェリングの哲学とはかみ合わないということのほうが重要なのである。ロマン主義者たちは知的直観の価値切り下げをし、あるいはあまつさえそれに対して非難さえしている。シェリングはフィヒテにもまして知的直観の意味をさらに強化した哲学者である。（ベンヤミンが理解しているような）ロマン主義者は、芸術における無意識的なものを否定し、完全に意識化された反省連関を要求する。シェリングはそれに対して絶対者を「永遠に無意識的なもの」、「そこにはいかなる二重性もなく、またまさにすべての意識の条件とは二重性にほかならないために、決して意識へといたることはないもの」と規定している。[33] シェリングの体系のなかで芸術の果たす役割とは、まさにこの意識されたものと無意識的なものの対立を克服することにある。[34] そしてなによりも、ロマン主義者たちは反省を、その対象化特徴を認識しているにもかかわらず、絶対者の自己表出の様態として評価している。シェリングはそれに対して反省に——シェリングは反省を、その分離する能力によって同一性およびすべての高次の存在をまだ萌芽状態のうちに抹殺してしまう「精神病」とさえ呼んでいる[35]——否定的価値、すなわち反省には決して到達できない絶対者に否定の回路を通ってでも近づくための「単なる手段」としての否定的価値しか認めないのである。[36]

このような観点から見ると、シェリングの不在は、おそらく簡潔な叙述のためにベンヤミンがはっきりとした対決よりも優先させた、首尾一貫性をもつ内容的機能のように思える。[37] そしてこの不在が暗黙の疎遠化の形式である以上、それは受容史的視点からみても戦略的価値がある。というのは、ベンヤミンが引用したロマン主義に関する文献の大部分は、シェリングの哲学をシュレーゲルやノヴァーリスの思惟にとっても比較的断層なく連続する源泉および注釈として取り扱っているからである。ロマン主義者に対してシェリングがさほど重要な意味をもたないこと[38]、それどころか部分的には両者の間に直接の相違点があったこと[39]などを確認したのは、ようやく近年になってからの体系的研究が提出した成果である。ベンヤミンの論文で決定的な哲学パラダイムにとって沈黙という形で姿を見せた両者のくっきりとした対立は、もちろん後にも先にも例を見ないものなのである（そしてそれはここに試みられた批判的再構築によって部分的に修正されるのである）。

交互性と反省媒質としての絶対者

ベンヤミンの反省理論の大胆な概念戦略のうちでもっとも成功したもののひとつは、彼が反省をロマン主義の交互性〔Wechsel〕の図式による絶対的第一者の否定に関係させたことである。ここでもベンヤミンは非常に狭いテクスト基盤の上だけを動いている。たったひとつの引用文に自分の考えのすべてを担わせようとしているのである。そしてその引用文が、ヴィンディッシュマンが彼の名にちなんで名付けられた講義の付録として公刊した、あの『哲学的修業時代』のごくわずかの部分からのものであるのは決して偶然ではない。その断章とは次のようなものである。

> 哲学には交互証明だけではなく交互性概念が基礎になければならない。いかなる概念、いかなる証拠においても、さらにその概念や証拠の概念や証拠を問うことができる。それゆえ哲学は、叙事詩のように途中から始まらなければならない。そしてもっとも始源的なものがそれ自身として完全に基礎づけられ説明がついているも

のとして哲学を開陳し、それから金を一枚一枚積み重ねるように積み重ねていくことは不可能なことなのである。それは全体的なものであり、これを認識する道はそれゆえまっすぐな道ではなくて円環である。基礎学の全体は二つの理念、二つの命題、二つの概念、二つの直観から、他のいかなる材料なしに導き出されるはずである。（*SI8*, 518）

ベンヤミンはこの断章に関する解釈を、たった二個の文章だけに制限している。相互的に基礎づけ合う二つの「理念、命題、概念」を「反省の二つの極」（*I* 43）と簡潔に同置してから、ベンヤミンは次のように結論づけるのである。すなわち、もし哲学全体が反省的交互性の彼岸には何も確固たる開始点をもたず、この二つの極の間の運動であるならば、哲学は全体としてひとつの「媒質」である(40)、と。

ここでこの着想の重要性をかんがみて、それが後でどのような基礎づけを受けるのか、そのいくつかの要素を——それがベンヤミンの叙述の文脈で直接に構想されている限りにおいて——先取りして考えておくのがいいだろう。まずシュレーゲルの引用文は、フィヒテとの概念的対決の系譜のなかにおいてみることができる。相互規定の概念は『知識学』から発するものである。そしてそこにはさらに絶対的交互性の理念、すなわち「即自的に確固たるもの」をもたない「関係性」の「全体性」の理念もあった(41)。しかしこの図式は、フィヒテにおいて理論的知識学のある一定の段階でのみ有効なものであり、結局はすべての交互性の彼岸にある絶対的な自我の理念によって相対化されてしまうものなのである(42)。絶対的第一者と第一の絶対者を幾度となく退けてきた(43)シュレーゲルとノヴァーリスは、それに対してこのフィヒテの限定を破棄し、交互性の図式を思惟と思惟されるものの全領域に拡大する。その結果どうなるか。絶対者は交互性に先行するものでも交互性を免れるものでもなくなり、それ自体として非-絶対的な交互性の各部分の全体性にすぎなくなるのである。そして結局は「すべての現実的なもの」（*I* 37, 54）の反省的連関と同置される。そしてベンヤミンの他の考察とひょっとしたら矛盾する形で主張されている構成性と先行性を反省に保証しているのが、まさしくこの図式なのである。というのは、交互性の両極の間の「二元論的遊動」こそが――これはシュレーゲルによってかつて直接に「反省」の遊動と呼ばれもしたが（*SI* 8, 403）――いちばんはじめに定立するものであり、それ自身――確固たる基礎をもたない差異の遊戯の「媒質」として――絶対者であるとも言えるのである。このように考えると、反省媒質としての絶対者というロマン主義の理論は、第一哲学の否定としての第一哲学〔prima philosophia〕となる。そして反省の絶対的遊動が本質的に反省の二つの極の間の運動であり、その「中間」にあるものである以上、ロマン主義理論は再び創造的反省の無作用点の問題へと立ち帰る。その装置である反省極の構造網においてそれ自体として実現されつつ消失してもいるあの差異〔différence〕の力へと。

反省と用語法

反省媒質の最初の個別的「成就」[七]（*I* 44）として、ベンヤミンはロマン主義哲学の形式、もっと正確に言えばその用語法を叙述している。特にフリードリヒ・シュレーゲルの断章に特徴的なのが、用語法の全体系を隠喩化あるいは類比化し、それによって見かけ上は豊富な準同義語の山を生み出したり、諸概念の構造のなかでのずらしによって複雑な諸連関をたったひとつの概念のなかに浮かび上がらせたりすることである。このような用語法の妙技が成功するための前提として、ベンヤミンは言語それ自身の一種の絶対的体系性を明らかにしている。「用語や概念は（シュレーゲルにとって）体系の萌芽を含むものであり、根本においては前成した体系自身にほかならない」（*I* 47）。あるいは反省理論の言葉で言えば、「ここで前提とされるのは概念の恒常的な媒質的連関、すなわち概念の反省媒質である」（*I* 49）。ソシュール以降優勢な言語学の二つの公準がここの文章に含まれている。そのひとつとは、言語とは言語をもたない表象に後から記号を与えるものではなく、シニフィアンとシニフィエの境界画定としての分節作用において両者ははじめて形成されるということである。はじめから言語的に構造化されていないシニフィエ、つまりシニフィアンの位置にないシニフィエはなく、その物質的構造がすでにそれ自身から意味差異のマークに転じていかないようなシニフィアンもない[44]。ベンヤミンの理解になるところの反省もまたいわば同じような意味で、反省するものと反省されるものの相互的産出とされる。しかもここではそれどころか、反省の二つの極へ差異的に分裂することが人知のおよばない絶対者の存在に矛盾しないばかりか、この絶対者自身がすでに分裂させ分裂した反省の位置にあり、それゆえそこにおいて自己表象を得るという形而上学的公準が認められているのである。次にもうひとつの公準だが、いかなる言語要素にも全体の体系が含まれているということである。なぜならいかなる音声や意味も、実体的実定性によってではなく、他のすべての要素に対する自己の否定的差異的関係によって自己自身がそうであるところのものになるからである。これとまったく同じように、これまで説明してきた反省媒質においてもまた、いかなる反省極、反省段階、反省中心も、反省的「連関」の外にある実定的シニフィエを指示することは決してなく、潜在的には他のすべての反省極、反省段階、反省中心を指し示すのである。

このような意味で反省的諸連関についてのロマン主義の理論は、言語の自己関係的示差的な体系的性格を「反映〔反省〕」するものである。ロマン主義の用語法の特殊性とは、この言語の体系的性格を視野にいれてみれば、次のようなことになるだろう。それによってロマン主義のパロールがラングの体系を確認すると同時に破壊する「機知的な〔witzig〕」置き換えにおいて、「稲妻のように」体系が体系として輝き（*I* 49）——機知と稲妻〔Witz und Blitz〕はシュレーゲルにとって「単に」音声的隠喩的に不可分に結び付いているわけではない——、したがって「神秘的な」用語においてさえ「論弁的思惟の最大限の制限のもとで体系の射程の最大値」がめざされる（*I* 47）のである。このような考察をベンヤミンに結び付けてみると、ベンヤミン自身のテクストにおいても詩的反省の理論を言語論的に深めようとする掛金となる箇所がもっとよく見えてくる。

自然対象の反省

ロマン主義の用語形式に引き続き、ベンヤミンは第二の具体的「成就」としてロマン主義的「対象認識理論」を、絶対的反省媒質理論から「導出」（*I* 53）しようとする。はじめの章は自然対象に、次の章は芸術作品にあてられている。芸術作品を扱う章とは異なって、はじめの自然対象の章ではまたもや無理な絞り込みがなされてしまう。唯一の「自然認識の初期ロマン主義理論」として審理されるのは、いくつかのノヴァーリスのテクストから読みとられるものだけに限られ、そこではシュレーゲルにおける類例が見出されることも、シェリングの自然哲学との一致が模索されることもないのである。ベンヤミンの議論の立て方は次のような論理にしたがっている。「対象、およびすべての実在するものは反省媒質のなかにあり」（*I* 54）、それゆえ認識者との相違は「相対的」なものにすぎない。両者相互の関係は思惟する主体が「死せる」客体に対して持っている関係とは異なり、同一の媒質において相互に「吸収」できる二つの「反省中心」の関係なのである（*I* 57）。なぜなら〈すべての実在するもの〉のなかにある各々の反省する極は、反省される極であると同時にその逆でもあるからである。その限りでは、それ自身同時に思惟受動〔考えられること〕でないような思惟や、思惟でない思惟受動は存在しない。認識者と認識されるものとの間の相互行為についてのこのような考えは、すでにフィヒテの相互能動受動理論のなかにある。そこにおいて「受動」とは決して単なる自己能動性の欠如ではなく、単に異なった方向を向いた能動と呼ばれるのだ。ノヴァーリスはこの理論をかなり自家薬籠中のものにしており、次のように言う。「単なる受動、単なる能動とは抽象的状態である。すべてはそれが能動的である限りにおいて受動するのである。そして逆もまた真である」（*N*2, 296）。認識者の「自己能動性」は同時に認識対象に対する「感受性〔Empfänglichkeit〕」であり、認識対象の受動的「知覚可能性」は同時に認識者への能動的な「注目喚起〔Aufmercksamkeit〕」である（*N*2, 238）。この関係をベンヤミンは、通常の相互行為という意味ではなく、「客体の自己認識のなかにすべての客体認識が制限されていること」（*I* 55）という特殊な意味で解釈している。すなわち、自己能動的で自己思惟的な客体の定理を、自己自身を思惟する客体という意味で解釈しているのである。だがこの解釈は、ごくわずかの例外を除けば（*I* 56）、ノヴァーリスのテクスト〈語義〉に反する形でしか可能ではない。まさにベンヤミンが自分の解釈にとって「もっとも逆説的であると同時にもっとも明白な」典拠として挙げているもの——能動的な「注目喚起」としての受動的な「知覚可能性」についてのノヴァーリスの文言——が本来の文脈で意味しているのは、認識において認識対象の「受動」とは認識者にとって同時に一種の「能動」でもありうるということにすぎず、決してこの能動が自己自身に向いている、つまり自己反省である[45]というようなことを意味するものではないのである。ベンヤミンは何を思ったのか、自分の解釈に次のような補足を付け加える気になったのだが、この内情暴露的な補足はあまり説得力があるものではない。

この命題において、対象の自己自身に向けられた注目喚起がそこを越え出て認識者にまで向かうかどうかということは、この際どうでもよいことである。なぜなら（ノヴァーリスが）この考えを明瞭化して「われわれがそこにおいて化石を見るすべての賓辞において化石はわれわれを見る」と言うときですら、あの注目喚起とは、その意味内容に即して考えれば、自己自身を見る事物の能力の兆候としてしか理解され得ないからである。（*I* 55f.）

ここで読者は驚きを禁じえない。引用の文言がベンヤミンの解釈にうまく合わないとき、それは「この際どうでもよいこと」であり、「その意味内容に即して考えれば」それが言っていることの正反対のことの「兆候」としてしか「理解され得ない」とは。それでもここではまだ、ベンヤミンが構成したロマン主義自然認識理論が文献学的にも体系的にも持ちこたえ得るものかどうかについては判断を保留しておこう。すくなくともそれは、反省媒質の一般理論のための二つの基本的要素を提出している。そのひとつとは、「主体客体関係」という際立った対立を、単に「相対的に」異なっているにすぎない二つの「反省中心」の相互遊動、すなわち「すべての実在するもの」の反省媒質としての「絶対者における内在的連関」（*I* 56–58）によって意識的に止揚したことである。そしてもうひとつは、特に批評の反省図式に目を向けると、認識対象の自己能動性を意図的に喚起する実験としてのロマン主義理論である（*I* 59–61）。

反省媒質としての芸術《クンスト》――ベンヤミンの文献学的解題

ベンヤミンが再構築した絶対的反省媒質の三番目の「成就」とは、彼にとって「もっとも実り多いもの」であり「おそらく唯一正当なもの」、すなわち芸術《クンスト》（*I* 44,62）である。芸術にとって「反省媒質の理論」は、たとえこれが絶対的に見れば持ちこたえられない理論だとしても、まだ際立った価値を持つものとされる（*I* 57）。すでに言及したように、ベンヤミンはこの自分の叙述の焦点をいわば形而上学的信条の状態のままにとどめている。

当然のことながら、ロマン主義者が芸術を反省媒質とみなす特殊な理由を彼ら自身において捜そうとしても、それはまったく無駄なことである。彼らにとって芸術を含めたすべての実在するものをこのように解釈することは形而上学的信条なのである。（*I* 62）

したがって、ロマン主義者がなぜ芸術を本質的に詩的反省として理解したかということではなくて、彼らが実際にそう理解していたという事実のみをベンヤミンは明らかにしようとする。そしてこの問題においても彼は、再び非常に取扱いの難しい性質のテクストと取り組むことになるのである。というのは、芸術理論の文脈で反省概念に出会うことは、ロマン主義の一般認識論や形而上学の場合と比べて非常にまれなことだからである。しかも、たとえこの概念が現れたとしても、それは一般に流布しているロマン主義的反省のあの理解、すなわち反省概念において自己主題化の技巧、すなわち芸術作品の中で芸術作品についての発言をするというむしろ反芸術的な技巧のみを見て、芸術の総合的基本的原理はそこに見出さないような理解のしかたをむしろ裏打ちするようなものが多い。「詩的反省」という用語自身ですら、ベンヤミンに知られていたテクストではたった一度しか現れない——彼が知らなかったテクストでも、私の知り得る限りではその他にたった二回現れるだけである。[46] それだけになおさら、理論的構築に大きな責任がかかってくる。ベンヤミンは三つの段階を踏んでこの課題に取り組もうとする。まずベンヤミンは詩的反省についてのシュレーゲルの有名な言葉を出発点とする。次に彼は、芸術の反省構造はその概念そのものが使われていないところでも問題の中心となることの証明を試み、最後に、詩的反省の理論からイロニーや超越論的ポエジー〔Transzendentalpoesie〕や小説〔Roman〕などの非常に有名な諸理念を導き出すことによって、この理論を初期ロマン主義詩学を包括する普遍原理へと持ち上げるのである。

ベンヤミンは言う。初期シュレーゲルは「有名な『アテネーウム』断章の一一六番でしか」望ましい明瞭さで「芸術を反省媒質と呼ばない」（*I* 63）。そしてこの断章も部分的にしかベンヤミンの〈苦しい〉テーゼを支えないのである。シュレーゲルはこの断章で「発展的総合文学」[八] の三つの可能性を分類している。まず発展的総合文学は完全無条件に「表出されたもの」、つまりそれが「周囲世界のすべて」であろうと「あらゆる種類の詩的特個物」であろうと、その表出の対象「の中に解消」できる。だがそれは同時に、詩人が、つまり表出者が、「自己自身」のみを、つまり自己自身の「精神」のみを「表現」するということにおいても、断固として存立し得るのである。そして最後に発展的総合文学は「表出されたものと表出者の間で（……）詩的反省の翼に乗ってその中間を浮遊し、この反省を次々に累乗化し、無限の合わせ鏡の中にある像のように増殖していく」こともできるのである（S2, 182f.）。これら三つの可能性のうちでひとつだけが無限の媒質的反省モデルに関係するものである。そしてこの三つめの可能性を、シュレーゲルの断章の傾向にしたがいつつ、他の二つの「場合」のジンテーゼと考えても、この断章はまだベンヤミンの叙述に縫い目なく組み込まれることにはならない。というのは、次に挙げる二通りのもっとも自然な読み方がベンヤミンの叙述と嚙み合わないからである。その二つの解釈とは、断章の属する文脈とベンヤミン自身の注にしたがって「表出者」を詩人、「表出されたもの」を詩人が表出した対象と考えることによって成り立つ解釈である。[47] まず第一に反省は、この両者の間に浮遊するものとして作者と作品の間の一種の断裂ということになる。するとこれはベンヤミンが要求するような作品に内在する形式的自己関係性という意味ではなくなる。あるいは反省は、作品自身の内部で自己表出する作者自身とその他の対象の間で浮遊するものかもしれない。そうなると反省は、ベンヤミンにとってはそれだけが重要であったあの「形式」の全組織を基礎づける反省構造ではありえなくなる。

三つめの解釈をもってはじめて——ベンヤミン自身はこれをはっきりと検討しているわけではない、もっとも彼がこの引用を〈使用〉したということはすでにこの可能性を示唆しているが——これらの矛盾を免れることができる。この解釈は、表出者と表出されるものについてのシュレーゲルの言説に、比較的明白なその文脈に反して、多義性の力を認めてやることによって可能となる。この多義性の力はロマン主義記号学まで、すなわち「しるしづけるもの」と「しるしづけられるもの」についてのノヴァーリスの言葉（N2, 198ff.）まで達するものである。表出者と表出されるものの間の浮遊的・反射的〔反省的〕往来は、そのときソシュールの言う意味での分節化〔articulation〕、すなわち言語を形成する差異の力となる。この力はシニフィアンとシニフィエのプロセスを、もっとも始源的状態からそれとして定立しつつ導来するのである。このように考えてはじめて、詩的反省は実際に形式の形成の意味になる。なぜなら「表出されたもの」は、もはやそこでは言語形式の対蹠物ではなく、むしろそれ自身その必然的要素となるのだから。そしてシュレーゲルのもっともよく知られた断章からベンヤミンの以下の総括に至る直接の道筋というものがあるとすれば、それはこのような解釈においてのみ可能なものであろう。

ロマン主義者にとって反省の純粋本質とは、芸術作品の純粋に形式的な現象において現れるものである。それゆえ形式こそ作品に固有な反省の対象的表現なのであり、この反省が形式の本質を形成するのである。形式は作品における反省の可能性であり、現存在原理としてア・プリオリに作品の基礎となるものである。芸術作品は自己の形式によって反省の生きた中心となるのである。（*I* 73）

だがここではまだベンヤミンによるこの定式の「導出」の問題にとどまろう。彼の次の一歩は、「多くの言葉を費やしてノヴァーリスが芸術の基本構造とは反省媒質の基本構造であるということを理解させようとしている」ということの証明に向けられる（*I* 64）。その第一の例証がすぐに続く。

「詩芸術とはおそらくわれわれの器官の恣意的、活動的、産出的使用にほかならない。そしておそらくは思惟においても事態はそれほど異なってはいないだろう。だから詩作と思惟とは同じことなのだ」というノヴァーリスの命題は（……）その方向を指し示している。（*I* 64）

これでは内容が希薄だ。ノヴァーリスが「われわれの器官の活動的使用」として思惟と詩作を同置することによって反省媒質の理論を理解させようとしている、というのは納得のいかない話である。それと反対に説得力のあるのは、「その方向を指し示している」という決まり文句が、まさに断章とその引用の意図との差異を不本意ながら感知させているという認識であろう。次の例証も同様にすんなりとはいかないものである。

ノヴァーリスが「自我の始源はまったく観念的なものであり、(……)それは自我よりも遅れて成立したものである。それゆえ自我ははじまらなかったはずである。そこからわれわれはここでKunst〔人為・芸術〕の領域にいることを知るのである」と言うとき、彼ははっきりとクンストを極めて抜きんでた〔kat exochaen〕反省媒質として捉えている。(*I* 64)

引用にめったに一個の文章以上の解説を加えようとしないのは、ベンヤミンに全般的に見られる弱点なのだろうか。この極端に難解な文章に対してこれ以上何も説明を加えようとしないのは、まさに理解させようとすることの放棄と言ってよい。というのは、これ以上の手がかりなしに一体どのようにして読者は次の三歩を進めというのであろうか。それは第一に、ノヴァーリスの言うように「始源は自我よりも遅く成立」し、「それゆえに自我は始まらなかったはず」なのはなぜなのかを理解すること、次に「そこから「われわれはここでクンストの領域にいる」という「結論」を跡付けること、そして第三番目としてこれらすべてを反省媒質の理論の強力な典拠として理論化できること、の三点である。まず引用された文章のコンテクストを見ると、ベンヤミンが少なくともある観点において——そしてそれは彼にとって中心的な観点なのだが——断章の意味機能をはっきりと意識的にねじ曲げているということがわかる。というのは、ノヴァーリスが絶対的始源をここで脱構築しているのをはっきりと跡付けすることができずに、ベンヤミンはそこから得られる結論も、少なくとも短縮的に歪曲しているからである。「クンスト」という言葉でノヴァーリスがここで意味しようとしているのは、絶対的な始源をもたない自我の哲学的構築における人為性〔Künstlichkeit〕なのである。ノヴァーリスは続ける。「しかしこの人為的前提は、常に人為的事実を起源とする真の学問の基礎である。自我は構築されるべきものである。哲学者は人為的要素を準備し、作り出し、そこから構築に向かうのである」（N3, 253）。同じような説明はフィヒテにも見られる。自我の学である知識学で第一の「反省列」において問題となるのは、絶対的に先行存在する事実ではなく、「反省の規則にしたがって人為的に作り出された意識の事実」であると言われる。さらにフィヒテは、ノヴァーリスと同様に、「人為《クンスト》によって作り出された事実」とも言っている。[48] それゆえノヴァーリスにおいてもフィヒテにおいても、クンストという言葉は、ベンヤミンが彼の短絡的な引用で提案しているような意味においてではなく、哲学的構築における人為性として理解されるのである（せいぜいのところベンヤミンが試みなかった第二の省察においては、クンストという〈メタファー〉はここで〈文字どおり〉受けとられてもよいのかもしれない）。

だがノヴァーリスの自我の人為的構築についての断章は、ベンヤミンのあまりにも直接的な「使用」は拒絶しつつも、少なくとも反省媒質の普遍理論にとって有効なものと考えてもよいものかもしれない。というのは、フィヒテが第一の「反省列」に限定したもの――「われわれの反省能力の自発性によって反省の規則にしたがって人為的に作り出された事実」への省察――、この絶対的に先行存在するものをもたない構築、この「資料〔データ〕なき発明術」（N3, 388）を、ノヴァーリスは上に引用した文言で自我の全体的構築に関係付けており、それによって実際に、まさにベンヤミンが定式化したように、産出する媒質としての「反省の絶対的中立的起源」を指し示しているのである。だがここでベンヤミンは、ロマン主義者とフィヒテとの差異よりもシェリングとの――暗黙のうちに自分の構築のなかに埋め込まれている――

差異に多くを語らせるべきではなかっただろうか。というのは、絶対的始源をもたない人為的な「産出」としての自我というノヴァーリスの理解は、何よりもまず、意識と自我とはそれ自身自然誌(九)から生まれ出るもの、というシェリングの見解に対して反論を企てるものだからである。「自我の自然誌と自我とは別物である。自我は自然物でも、自然でも、博物的存在でもない。そうではなく自我とは人工的なもの、クンスト〔人為・芸術〕、芸術作品なのである」(N3, 253)。ここで自我の人為的構築として示されたもの——表出の媒質における構成、つまり「資料なき発明術」の図式——を、ノヴァーリスは最終的には詩にも関係させている。だからこそ、絶対的反省媒質としての芸術像をノヴァーリスにおいて個々の「表現」の直接の内容として証明しようという、ベンヤミンの大ざっぱな企図は、はじめはこじつけやら短絡が目立つわりには、結局最後には「成功裡に」終わるのである。「ポエジーをノヴァーリスは『自己自身を形成する存在』と呼んでいる。(……)それゆえ反省とは芸術およびすべての精神的なものにおける根源的な、構成的なものなのである」(*I* 65)。

反省中心としての作品

反省媒質として芸術を規定するベンヤミンは、その規定の第二層において、反省形式と芸術理論の他の基本用語の間にあるひとつの連関を明らかにしようとする。ロマン主義者自身は、これに関して単に示唆的な表現にとどまっていた。ロマン主義用語のこの反射文法にはじめて交差するのは、「かつて理論的には決して導入されえなかった根本概念、すなわち作品の概念」(*I* 71)である。合理主義的でジャンル詩学的な規範詩学においても、あるいはそれらのはじめての徹底的な否定である「疾風怒濤の詩人たちの理論」における自己自身を表現する主観性の「限りない礼賛」においても、作品の存立は外部から基礎づけられていた。すなわち前者においては客観的な規則によって、後者においてはその作品の「創造者」への関係によって（*I* 71）。一方シュレーゲルが強調する意味での作品概念は、美学全体にとっての決定的な革命を企図しつつ、唯一無上の「芸術作品の試金石」として作品の「内在的構造」を打ち出し、それによって作品の「自律性」に道を開いたのである。自己自身の中に作り上げられたもの、自己自身の中に完成されたもの、自己自身を表出するもの、あるいはそれどころか自己自身を批判するものとして幾重にも重ねられた作品概念についての言説は、ベンヤミンの考えによれば「反省媒質としての芸術の理論、および反省のひとつの中心としての作品の理論」と非常に密接に呼応するものである（*I* 72）。というのは、自己自身の中に遊動する反省の絶対的媒質とは、まさに完成した自己関係性や自立性によって定義づけられるものにほかならないからである。

反省概念の基礎づけからは、さらに二つの芸術作品の性格が結論付けられる。まずそのひとつとは、有限でありつつ無限であるというその「二重性質」である（*I* 73ff.）。フィヒテやロマン主義者の意味で言えば、反省の行為とは、自己自身から発する活動の反転であり中断として、制約の、「自己限定の」行為である。しかしこの反省的「形式」の「制限的性質」には、さらなる反省によって「すべての有限的反省の制限」を永遠に突破し続ける可能性が対置されている。反省とともに与えられた「形式概念の二重性」のもう一方の極とはそれゆえ、「無限に並べられた鏡」へと作品が「自己拡大」すること、すなわち作品の潜在的無限性なのである。（この無限性は、それどころか作品の「内的」無限性を越え出て、一方では「批評」における作品の継続、他方では「芸術の理念」を指し示すものである。）

自己反省的作品のもうひとつの性格とは、その基本要素の多義性である。ベンヤミンが反省の形式から多義性を導き出して来た結果には、自己対象的発話調整としての詩的機能というヤコブソンの理論との正確な類似が認められる。「多義性とは自己自身に中心をもつすべての伝達の不可欠の、決して放棄できない帰結である[49]」。自己反省的発話の本質的多義性の基礎づけの方法は、しかしながら二人の理論家において異なっている。ヤコブソンの基礎づけは、次のような考察から導出される。「(詩的機能は)記号の感知性に着目することによって、記号と事物の基礎的二分法を深化する[50]」。記号を記号として認識すると、「対象指示機能」に一種のゆるみが生じる。それはその機能を完全に停止させるものではないが、「対象関係」の一義性を破棄できる[51]。一方ベンヤミンは、自己反省的(言語)構造の多価性〔Polyvalenz〕にヤコブソンよりもっと単純で、同時によりフォルマリスム的な基礎づけを与えている。ある反省構造の三つの要素を観察するだけで、それら相互の関係はすでに「二通りのやり方で把握され執行され」得る。つまり(反省の反省)の反省、あるいは反省の(反省の反省)として(*I* 30)。反省が複雑化すればするほど、どれが反射させる極(主体)でどれが反射した極(客体)なのかということについての一義的明晰性はなくなっていく。自我から自由な無限反省という媒質においてこの区別が「消滅」するということは、結局は、任意の反省段階はすでに反省段階によって多義的であるということを意味しているのである。

イロニー、超越論的ポエジー、小説《ロマン》

ベンヤミンの普遍的基礎づけにおける数々の著しい欠点にもかかわらず、彼の反省概念の芸術哲学的「成就」には、ロマン主義詩学のもっとも有名な理念が当然のことのように適合する。イロニー、超越論的ポエジー、小説の各理念である。これらの「導出」については、本書の直接の批判対象でもなければ新構築の要素でもないことから、ごく手短にだけ触れておこう。

ロマン主義的イロニーとは自己反省の現象だということについては、ベンヤミン以前からずっと誰しもが認めてきた。しかしこの場合、反省とは広く「……についての」という位相のもとに理解されていたのである。すなわち、「本来の」作品へのはっきりとした自己相対化の付加として、詩的主題〔sujets〕を自己自身との遊動に解消する主観性として理解されてきたのである。ベンヤミンもイロニーのこのような語義を条件付きでなら認めている。彼はこれを、その「活動範囲」を特に「素材」において持つ「主観主義的イロニー」と呼んでいる（*I* 83）。「この題目」――ところでヘーゲルの熾烈な批判が向けられるのはこれに対してだけである――「のもとで［シュレーゲルの］思惟の客観的契機を強調することに対しての原理的異議が理解され得る」（*I* 81）のだ。それだけになおさら、「ロマン主義の主観主義を率直に主張する意見」（*I* 83）を退けるイロニーの二つめの語義を解明するという課題が、ベンヤミンにとっては切実なものになる。そしてそのような客観的イロニーをベンヤミンは、まさに作品の基本構造としての反省形式の中に見出したのである。作品内の、その構成部分の間の形式的反映関係はすなわち、自己自身についての素材的反省においては特個的現象であり特殊例でしかないところのものを、全般的に暗黙裡に成し遂げているのである。それは「自己限定」、すなわちそれぞれに有限的な反省段階としての個々の要素の規定による「自己拡大」――絶対的媒質の関係構造のなかへ組み入れるという意味での――である。限定と無限定、有限と無限との間の媒介の図式として、イロニーは自らにおいて反省、作品、形式の各概念の二重性にけりをつける。イロニーによって「個別的作品の決まった形式」は相対化され、芸術の理念としての絶対的反省媒質における拡大された成就が目標とされるのである。このような「形式的」構造とは、「勤勉や愚直さとは違って、作者の志向的態度ではない。それは、通例なされているように主観的放埒さの指標として理解されるべきものではなく、作品自体における客観的契機として正当に評価されなければならないものである」（*I* 87）。

同様のことが「超越論的ポエジー」の概念にもあてはまる。超越論的というのは、すでに哲学の用語としても、自己自身に向けられた認識、すなわちひとつの自己反省の形式という意味であった。ましてシュレーゲルにあっては、超越論的という概念は「いかなるところでも反省という概念へ」（*I* 93）行き着くものであり、これをもっとも的確に言い当てているのが、反省構造によって自己表出するポエジーについて語る『アテネーウム』断章の二三八番である。（この有名な断章が「超越論的」および「反省」の両概念を同時に歪めるものだ、というベンヤミンの見解はすでに別の箇所で正当に修正されている。[52]）概念分析的および哲学的な見地からは、次のことが言えよう。「超越論的ポエジーの概念は、そこからロマン主義の芸術哲学が発生した体系の中心に戻るように指示する。（……）それはロマン主義的ポエジーを絶対的詩的反省として叙述するのである」（*I* 95）。

最後に小説[一〇]の概念について説明しておこう。小説を最高の芸術形式とするロマン主義者たちは、その根拠を、不連続性からなる「絶対的」連続のなかにすべてのジャンル制限が解消し、すべての形式が混じり合うという理念の中に求めていた。自己反省的形式の絶対的媒質についてのベンヤミンの言説も、基本的にはこれと変わるものではない。それゆえ彼は、小説を詩的反省というロマン主義の理念の理想的成就と理解していたのである。「すべての表出形式のなかでただひとつ、ロマン主義者たちが反省的自己限定および自己拡大をもっとも決定的に形成し、その頂点でその二つが見分けがつかないように相互に混じり合うことを認める形式、このもっとも象徴的な形式とは小説である」（*I* 98）。この考えを開陳することによって（*I* 98-100）ベンヤミンは、ロマン主義詩学の「仕上げの要石」を反省媒質としての芸術の理論に組み入れることができたのである。

批評

「芸術とその形成物の客観的構造」（*I* 13）、およびそれを把捉する概念の意味機能と同様、ベンヤミンは批評の概念も反省の理論から導き出している。批評概念が、論文全体の題であるにもかかわらず、反省媒質の質料的「成就」の長いリストのうちの――それも論理的には最後の――ひとつとして現れているにすぎないということの理由には、この博士論文の断章的性格ということ以外に、体系的戦略的なものがある。ベンヤミンはこの理由を次のような、一見すると同語反復的とも思えそうな命題で表現している。「批評はその対象の認識をも包含する」（*I* 53）。ベンヤミンにとっては、この地味な文章のなかにロマン主義芸術理論のすべての改革が語り尽くされており、それとともに、批評の理論がいわばその〈対象〉の理論にとっての単なる補足としてしか現れないことの動機も述べられているのだ。すなわちロマン主義以前の批評には、客観的内在的な「その対象の認識」が包含されていなかったのである。主観的作用美学の枠の中では、批評とは本質的に趣味判断の表明であり、客観美学の不可能性をある部分ではきっぱりと主張さえしていた。規範的ジャンル詩学あるいは文体論の枠組みになると、批評は今度は作品を作品外部に前提される抽象的な規則に合わせて測るという仕事になり、作品をその固有の成り立ちから再構成するという意味ではなくなる。しかしシュレーゲルは、「いかなる美の理論も不可能であるというカントの主張(53)」に対抗して、批評の座を「美的諸学の客観的体系」のなかに認めたのである（*SI*, 358）。「芸術作品の主観的作用を説明するのは、しかしながら心理学者の仕事であって、批評家には何等関係のないことである」

(S 2, 14)。規範詩学に対してシュレーゲルが対置するのは、自己固有の所与から自己自身を表出する作品の認識である。「批評は作品を普遍的な理想にしたがって判断すべきではない、そうではなく個々の作品の個別的理想をさがしだすべきなのである」(LN 1733)。あるいは『マイスター』批評の美しい言葉を引用してみよう。「それ自身の内部からしか理解することができない書物を、慣習と信仰、偶然の経験と恣意的要求が織り合わされてできたジャンル概念にしたがって判断すること、これはいわば子供が月や星を手をのばして捕まえて自分のおもちゃ箱にしまっておこうとするようなものである」(S2, 133)。

それ自身の成り立ちから作品を叙述するものとして、批評は判断を下す「形成物についての反省」ではなくて、「反省の展開」(I 65f.)、すなわち作品自身のなかにその固有の構造原理として存在する「反省が」新しい形成物において意識増進的に「展開」することなのである。すなわち作品と批評の両者とも、同一の反省媒質における「相対的」契機なのである(I 56)。この内在的展開の図式は、ロマン主義の反省概念、形式概念、作品概念にみられる二重性にかかわるものである。反省の反省とは、一方では作品が自己の固有の形式構造にしたがって自己自身を再帰的に制限すること、そして他方では——そしてまさに上記のことをすることにおいて——この自己反省的構造が新しい高次の反省段階へ自己超出していくことなのである。その意味で反省とは、単なる作品の再構成ではなく、その形成の継続でもあるのだ。ノヴァーリスは言う。「真の読者は拡大した作者であらねばならない。彼は、低級審ですでに準備された事案を受け取る高次の審級なのである」(N2, 470 ; I68)。あるいはベンヤミンは読めなかったシュレーゲルのノートにはこうある。「真の批評、二乗した作者」(S78, 106)。ロマン主義者たちがいかに真剣にこの増進の契機を考えていたかということは、他にもシュレーゲルの数々の典拠によってわかる[55]。それによれば批評とは、「まだ完成しておらず[54]」より高次なところへ導かれていく素質をもつ対象に対してのみ存在するという。特に批評の完成機能について書かれた覚え書きは、反省の無限の増進は「空虚な無限性に解消せずに、自己自身において実体的であり成就したものである」（*I* 31）、というベンヤミンが主張した「公理前提」の最良の典拠となっている。

まとめと移行

ベンヤミンの博士論文は全体として、「自我から自由な〔ichfrei〕」反省構造の理論である。ドイツ概念論を貫く、分解する乾いた悟性の支配として反省を軽視する考え方に対して、ロマン主義者が、思惟の直接性および充実した無限性の保証として、あるいはそれどころか絶対者の〈自己表出〉形式として、まさにこの反省を最高の地位に付けようとしていたことをベンヤミンは認識していたのである。ロマン主義の反省理論の普遍的説明——ここにベンヤミンの論文がもつ本質的な改革要素があるのだが——とその〈適用〉とは、しかしここで一見矛盾する関係に立っている。普遍的哲学的基礎づけにおいてベンヤミンは、数多くの、そしてその一部は決して周縁的なものにとどまらない無理な歪曲化を行っているが、これは彼がロマン主義詩学の主要概念をそれらの中心である反省理論から正しく〈導出〉したということを必ずしも妨げるものではない。以下の章においてはこの体系的欠落部分に焦点をあてることとして、その周囲にあって十分研究され尽くしたことがらには向かわないこととする。

III 産出および絶対的総合としての反省

――非再現前化主義的な自己二重化モデルの根本規定（記号、言語、表出）

対象化および離反化する反省の他者としての絶対者（シェリング）

その解答の多くによって超越されてしまっているが、初期ロマン主義の哲学の問題設定を執拗に規定し続けている問いがある。知と実在を最終的に基礎づけるものは何なのか、という伝統的な第一哲学の問いである。『人間の知における無制約者について』という副題を持つシェリングの著作『哲学の原理としての自我について』（一七九五）は、すでにその題名が内容を説明している。この書物はシェリング特有の絶対者の理論の基本線をすでに典型的な形式で定式化しているが、その基礎が置かれるのは「無制約的」という語の厳格な意味分析である。そもそも無制約者が想定されなければならないという事態は、シェリングにとって次のような省察から出来している。しっかりとした絶対的基礎を持たなければ、人間の知は結局いかなる「実在」の保証も得られず、「あらゆる個々の命題が恒常的に相互浸透するものになってしまう」。このような事態を認めたくない者には、「そこにすべてのものが依拠し、そこからわれわれの知のすべての存立、すべての形式が発している実在の最終地点というものが必要になる」。この最後の「地点」は定義上自らの基礎を「再び何か他のものの中に」求めることはできず、まさに「無」制約的なものとされる。そしてさらに、この無制約者は決して思惟の「客体」になることはできない。というのは、思惟や表象の対象となるものはすべて、そのことによってすでに「事物」になるからである。だが無制約者とは「決して事物になり得ないもの」および「絶対に事物として思惟され得ないもの[3]」に限られる。無制約者は決して追いつけないところで「すべての思惟や表象に」先行するのである。これを「客観的に証明」しようとすることは、「それが制約的なものであることを証明することに他ならない[4]」。あるいは別の言い方をすれば、絶対者や絶対我を「表示しようとするものは、まさにそのことによってこれを廃棄することになる[5]」。

無制約者が「自己自身によって与えられる[6]」だけの自己との絶対的同一として決して他者との認識関係に入ることがないとすれば――それをすればその絶対性や同一性が失われてしまうとすれば――、意識の中に現前するような自我はもはや純粋な絶対我ではないということになり、「意識は自我を見失う危険を前提とする[7]」ものとなる。なぜなら、意識とは常に何かの意識であり、これは（何かの意識という形で）二重性の図式になるからである。しかしながら無制約者とは――非‐事物として――まさに決して「何か」ではあり得ず、「すべての意識の制約は二重性である[8]」というまさにその理由で、「絶対的同一性」として「決して意識に到達することはできない」ものなのである。ここでシェリングは、反省の形式においてあらゆる意識の二重性をとことんまで追求する。反省は「おわりなき離反」を産出し、その「分解作業」は同一性を「その根源において[9]」抹殺してしまうものであり、反省が向かうところはすべてその固有の形式によってただちに物象化されてしまう、とシェリングは言う。それゆえ反省は無制約者としての絶対者の絶対的他者となる。分裂させ分裂した二重性の形態として、反省は絶対者から根本的に疎外される。

このような疎外は、認識論的な次元と並んで、歴史哲学的次元においても現れる。というのは、シェリングが分析的文明についてのむしろ漠然とした哲学の中で語っているように、そもそも「哲学への欲求」とは反省の分解作業をもってはじめて生まれるものであり、それは「人間の精神において根源的かつ必然的にまとまっていたものを再統合しようとする[10]」努力とされるからである。シェリングの反省批判の裏に隠れたこのような歴史哲学的意味——これは同一‐疎外‐同一というよく使われる三段階説のさほど独創的でもない一変種にすぎない——によって、彼の哲学は、認識論においては分解的反省からはっきりと距離を置こうとしている割には、意識の二重性のほうにかなり濃厚に関わっていかざるを得なくなったのである。というのは、哲学は、それがまさに物象化の時代と結び付いている以上、反省に対して少なくとも「否定的価値」を認めてやらないわけにはいかなくなるからである。それは、その分解作業が消え去るまでいわば同種療法的に自己自身に適用され続けなければならない「単なる薬剤」としての価値である[11]。いずれにせよ反省が絶対者の実定的存立に影響を及ぼすことはないのだ。そしてこれは、シェリングがフィヒテの用語法から自己の体系や体系構想の中に取り入れたさまざまな形の自我活動の「相互規定」や逆方向の自我活動（自己超出や自己回帰）にもあてはまる。知的直観の観点に立てば、これらすべての二重性は無効になることはいたるところで明らかなのである。そもそもこれらは「本来的に」絶対者の存在に属するものではない。絶対者とは「無制約的[12]」という言葉の首尾一貫した意味において、むしろ「すべての対立するものを排除し[14]」、「決して自己自身の外へ抜け出ていくことはなく[13]」、「すべての変転を自己の内で絶対的に無化する」ものなのである。それゆえ分裂し物象化する反省とは、無制約者の「完全な反二元論的観念論」の全面的な敵対像なのである[15]。

「非反省」の逸失としての反省（ノヴァーリス、シュレーゲル）

フリードリヒ・シュレーゲルとノヴァーリスにおける絶対者の概念は、ある転回点に至るまではシェリングの概念と平行して記述していくことができる。シェリングに直接関係づけて、シュレーゲルは次のように言う。「絶対者自身は表示できないものである。しかし絶対者の哲学的仮定は分析的に正当性を証明されなければならない」(SI8, 512)。さらにこれと同じ文脈に立って次のような言説も見られる。「認識とはすでに制約的な知を意味する。絶対者の認識不可能性とは同一的凡俗性である」(SI8, 511)。哲学の純粋「作用圏」に関するノヴァーリスの考察は、多くの点でシェリングの「無制約的」という言葉の分析に重なるところがある。ノヴァーリスによれば、個別諸科学と違って哲学が「対象とするものは、学ばれるのではなく」、常にはじめからすべての知の根底に存するものだという。「すべての（個別）対象は学ばれ」得るものであり、また学ばれなければならないとすれば、哲学は「まったく対象をもたない」ということになる。では哲学は何を為すのか。ノヴァーリスはひとまず次のような答えを考えた。「学ばれるものは学ぶものとは別物であるはずである。学ばれるものとはひとつの対象である。それゆえ学ぶものは対象ではない。とすれば、哲学はひょっとしたら学ぶものと取り組むことができないだろうか。対象を学ぶわれわれ自身と」。しかしながらノヴァーリスは、この考えを次のような理由ですぐさま放棄した。「自己考察」においては「学ぶもの」自身が「学ばれるもの」に代わって「対象」になってしまい、非対象的な哲学の要請は結局満たされぬままに終わるというのである。つまり、

はてさて、学ぶ者はいかにしてこのような操作において自己自身の考察をはじめることができるのだろうか。

彼はまず自分を学ばなければならなくなるではないか。すると彼は自分にとって対象となってしまう。いや、自己考察は（哲学には）なりようがない。それでは求めていたものとは違ってしまう。（N2, 113）

「対象」ではないものに対してノヴァーリスが絶対者の概念を用いることはめったにない。彼がその代わりに多用するのは、「ツーシュタント〔Zustand〕」と「ゲーゲンザッツ〔Gegensatz〕」[一]という独特の用語である。これは両者とも、対象という語に対する補足的否定として語源的に動機づけられている。ツーシュタントは合成語である対象〔Gegenstand〕の前半部分〔Gegen〕、ゲーゲンザッツは後半部分〔Stand〕と対照をなすものである。「ツーシュタント」と「ゲーゲンザッツ」とは、絶対者および絶対主観性の暗号として、シェリングの無制約者とその根本規定を共有している。この根本規定とは表象的思惟にとって完全に不定――シェリングはそれどころか「完全な無である」[16]とさえ言っている――であるということだが、しかしまさにこのような「不定性」（N2, 197）として、すべての規定の基礎、および「自由」の総体の役割を果たすことができるものとされる。ノヴァーリスのこの二つの概念の星位をもっとも簡明に示しているのは、次の思考経過である。

すべての規定のゲーゲンザッツとは自由である。絶対的ゲーゲンザッツは自由である。――自由は、ゲーゲンザッツがそのものとして対象になれないのと同じように、対象には決してなれない。――ゲーゲンザッツの基体のすべては対象になり得るが、まさにそれゆえに本来的ゲーゲンザッツではない。ゲーゲンザッツのすべての規定は、ゲーゲンザッツとしてのゲーゲンザッツ自身の規定さえも、本来的にゲーゲンザッツ自身ではない。ゲーゲンザッツとは本来活動範囲を持たないものである。なぜならそれはすべての活動範囲を排除するものであるから。すべての言葉、すべての概念は、対象から借用したもの――それ自身対象である――であり、それゆえにゲーゲンザッツを固定することはできない。無名性こそまさにゲーゲンザッツの本質をなすものである。――それゆえいかなる言葉もゲーゲンザッツを放逐せざるを得ない。ゲーゲンザッツとは非‐語、非‐概念なのである。（N2, 202）

ノヴァーリスは、絶対的に不定なものを規定的に把握しようとする試みに対して、次のような皮肉に満ちた忠告を与えている。「闇を一握り掴んでみるがよい」（N2, 106）。無制約者を規定しようとするいかなる試みもまさにその無制約性を破壊するだけだ、というシェリングの論証と類似していることは明白である。もし絶対者（ゲーゲンザッツ）が非対象であり、端的に非規定的なものであるなら、「ゲーゲンザッツのすべての規定は、ゲーゲンザッツとしてのゲーゲンザッツ自身の規定さえも」修正不可能なほど誤っている。なぜならそれは、定義上「決して対象になれないもの」を再び対象にしようとするだけであるから。これは、他のすべての概念を自らの下に包括し、記号学との類縁性から純粋にノヴァーリス的な概念と見なすことのできるあの絶対者を意味する用語にもあてはまる。それは不定なものの概念である。「不定とは根本において単なる規定という概念による規定である。これは本来表現すべきものではないものを表現している。本当は規定を完全に否定しなければならないのだ」（N2, 198）。

このような前兆のもとでは、ノヴァーリスも反省を絶対者の存立から排除するしかなさそうである。というのは、何かについての反省として「すべての反省は対象に関係する」（N2, 196）からである。反省はさらに、対象ではないものまで自己の法則下に置こうとする。「すべてわれわれが反省を向け、われわれが感じとるものは例外なく対象であり、それゆえ対象の法則にしたがう。ゲーゲンザッツですら、われわれがそれを反省する限りは対象である」(N2, 206)。だがもし絶対者ですら「対象としてしか反省の中に現れ得ない」(N2, 196)としたら、対象化する反省は絶対者を逆転するものであり、反省的表出は表出されるものの存在様式を破壊することになる。「非反省を反省によって表出しようとしても、決して非反省にたどりつくことはない。それは白を黒として表示しようと躍起になっているようなものである」(N2, 122)。さらにノヴァーリスにおいて対象化と並んで反省に絶対的同一としての無制約者との出会いを不可能にするものは、反省の離反的性格である。すでにその本質をなす反省する極(主観)と反省される極(客観)の分化によって、「反省は絶え間なく対立を構成していくものである」(N2, 206)。そして「反省の形式は反対定立にのみある」(N2, 125)ものなので、反省はいかなる同一をも分裂状態に持ち込むのである。「存在するものは、反省能力の本質によってその構成要素に分解される限り、自己自身に矛盾するように見える。そしてこの分解作業とはいわば強制的にせざるを得ないものなのである」(N2, 267)。反省的意識は、それゆえ反省する自我と反省される自我の分裂を決して克服することはできず、せいぜいこれを無限に累乗化していくことができるだけである。これによって絶対的同一は常に延期させられていく。ノヴァーリスは、その同一性が反省的に「決して自己に自分を捉えさせない」「分裂した自我」について語っている。まさにこの図式こそ、フィヒテに反省による「真の」自己意識の不可能性を主張させ、彼を知的直観の理論へ向かうように動機づけた理由なのである。ここでデリダに倣って、反省〔反射〕の形態を差異と遅延の二重の意味を持つ差延作用の形態として記述することができるかもしれない。反省における「反対定立」によってのみ、つまり差異の「戯れ」によってのみ、反省の関係項はそれが存在する形で構成される。そしてこの「屈折行為」(N2, 213)はその差異性の自己削除に到達することは決してなく、それゆえ絶対的同一の無限延期となる。だがデリダが形而上学批判として肯定的なものに転位した差延作用の図式がここで意味しているのは、いまのところまだ絶対者に対する反省の欠点、カテゴリー的欠陥にすぎないのである。

絶対者の媒質としての、いや絶対者自身の存在としての反省の理論——これをベンヤミンの博士論文はロマン主義の反省理論として提出しているが——に対して、ここで再構成された根本的な諸規定はきわめて強力な抵抗を示している。ベンヤミンはおそらく、単に事情に通じていなかったからということでこれを回避したわけではないだろう。シェリングやノヴァーリスと同じような考察をしているのは、他にもシュレーゲルがいる。もし絶対者が絶対的同一として理解されるなら、「反省によって至高者に実定的に到達することの不可能性」（SI9, 25）が成り立つことになる。なぜなら反省とは、常に「二元論の遊動」を展開するものであり、それゆえに「至るところで神話的なものを形成する無作用点の掌握」（SI8, 403）には役に立たないものとされるからである。

逆転させる反省の逆転——逆転秩序論

これまで見てきた限りでは、絶対者と反省の初期ロマン主義理論は、デリダが現前性の形而上学と名づけたあの支配的な西洋の哲学的伝統に連なっている。なぜならこの理論は、根源、最終的基礎づけ、絶対者等のようなものがあって、それらが差異を持たずに——これはすなわち、不在の干渉なしに、ということである、なぜなら、差異による規定はすべて実定的‐実体的な自己現前の欠如を際立たせるものだからである——自己自身と一致し、実定的に現前するものとして考えられるという仮定に立っているからである。しかし——そしてここにおいてこの伝統に対する最初の留保があるのだが——ロマン主義者たちは、このような形で想定された現前的同一の固有の実在性の意識を先鋭化させることでその反省的表出の可能性を疑問に付し、それによって哲学に修復不可能な非在と分裂とを導入するに至った。しかしながらこのことはひとまず反省の形式自身にしか該当せず、それが欠落の様態において反省しようとする対象、というかむしろ非対象にはあてはまらない。そして知的直観のほうに活路が見出されていく限り、このような限定もなくなってしまうのである。

シェリングや後期フィヒテとは違ってノヴァーリスとフリードリヒ・シュレーゲルは、絶対者の哲学的把握の問題に関しては、非常に限定された形でしか知的直観の側には立たない。彼らはむしろ反省の要請に固執し、絶対者の表出に関する反省の不適当性を、この不適当性と意識的に取り組むことによって少なくとも相対化していくことはできないだろうか、と考えたのである。この考えがノヴァーリスの逆転秩序論（ordo inversus-Lehre）の骨子である。これが出発点とするのは、鏡像の向きの逆転において示唆される、反射において生じる逆転である。「自己自身を感じる」「感情」が哲学的営為の非定立的な出発点として「反省〔反射〕の中に」認められるとき、「感情の精神はそこで外部に出ている」（N2, 114）。そしてこの反省において「反省が何かで感情が無だとすれば、実際には事態は逆で、感情が何かで反省が無なのである」（N2, 118）。絶対者の運動が「実際には」無限定的なもの、何にも依存しないものから限定的なもの、依存したものに移行するのに対し、反省はまさに逆方向に向かうのだ。「相対的観点は常に事態を逆転させる」（N2, 122）。だがこのような逆転に屈しなければならないのは「単純な意識」だけである。それに対して「反省された意識」（N2, 118）は、「存在の始源的な形式を見出すためには、いかに注意深く必然的な添加物すなわち〔反省の〕与えられた形式を捨象することが必要かということ」（N2, 112）を知っている。それは最初の反省における逆転を「第二の反省において」無効化するのだ（N2, 118）。

これが自己自身への適用による反省の逆転秩序の修正である。[17]

ロマン主義者のものだけに限らない詩的実践一般と、さらにはパラレリズム理論にとっても、二重に逆転した——それゆえにいわば〈正しい〉——鏡像反射の図式は非常に興味深いものがある。しかしながらそれについては、ここでは欄外の指摘にとどめておこう。それは〈単に〉反射〔反省〕の特殊技法にすぎないという理由によるだけではなく、これに対して認識批判的な基礎づけを施しても、ロマン主義者たちがなぜ詩的反省をあれほど高く評価してきたのかを理解させるには不十分だからである。なぜなら、逆転秩序論も結局は反省的表出が絶対者の自己現前的存在にカテゴリー的に不適当であるという仮定の上に立つものだからである。これはせいぜいのところ、反省の欠陥と特別うまい取り組みをするように要請する手だてにすぎないのである。

感情と反省（一）

絶対者の存在と表出に関して反省を非難したり、あるいはこれを少なくとも一種の否定的表出に対して部分的に救済したりすることと並んで、反省と「絶対者」の関係を執拗に追求する思惟は、表出および存在形式にしたがってこの両者を肯定的に相互浸透させるような要素をも結実させてきた。このような要素を持ってはじめて、本書が特に注目しているような初期ロマン主義のあの〈層〉および「傾向」が到達されるのである。他の層と並んだ、あるいは他の層と対立したひとつの〈層〉について語ることは、たしかに概念的準備作業の偏りを示すものかもしれないが、これは決して直接相互に対立する解釈路線の自由な多元論を主張するものと誤解されてはならない。たしかに、十分な抽象化を施せば、ロマン主義者たちの膨大な断章や覚え書き類からは、いかなる理論的立場にとっての典拠でも探し出すことが可能であろう。これは、特にシュレーゲルの覚え書きが語用論のレベルでしばしば完全に決定不可能であることによって容易なことなのである。たとえば『哲学的修業時代』の覚え書きにわずかのキーワードでシェリングやフィヒテの見解が書かれてあるとき、多くの場合、それがほとんど「評価を含まない」読書メモなのか、それとも肯定的一体化なのか、あるいは逆に批判すべき見解を書き留めているものなのか、ということを判断する手がかりは何もないのである。それゆえロマン主義者のテクストのいかなる解釈も、単にいくつかの競合する引用を持ち出すことによって〈論破〉することはできない。それでもすべての解釈が同等に恣意的で同等の権利を持っているというわけではない。解釈の内在的生産性の尺度は、個々の概念や要素の説明をもっと大きな思惟連関に組み込んだり、あるいはその逆のことをしたりする能力があるかどうかで決まるのである。すなわち、初期ロマン主義の思惟のひとつの層、ひとつの傾向について語るということは、ひとつの複合体の全体、すなわち一貫性を形成する構造における多くの概念や定理の共同作用を明示できるかどうかということを内含している。そのような構造的尺度によって、細分化されたレクチュールの恣意的な多様性は相当に縮減されることとだろう。

ノヴァーリスは、感情と反省、ゲーゲンザッツ（ツーシュタント）と対象、本質と特性、存在と仮象、質料と形式、精神と書字の諸関係を正確に規定しようとすればするほど、はじめはしばしば二分法的対立であったものが実は回避できない交差を示すという確信にたどりつくことになる。一七九五年から一七九六年にかけての『フィヒテ研究』における一連の省察は、次のような問題から出発している。もし哲学がその概念に忠実であろうとして、いかなる「対象」（哲学的営為という対象も含めて）も扱わないとしたら、この哲学は「おそらく［……］根源的にはひとつの感情」、すなわち同時に「原因と結果としての原行為」である感情（N2, 113f.）なのである。ここでいう感情概念は、特にフィヒテの語義に依拠している。それによれば感情は非我の直接的統覚として「世界」と自我の実在を基礎づけ、それゆえにすべての哲学的営為の基礎とされる。[18] このような意味でノヴァーリスは言う。「感情の限界は哲学の限界である」（N2, 114）。つまり、すべての哲学はこのような所与の感情を解明する以上のことはなし得ない。哲学の「欲求」が満足させられるのは、「思惟と感情の間に体系的連関が」作り出されたときである。感情はノヴァーリスにとって、その非定立的、非対象的な性格によって哲学の基礎に定められるものだが、このような性格は感覚世界や悟性世界との対立からその意味を得た伝統的な感情概念とも共通するものがある。さて哲学は一体どのようにして目標とされる「思惟と感情の連関」を見出すことができるのであろうか。

すでに先述したように、まずノヴァーリスは、求められている連関、すなわち感情と反省の「相互管理」が失敗に帰するという規定を提起し続ける。反省が感情のほうを向けば、感情は「逆転して見える」だけである。なぜなら「感情の精神がそこで外部に出ている」からだ。哲学の「形式」と「質料」との間には架橋不可能な亀裂が、いや反生産的関係が存立しているように見える。哲学の質料としてノヴァーリスがまず規定するのは、感情の中に自己現前的に「与えられたもの」である。次に「反省が［……］分担するもの」が「純粋形式」である。このような反省の対象化し離反させる性格は別として、このような対置が意味しているのは次のようなことである。反省は前提とされたものの追補的な表出にすぎない。反省に認められるのは再生的機能だけで、構成的機能ではない。ノヴァーリスが次のように言うのは、このような意味においてである。反省は「必然的にある質料を前提とする」（N2, 116）。これをシュレーゲルの言葉で言うと、「反省はある現象を前提としており」（S12, 19）、この観点から見て「決して産出的なものではない」（S18, 408）。だがこれで初期ロマン主義者が反省の産出性についての最後の決定を下したわけではない。それは驚くべきことに、反省を単なる補遺、代補、記号として性格づける別の文章ですでに予告されるのである。「反省が見出すものは、すでにそこに存在しているように見える」。ここで大切なのは、「ように見える〔scheinen〕」という言葉である。感情と反省の連関についてのこの章句全体は、この「ように見える」という双価的な――ある可能的妥当性を示すと同時にそれを疑問に付す――表現で生気を得ているのである。

精神と書字――精神と表出の必然的字義性（修辞性）についてのロマン主義理論

感情と反省の「仮象的」[二]な関係――さらにこれに類推して絶対者と制約されたもの、ゲーゲンザッツと対象の関係も――を「現実の」関係に転換する仕方において、そのさまざまな変種の中に常に含まれているひとつの基本モデルがある。それは精神と書字に関する理論のロマン主義版で、初期ロマン主義の言語哲学の総体として理解されるべきものである[19]。この理論は、決して言語の特殊な詩的特質ばかりではなく、言語一般の性質や機能に関係している。ノヴァーリスやシュレーゲルは、すでにその用語法においても、ソシュールやその後継者たちにおいてはじめて言語学の基盤となった言語の示差システムとしての性格に関する知見に道を開いている。そのような用語法的新機軸のひとつとは、一見ロマン主義的ではないように見えるが、言語と数学との並置である。ノヴァーリスは言う。「数のシステムは真の言語記号システムの模範となるものである」（*N*3, 350）。あるいはまた逆に次のようにも言う。「本来的な言語とは対数システムである」（*N*3, 386）。文とは一般に「代数式以外の何物でもない」（*N*2, 600）。真の組み合わせ術〔ars combinatoria〕の基礎としての数式的な普遍記号言語〔lingua characteristica universalis〕というライプニッツの考えにしばしば依拠しながらも、ロマン主義の言語の「数学化」のポイントは、言語から自由な純粋理性を曇らせる言語の固有論理の放逐にあるのではない。それがめざすのはむしろ逆で、何物にも還元できない言語の産出性を技術的にも哲学的にも保証することである。ここで二つの動機が出会う。それは、デリダが言うところの超越論的シニフィエの拒否と言語システムの自己反省〔反射〕的遊動の解明である。(三)

カントが数学と幾何学を人間の精神の純粋構成概念として、先行する「現象」の追補的な「経験」からはっきりと境界付けたように、ノヴァーリスも数を「無から作り出された実在」(*N3*, 440) と位置付けていた。「数のシステム」とは、何か先行する秩序を表現したり写し取ったりするものではなく、このシステム自身が出発点となって、そこにおいて、それとして妥当するような秩序を構成するものである。ノヴァーリスがこのような構成的「記号」に算入していたのは、「数」の他に「言葉」がある。これは単なる再-現前化ではない。そうではなくて、この言葉の差異的な「対数システム」が、思想をはじめて思想として構成するのである。ノヴァーリスは言う。いかなる「思想も必然的に字義的である」(*N3*, 463)。思想とは生まれたときから言語的に構造化されている。しかもそれは、言語のように、というだけではなく、言語として、という意味でもある。「思惟とは発話である」(*N3*, 297)。シュレーゲルにとっては無言の思惟も「内的独白」にすぎない (*S10*, 350)。非限定的な知を言語的構造性の彼方に捜そうとする者が「結局最後に手中にできるものは、非限定的な非知にすぎない」(*S10*, 42)。これほどまでに「精神と言語は分かち難いものであり、これほどまでに思想と言葉とは一致しているものなので」(*S6*, 14)、「言語記号システム」には、すでに思想の根源において構成的な機能が認められるのである。二次的なもの、写し、補遺、代補としての伝統的な言語観を論争的に逆転して、シュレーゲルは言語を「端的に第一次的なもの」（*S19*, 100）と定義しているが、これは後にベンヤミンが反省概念を革命的に逆転して、「論理的に第一次的なもの」（*I* 39）、「絶対的に創造的なもの」（*I* 63）、「すべての精神的なものにおける（……）根源的で構築的なもの」（*I* 65）と規定したのと同じことである。もちろんここで第一次的なものという概念は、思想や絶対者が言葉や反省に対して二次的なものである、といった意味で理解されるべきものではない。むしろここで考えなければならないのは両者の同根源性である。両者は「不可分なもの」（*S18*, 289）なので、同時に第二位がない第一位、いやむしろ第一位がない第二位の位置にあるのだ。だが「精神全体が言葉として構成されている」（*S2*, 262）ならば、「書字」――これの「全能」について人は「何のことかまったく解らずに」よく精神の疎外だと嘆いているが――は「真の魔法の杖」なのである（*S 18*, 265）。そして表出に決定的な価値が付され、――再びその伝統的な価値秩序を論争的に逆転しつつ――表出は表出の対象自身の不可欠の契機とされるのである。

哲学とは作り話であり、そのような哲学を表出する以外何もない、それがすべてだ、とよく言われる。なぜなら哲学には内容がなく、形式、つまり古典的で機知に富んだエネルギッシュな書字がすべてだからである。（*S18*, 384）

カントやフィヒテの表出概念に対する境界線がここにはっきりと読み取れる。すでにカントも表出を評価していた。たしかに彼は外的な再現前化〔表象作用〕としての表出理解にとどまっていたが、それでも表出ははっきりと必然的なものとして認めていたのである。カントにとって直観なき概念は「盲目」であるため、「図式的」および「象徴的」な「直観表示〔Hypotyposen〕」、すなわち表出〔exhibitiones〕」だけが、概念と直観とを結び付けることによって認識に「客観的実在性」を付与することができる。[20] 表出の必然性に対する洞察と図式論および象徴論とは、すなわち同一物の二つの側面ということになる。同じような理由から表出の再現前化機能は、フィヒテの『哲学における精神と書字について』においても、放棄できない「機械的技術」[21]と説明されている。だが――そしてここにシュレーゲルの断章やノヴァーリスの「表出するためにのみ表出する特殊な表出力」の仮定との境界線があるのだ――ここで常に表出に認められているのは、手段と再現前化として放棄できないという否定的意味でしかない。（さもなければフィヒテは、シラーにあてた手紙で次のような、上に引用したシュレーゲルの文言とは正反対のことがらを書けなかったはずである。「哲学とは本来一切の書字を持たないものであり、精神だけのものなのである」[22]。フィヒテはこれにしたがって「表明」を、かつては「精神的な目にまざまざと姿を現していた」意味を「貸し与えられた」、追補的で道具的な媒介者としての「身体」と見なしている。精神自身の内的論理からではなく、「伝達」の願望によってはじめて覆いを纏おうとする「欲求」、記号の領域に入ろうとする「欲求」が生まれるのである。[23]）それに対してシュレーゲルとノヴァーリスは、媒質と産出として書字と表出のまったく肯定的な不可避性を認めている。この第二の価値付けを持ってはじめて、（詩的）表出という純粋に〈近代的な〉概念が得られるのだ。[24] この区切り目、哲学と文学におけるこの記号学的転回は、フリードリヒ・シュレーゲルとノヴァーリスの名前とは切っても切れないものである。せいぜいのところ、ずっと読まれることの少ないクロップシュトック――彼は「表出」という言葉に詩学的な議論の強調的核概念として新たな意味を与えた最初の人間である[25]――やヨハン・ゲオルク・ハーマンが、この「革命」に先鞭を付けていたにすぎないのだ。

超越論的シニフィエ――絶対的で自己現前的で言語を持たない存在および内容――のこのような脱構築

の結果、当時はむしろ蔑称でさえあった表出的トポスがひとまずその価値を転じ、評価されるようになった。修辞である。修辞はまさに「本来的な意識芸術」(*SI9*, 147)、「ソフィスト的な哲学の尺度より(……)ずっと無限大に高次なもの」(*S2*, 187)となった。言語形象(文彩)は、「本来の」内容を単に粉飾するものではなくなり、それがはじめて形象化されたものを「構成する」ものとなった(*SI8*, 318)。個々の目的のための単なる道具であることをやめ、今や「修辞の理念」は、まさに「書字を通して(……)沈澱」(*SI8*, 298)せざるを得ないような「絶対者」(*S I8*, 314)となる。自己現前的な存在や意味の形而上学に対して、新しい「修辞の哲学」は、それゆえ「真の哲学の批判」(*SI8*, 75)となったのである。「絶対者」に向かう限り、そしてまさにそれゆえに、シュレーゲルにとってポエジーは「無限の修辞」であり、哲学は「普遍文法にすぎない」(*SI8*, 141)ものになる。あるいはノヴァーリスの言葉を引用してみよう。「純粋哲学とはそれゆえ、まさしく文字代数学のようなものである」(*N2*, 600)。芸術家、批評家、そしてさらに自然学者も「文字占い」であり、彼らの「予言術」、絶対者へと向かう彼らの「精神的旅行術」は、言語表出の「物質的文彩術」からは切り離せないものなのである(*N2*, 598)。(ユーリー・シュトリーターは、ノヴァーリス自身の作品に対して決定的な、ほとんど「絶対的なもの」になりつつある文彩的なものの意味を見事に解明している[26]。)

感情と反省(二)

このような初期ロマン主義の表出理論が、たとえばシェリングの「語の言語[27]」の彼方にある「霊の言語」の想定のようなものから離れていけばいくほど、結局はそこに内含される絶対者の理論に関する差異も大きくなる。というのは、初期ロマン主義者たちの記号学的な発見は、結局その〈存在論〉の領野にまでおよぶ結果を出現させたからである。(28) まさしく初期ロマン主義全体を「記号存在論」や「存在記号論」などと呼ぶことが可能なほどである。精神と書字の関係を違った観点から見る表出の理論は、表出の対象の理論にも革命をおこす。というのは、もし「精神が［……］常に異質な姿でしか［現れず］」（N2, 428）、この他者の姿での現れの彼方にも自己現前的な存在を持たないとすれば、ロマン主義者たちはさらに、制約されたものの彼方にある絶対者や反省の彼方にある感情などの前提も同じような図式で脱構築するからである。「仮象的には」――感情と反省の関係規定が右において遮断されたのはこの位相においてである――感情とは純粋に独立して存立できる哲学の「質料」およびその物質的「テーゼ」であり、反省はこれに（傾向的にこれを捉えそこなう）「形式」および「アンチテーゼ」として付け加わるだけのものになる。しかし、考察の最後においてこの出発点は否定される。「形式をアンチテーゼにし、質料をテーゼとしたこと、これは誤った概念だった」と、ノヴァーリスは自分に向かって言う。というのは、反省という仮象的に追補的な形式がなければ、この反省の「質料」としての感情すらまったく存在しないことになるからである。反省は、その結果であるものが「異質な姿で」反省のように見えるものとはじめからもつれ合っているのだ。ノヴァーリスはそれどころか第一のものと第二のものの完全な逆転すら検討している。「一見結果に見えるもの、あるいは真の反省が原因を基礎づける」（N2, 118）。

論争的強調を越えたところで問題となるのは――精神と書字の理論の場合と同様に――、ここでも他者との関係を超越した絶対的一者の解体である。反省と感情の両者は「常に同一の瞬間において存在」（N2, 135）し、すでに「原行為においてひとつのもの」である。この「原行為」は、まさに「感情と反省の統一」（N2, 119）として定義づけられる。すなわち感情と反省とは、テーゼとアンチテーゼとして抽象的に層をなし、第三歩目にジンテーゼへと至るものではない。そうではなくて三つの契機――テーゼ、アンチテーゼ、ジンテーゼ――は、常にはじめから交差しているのである。[29] これはノヴァーリスにとって、「対立したものの相互関係の新事実である」（*N*2, 116）。「われわれはあらゆるところで感情と反省のジンテーゼに行き当たるようにしなければならない。これにはいかなるものも対置されないし、またさせられない」（*N*2, 118）。あるいはもっと一般化して次のようにも言う。「われわれは一貫して対立したものの総合（ジンテーゼ）的連関をめざさなければならない」（*N*2, 292）。

このような諸規定の枠組みの中では、反省がまるで無を根源とするようにそこから由来する感情の無作用点（*I* 63）について語るベンヤミンの言説を、何の問題もなくロマン主義の自己理解の記述として受け入れることができ、なおかつ反省を再び単なる再生的なものや外面的な追補性に帰してしまう必要もない。なぜなら、一貫した「交互性」の枠の中においては、反省において感情や他の反省対象に生じる「疎外化」は、それ自身その産出の不可欠の契機、つまり「発生的行為」（*N*2, 200）なのである。構成的追補性、根源的二元性等の図式の術語的徹底化を図りながら、ノヴァーリスはさらに「原反省」（*N*3, 176）や「根源的反省」（*N*2, 430）について語っている。

差異という「欠点」を自ら引き受け、知的直観における同一の主観‐客観というフィヒテの対抗モデルの裏をかき克服するこのような反省図式に対して、類例として脇を固めることができるのは、逆説的ではあるが、フィヒテが性格付けた自己直観する自我の図式である。

自我は自己自身に回帰する、ということが主張される。すると自我はこの回帰に先立って、この回帰から独立して、それ自体としてそこにあるのではないだろうか。自らを行為の目標とすることができるためには、自我はそれ自体としてすでにそこに存在していなければならないだろう。そして、もしそうだとすれば、君たちの哲学は説明すべきものをすでに前提としていることにはならないだろうか？私は、決してそんなことはない、と答えよう。この活動によってはじめて、そしてこの活動によってのみ、［……］自我は根源的にそれ自体として成るものなのである。(30)

自己回帰に先立つ自己回帰者を前提とすることのない自己自身への回帰、すなわち追補的な客観化ではなく、回帰における根源的構成――このような自己関係性の図式を、フィヒテは、先行するものと補遺との分裂の彼方にある一種の非反射的反省として、知的（自己）直観の名において伝統的な反省のパラダイムに対置したのである。それに対してシュレーゲルとノヴァーリスは、自己回帰の考えにおける類似の意味のずらしを新しい反省概念の形成自身に取り入れている。もちろん差異の戯れから逃れ出るためではなく、逆の意味で、すなわちこの差異の戯れをほとんど（非絶対的）絶対者として価値付けるためにである。後期フィヒテがこの点において初期ロマン主義者たちにしたがっていたことを示す兆候がいくつかある。まず一八〇一年の知識学は、知的直観――すなわちあの直接の「自己把握」もしくは「絶対的自己創出」(31)であり、決して何かについての知、何か先行する存在についての知ではなくて、その存在そのものである(32)ような――を、もはや伝統的な反省概念に対立する文脈から定義するものではなく、これ自身を再びそれ独自の反省（Reflexion sui generis）として理解している。あるときは、明らかに通常の反省モデルとの距離を言語的にも保持するために、それ自身が真っ先に「存在」である「反射〔Reflex〕」について語られる。すると知的直観は、「あらゆる存在において同時にその存在の反射でもあり得る絶対的可能性(33)」以外の何物でもなくなってしまう。またあるときは、まったく直接的に次のようにも言われる。「それ［自己自身に不可分のものとして組み込まれ、自己自身に光を与える目としての知的直観——メニングハウス」は絶対的反省である」。絶対的というのは、「自己自身を次に捉える（客観化する）ことができるための（……）自己自身からの解離運動」がはじめてそれが「捉える」ものを構成するので、反省に先行し反省をともなわない「存在」は存在しないという意味である。[34] というのは、〈前〔Prä〕〉、すなわちそのような反省形式の〈実体〉とは、「〔……〕たとえば偶然にその反省形式の中に反射されるものであって、その形式はそれをやめても存在できるようなものではない〔……〕」。そもそも反省がそれをするわけではなくて、反省がそれ自身なのである」[35]。結果としてフィヒテもまた、そのような絶対的で払拭できない反省、それゆえ決して追補的－二次的ではない反省に、「根源的」と「構成的」という二つの賓辞を認めているのである[36]。

このような構造的一致点を持っているにも関わらず、『一八〇一年の知識学』において価値転換と価値切り上げを受けた反省概念はロマン主義の反省概念の徹底性に及ぶものではない。というのはまず第一に、このフィヒテの反省概念は、完全に、初期の知識学よりもっと明白に、知の枠組みあるいは自己を絶対的に記号から自由な自己自身において把握する「自我性」[37]の枠組みに呪縛されているからである。それに対してロマン主義者たちにおける自己反省は、ベンヤミンの言葉を用いれば、「自我から自由」な構造にまで拡大されている。この反省が意味するのは特に他者における反省、つまりすべての自己の内在的、根源的な変化であり自己超出である。[38] この反省はすなわち、フィヒテにおける反省が一種の神秘主義的な「光の状態」において保証しているあの純粋な「それ自体としての存在」を、本質的な外異性と外面性で触発する。フィヒテの『一八〇一年の知識学』における反省が排除しているもの——すなわち自己自身を見る「閉じて内部に向けられた目[39]」の中に何か「異質なものが入り込む」可能性——、シュレーゲルやノヴァーリスにおける反省が絶対的反省として〈目の中の刺〉にとどまるときにも、いやそれだからこそ内包しているものとはまさにこれなのである。次にこれと関係するもうひとつの相違点だが、フィヒテが「反射」を「存在」自身に取り込んだのは、自己自身における絶対知の不可分の統一を思惟可能なものにするために生じたことにすぎない。もし反射が何かの反射なら、その反射および知は分裂したものになり、それゆえ絶対的なものではなくなってしまうだろう。「根源的反省」にともなって絶対知に導入される「二重性」は、それゆえすべて解消して再び「統一」に帰し、そこに「融合」し、それどころかこの統一を保証しさえするのだ[40]。というのは、「融合」の相のもとに反省の差異は「差異化の性格を［……］完全に放棄し喪失する[41]」からである。ポイントをまとめて言おう。二重性はまったく二重性ではなくて統一であり、異質性は同質性である。差異とはそれ自身「一なるものとして、まさに自己自身に同一なもの、永遠に同一なままにとどまるものとしての[42]」絶対知を想定するための単なる機能になる。これに対して、ロマン主義による客観的な反省構造の絶対者自身への取り込みは、最終的には同一哲学の枠を破壊するものなのである。これは分裂として、自己自身における自己自身からの分裂として、より深刻に受け取められる。これによって措定される反省は、「有機的統一」による、いやむしろ「有機的統一[43]」としての完全占拠に対して抵抗するものである。二重化による純粋絶対者の「疎外化」の契機は、痕跡も残さずに消え去るものではない。それは認識論と存在論を記号論、言語論、表出論の渦の中に巻き込むのである。

一者の脱構築、根源的二重性、交互性としての同一

初期ロマン主義者の省察において、自己自身にのみ依拠する最終的基礎づけの審級、すなわち、すべて

の差異の彼方にある——そしてさらにそれにともなって、すべての表出と反省の彼方にある——いわゆる絶対的絶対者の脱構築が直接のテーマとなっていることがしばしばある。シェリングが、「そこにすべてが依拠する最終地点が存在するはずである」[44]と言い、フィヒテも知的直観の完全な統一においてそのような絶対的照準点を捜し求めているのに対して、シュレーゲルはきっぱりと反対命題を提出する。「絶対点、いわば宇宙の卵のようなものは存在しない」（SI8, 409）。「完全に根源的なもの」、あるいは無制約的なところまで突き進もうとする哲学の要請は、これによって「それはできない」（SI8, 248）という簡潔な解答を得るのである。ノヴァーリスにとって、「第一の［事行］を求めるすべての試みは無意味である」（N2, 254）。それゆえ哲学は、「すべての真の始源は二番目の瞬間であり」（N2, 591）、それは完全な絶対性の理念に関しては相対的なものでしかない、ということに甘んじなければならないものとされる。ベンヤミンが非常に自由に解釈した、先に引用した自我の（絶対的）始源の不可能性に関する断章が意味を持つのもこの文脈においてのことである。[45]シュレーゲルにとっても同様に、「意識の各地点はすでに二番目の地点である」（SI9, 62）。すべての関係性や差異の彼方にある完全な最終地点や最終根拠を「自由意志によって放棄すること」は、ノヴァーリスにとってはさらに生産的な哲学的営為の前提となるものである。生産的な哲学とは、「賢者の石」すなわち「絶対者」を「希求することを放棄する」ことによってはじめて生じるものなのだ。このような言説はたしかに多くの場合、〈本当は〉「本来の意味における」絶対者は存在するのだけれど、〈われわれは〉それを認識することを諦めなければならない、というように読めるものである。しかし同じ確率で、しかもはっきりとした体系的権利を持って、次のような解釈も可能だろう。それは、絶対的一者の放棄とは、その実在がもはや受け入れられない、あるいは少なくともそれに疑問が付されるようなものに対するはっきりとした動機づけを持った放棄である、という読みである。ノヴァーリスは次のような比喩を用いている。「時間と永遠とは相い容れないものであるにも関わらず、永遠は時間によって実在化されるように」、絶対我も純粋な自己現前の「永遠の欠落」によってのみ実在化されるものである。なぜならそれは基本的に「対置において」、つまり差異の中にもつれ込んだ形でしか存在しないからである（*N2*, 270）。デリダは後に、純粋な絶対者あるいは一者の形而上学からの離反の同じような定式化を図ることになる。差延作用の働き方と構造とは彼にとって、事実上「絶対的な出発点」（*D*10）の前提を克服することを意味している。

「反省」もまた「対置したものの中にしか存立しない」（*N2*, 296）以上、それが産出する純粋に自己現前的な同一の差異的遅延はもはや「逸失」の様態にあるものではなく、むしろ絶対者に固有の実存形式に正確に呼応するものなのである。対置したものにおける表出的自己反省は、表出の客体そのものの存在形式であり、媒質である。「反省の形式は反対定立にのみある」（*N2*, 125）という規定は、この観点から見ると双価的な意味を呈している。反省の分裂における絶対的同一の喪失を意味するものにすぎないと思われていたものが、まさに批判的な哲学が認めることができる「唯一可能な絶対者」の表出形式および存在形式（*N2*, 269）となるのである。すでにその用語法がこのような形而上学批判的転回を実現している。「反対定立〔Gegensetzen〕」とは「ゲーゲンザッツ〔Gegensatz〕」、すなわち絶対的主観性を表すノヴァーリスの術語の動詞形の名詞化であり、そのようなものとして常に「対象」の差異的世界との弁証法に巻き込まれているのだ。ここから正当性の完全な根拠を得ているベンヤミンの人目を引く定理がある。「反省が絶対者を構成する。そしてそれは媒質として構成されるのである」（*I* 37）。というのは、一見したところ反省の「逸失」に見えるもの、すなわち反省形式の「反自然性」は、初期ロマン主義のメタ批判にとってはそれ自身が「自然」だからである（*N2*, 203）。たしかに絶対者や自我は、まさにその表出や存在を

「選び出された手段によって」――すなわち「対置したもの」への根源的外化、たとえば、非我、制約されたもの、書字等によって――「無効化しているように見えることで、矛盾した存在のように思えるが、まさにこのことによってそれは自己自身と一致して行為できるのである。一貫して私は言いたい。これはその本質によって、このように動かなければならないものなのである」（N2, 267）。

つまりロマン主義者たちは、「いわば統一の中に二元性を演繹したのである」（SI8, 414）。「同一性の概念」は、彼らにとってはすでにその根源において「自己自身との交互性」の概念を包含するものであった（N2, 214）。「真の個〔不可分物〕」とは、彼らにとっては「可分物」なのである（N3, 451）。そしてこのことは、最終的な結論においては次のように読まれるべきであろう。自己の基礎となり自己に先行する統一の中に二元性があるわけでもなければ、この統一が根源的分裂の結果であるというわけでもない。ここで何度も繰り返して現れる曖昧性は、結局のところ絶対的で自己現前的な存在の形而上学をそれ自身の言語で撤回しようというアポリア的な企ての結果なのである。差延としての絶対者に関するもっとも重要なロマン主義の論述のひとつでさえ、このような曖昧性を免れてはいない。それは、フィヒテがそれを用いて自己の知識学の全体を開陳したa＝aという同一律に対するノヴァーリスの解釈である。

> aはaである、という命題にあるのは、定立と区別と結合だけである。これは哲学的パラレリズムである。aを明確化するために、Aは分割される。（N2, 104）

鑑別的省察を施しつつ、ノヴァーリスは、一見するともっとも紛れのない自己同一性の表現のように見えるもの（a＝a）の中に、すでに自己自身における二重化によってこの同一性を分裂させる差異を発見している。Aが自己に対して単に述語となることが、すでに賓辞の周囲に組織される差異的「パラレリズム」となる。「同一者」は、「表出のために」常に「捨て去」られなければならない。「われわれはこれをその非在によって、非同一なもの——記号——によって表す」（*N2*, 104）。同一律に対するノヴァーリスの解釈の驚くべき結論とは、すなわち差異的な言語記号の理論であった。記号におかれた差異的な不在（「非在」、「非同一なもの」）に反対して、その表示の彼方における同一者の「真の」自己現前を保持するような「素朴な」読みは、ノヴァーリスの「宇宙の交互代表象理論」（*N3*, 266）、すなわち「自己表出者」としての絶対者に関する彼の理論によって完全に否定される。（ところでこの理論のもっとも直接的な痕跡は、ベンヤミンの博士論文ではなく、『哀悼劇論』の認識批判的緒言において認められる。それは「自己自身の表出」（*I* 209）としての真理と理念の規定である。）この理論の核心とは、すべての「自己」が不可避的に「他者」に解免[四]されていくことにある。これは「疎外」であるが、同時に疎外されたものの「産出」でもある（*N2*, 200）。というのは、交互性、つまり他者における反省の彼方には、自我も絶対者も同一者もないからである。ノヴァーリスは簡潔に断言する。「同一者の力は交替の中にある」（*N2*, 219）。そしてこの「相互作用」の極は、その交互関係に対して先行的でも後発的でもなくて、この交替活動の中にのみ「生じる」もの、それも同時に（「同じ瞬間に」）生じるものなのである[46]（*N2*, 214）。

　記号Aに妥当するものが、同様に自我も規定している。「自己自身を把握するために、自我は自分の前にもうひとつの同じ本質を立てて、これをいわば解剖しなければならない。［……］自我が自己を自我として定立できるためには、非我が存在しなければならない」（*N2*, 107）。あるいはもっと圧縮して、次のようにも言われる。「［自我は］自己の外に自己を見出す」（*N2*, 150）。たしかにフィヒテとシェリングもこのような交互規定の図式は知っていたが、彼らが知っていた交互規定とは、制限されたもの、まさに絶対我によって超越される「もっとも制限された領域[47]」としてのものにすぎない。それに対してノヴァーリスは、「交互代表象」の彼方にはもはやいかなる絶対者も基底とはしない。そうではなくてこの「交互代表象」自身が――「諸関係」の「全体性」として（N2, 291）――絶対的「連関」となるのである（N2, 269）。最終的な絶対根拠を失って、その差異的各部分は「いわば椅子を持たずにそれぞれが次の人の膝の上に腰を降ろして輪をつくる遊戯をしている人々のように」（N2, 242）自己自身に依拠している。「椅子を持たずに」というのは、つまり「最終的な拠り所となる点」（シェリング）を、超越論的シニフィエを持たないということである。ヴァルター・ベンヤミンはロマン主義の反省理論にとって決定的なこの全連関を、根本において――ノヴァーリスには一切関係付けずに――「交互性概念」に哲学を基礎づけるシュレーゲルの唯一の覚え書きから導出している。それによれば哲学とは、「それ自身で」存在する絶対的「一者」を拠り所としないで、はじめから差異的な遊動であり、交互に反射〔反省〕し、そこにおいて自己構成する（少なくとも）二つの「理念、命題、概念」（SI8, 518）に依存しているといわれる。そして交互作用や「交互証明」の概念にすでに含まれているものを、シュレーゲルはきっぱりと直接に言明もしているのである。「フィヒテの神は交互作用であり、その媒介者は反省である」（SI8, 250）。

交互性の彼方に絶対者が欠如していることから、この反省はそれ自身「絶対化され」、「累乗と求積が対照する帝国」（SI8, 38）の元首となる。この帝国で反省は「屈折の行為」（N3, 213）や「置き換え」（N2, 214）を行うことになるのだが、そこには自己現前的に先行する「屈折させられたもの」や「置き換えられたもの」は存在しないのである。このようにして、基本的には絶対者の表出だけでなくその存在も反省的に「屈折させられたもの」なので、シュレーゲルはもはやシェリングのように「反省」の彼方に「立脚点」を捜すことはしない[48]。むしろ彼にとって「観念論とは、反省の展開にすぎないもの」（SI8, 396）なのである。というのは、初期ロマン主義の記号存在論の文脈では、分裂させ分裂した反省は、もはやシェリングが反省に対する論難をそこに基礎づけたような「分析と同じ立脚点に立つもの」[49]ではなく、それ自身「総合的な方法」（*SI8*, 397）だからである。

このような解釈の転換の結果、シュレーゲルは反省を、彼のすぐれて認識論的かつ存在論的なもうひとつの概念、その語義が——少なくとも（疑似）ロマン主義的な意味においては——「反省」の語義とほとんど共通するものを持たないように見えるひとつの概念と同置することができた。それは「愛」の概念である。他者に対する知覚能力（「宇宙」との「接触」）および「自己拡大」の形式として、脱自的蕩尽であり高次の統一の形式として、「愛」は反省の二つの契機、すなわち「自己超出と自己回帰」（*SI8*, 476）と一致する。シュレーゲルは言う。「愛は表象能力としては反省である」（*SI9*, 25）。あるいは逆に要請として表現すれば、「すべての反省は愛であるべきだ」（*SI8*, 453）。反省において成就する総合をこのように思弁的かつ根本的に新しく理解しないと、なぜロマン主義者がこれに「美の能力」（*LN*1945）という称号を認めることができたのかということが理解できなくなるだろう。

「反省の方法」は、その「対置する」性格、つまり差異的な「二元論の遊動」にもかかわらず、というよりはまさにそのことによって、「総合的な方法」となる。このことを背景にすると、輪郭がはっきりしないのにベンヤミンが無理な使い方をしていたらしいもうひとつ別の術語も、対照的な意味の力を獲得する。それは「生ある連関」（*I* 26f., 37, 49, 54, 58, 73, 77）という術語である。シェリングの批判的な視点からみると、反省哲学は二重の理由で絶対的同一者の「真の」連関を捉えそこなっている。なぜなら、まず反省哲学は単に抽象的なものにすぎない悟性連関の分解の中に解消するものであり、無制約者はその概念上結局はいかなる〈連関〉にも立たないものだから（そうなればそれは再び「制約を受けた」ものになってしまうだろう）である。それに対して、有限的で差異的な連関の彼方にある無制約者を否定すると、この連関と、さらにそれとともに連関の形式としての反省にも認識論的および形而上学的な価値回復、いや価値転換が施されることになる。絶対者の抽象的な疎外は具体的でいきいきとした自己表出に変わる。ベンヤミンばかりではなくシュレーゲルやノヴァーリス自身も、連関というこの人目を引かない概念を幾度となくこのような強調された意味で用いているのである。(50)

テオドール・ヘーリングは異質なものにおける自己表出に関するノヴァーリスの定式を解釈の中心に置いているが、まず最初に短絡的な理解を除去しようと試みている。彼によれば、ノヴァーリスの定式のポイントは、絶対者はその表象〔再現前化〕においてのみ「われわれ人間に捉えられる」というだけのものでは決してない。そうではなくてそれは、もっと大きくもっと厳密な意味を有しているという。それは、絶対者は即自的には「自己自身を表象〔再現前化〕するものとしてのみ」実存する、(51)という意味なのだ。マンフレート・ディックはひとまずこの解釈を有効と認め、その内容を深化させる一方、ヘーリングの解釈のそのあまりにもヘーゲル的な色合いを修正もしている。たしかにヘーリングは、交互浸透の図式、対立の媒介の図式において弁証法的思惟や弁証法についての思惟を看取してもよかったのだが、彼はここでテーゼ・アンチテーゼ・ジンテーゼという目的論的な契機を含む独特なヘーゲル的弁証法との臨界を侵犯しすぎているのである。これに対してディックは、対立したものの交互性というノヴァーリスの図式が、その諸契機が「いつも同時に」並存していることから、一貫して「時間の契機を排除している」という認識を示す。(52)これまで述べてきたことと関係させて言えば、精神と書字あるいは感情と反省とは、テーゼ・アンチテーゼ・ジンテーゼとして、ノヴァーリスにとっては「常に同一の瞬間にある」（*N*2, 135）ものなのだ。それらの交互遊動は「一瞬の事実」（*N*2, 228）であり、時間の中にある経過の結果というわけではないのである。

だが、ディックも説明しているように、ノヴァーリスにおいて「展開と増進」という形式はまったく見られないのかといえば、そんなことはない。[53] 批評における作品の増進——拡大された作者としての読者（N2, 470）——という考えは、このことをきっぱりと否定する。おそらく弁証法と増進という二つの図式の関係は次のようなものになるだろう。ヘーゲルにおいてこの両者は基本的に一致するものであるのに対して、ノヴァーリスは、一方では対置したものの相互表示を継起的に生じる媒介ではなく決して回避できない接合として考えつつ、他方において増進という時間的形式を対置したものの総合という弁証法的な義務から解免する。一般的に反省的交互性の理論の観点から言えば、時間という問題に関しては二つのはっきりと分けて考えるべき相、つまり観点があるのだ。対置したものの交互遊動が準根源的なもので、それ自身「絶対者」でさえあるという意味では、すなわちひとつの非交互性に基礎を持つことも非交互性に帰されることもないという意味においては、時間的契機の切り離しという所見は妥当である。対置したものは、「遊動」の彼方に何らかの自己現前的な先行者も後発者も持たずにはじめから「媒介されて」いる、つまり相互に対して外化されている。他方これに対して、絶対者を回避不可能的に交互性に解免することは、まさにその絶対者の——もちろんヘーゲル弁証法の手だてでは捉えきれない——根本的な時間化という契機を含んでいる。というのは、精神を書字へ間隔化すること、感情を反省の記号行為へ間隔化することによって、第二の次元にある不定的‐内面的なものも外的規定に委ねられてしまうからである。時間の契機を欠いては、いかなる対置したものの相互遊動も反省連関もない。[54] たとえ「反省の形式」としての「自己超出と自己回帰」（S18, 476）の前にも後にも超越論的自己が存在しなくとも、まさに反省の形式的行為様式によって、他者における非超越論的で非弁証法的な自己存在という厄介な様態は二つの時間経験の次元、つまり想起（自己回帰）と希望あるいは未来に向けた自己企投（自己超出）の二つに結び付けられるのである。現在も現前もこのような時間化を欠いては存在しない。このような観点に立ってロマン主義の絶対者は首尾一貫して交互性および反省連関として捉えられ、それゆえにはじめからそして永遠に空間と時間に解免されている。空間と時間はまさにこの（非絶対的な）絶対者の構成素なのである。

他者における準根源的な自己表出というロマン主義の理論とヘーゲル弁証法とを分けるもうひとつの相違点は、同一と差異の序列の変化であろう。ヘーゲル弁証法が——多くの場合その物質的実行よりは方法的‐存在論的自己理解にしたがってのことではあるが——差異（違い、対立、矛盾）を即自‐対自的存在者の同一から出来し、即自‐対自的存在者の同一に「止揚」するものとしているのに対して、ノヴァーリスの「交互性」においては事態はむしろ逆で、差異が「包括的普遍」であり、同一は差異の戯れに付随する結果ということになるのである。

初期ロマン主義的記号存在論の結論としての反省の価値回復および価値転換

「純粋な」自己自身に現前する絶対者という仮定を存在論の領野でもロマン主義者たちに疑問視させたのは、おそらく彼らの言語論的発見だったのだろう。ロマン主義哲学とは、首尾一貫して記号もしくは言語の理論として読むことができるものではないだろうか。「すべてのものは話す」（N3, 268）とはこのような連関の呪縛定理のひとつであり、ノヴァーリスは「基礎活動の秩序」や絶対的「原活動」まではっきりと「記号の秩序」との呼応関係から考えていた。反省されたものと「同時のもの」——まさしく示差的記号がそれ自体で存立する意味の単なる補遺ではないように——とされる「原反省」という言葉が登場するのもまさにこの箇所である。初期ロマン主義哲学の言語論の基層にまで踏み込むと、「絶対者やすべての現実的なもの」を反省的〔反射的〕自己表出の媒質とする「ロマン主義的解釈」の「理由を問う」ことは、決してベンヤミンが信じていたように「まったく的外れ」（*I* 62）なことではないことがわかる。むしろ絶対者のこのような〈弁証法的〉な理論はすべての精神の〈必然的字義性〉の首尾一貫した追求、つまり「記号」の差異的な回路形成の彼方にあるとされる超越論的シニフィエの脱構築において動機づけられている。ここでロマン主義の形而上学をベンヤミンのように単なる「信条」として捨て置くにせよ、あるいはこれを根本的な言語論的発見の中に基礎を持ち、そこで発芽したものと認めるにせよ、存在‐記号論的パラレリズム——表出‐言語理論、詩学、「存在」と「生」の存在論における基礎的な思惟形象の一致——は、いずれにせよ単なる仮説にとどまるものではない。自己自身に透明な存在の絶対的同一という考えに対する批判として、ロマン主義記号学とロマン主義存在論とは非常に密接な呼応関係を示している。そして反省の表出形式を同時に絶対者の存在形式にまで価値を切り上げることを可能にしたのは、まさしくこのような接合なのである。対置したものの絶対的交互代表象という概念が産出的反射あるいは構成的反省の概念の色合いを帯びているのは、決して用語上のことだけに限らない。この概念は事象に関しても——以下においてもっとはっきりとした証明を受けることになるが——後者の概念と親和性を持つものなのである。

ロマン主義者による数学と言語の対比の最初の動機として、媒質の構築の彼方および媒質における自己現前的な〈物自体〉の否定が叙述されたところで、次はそこから反省理論にとってどのような結果が招来するのかという問題に移ろう。ノヴァーリスはこれを次のように簡略に表現している。「数式が」先行する世界を単に二次的に再‐現前化〔表象〕するだけではなくて「自分自身の世界を形成する」ものであるなら、「それは自己自身とのみ戯れるもの」であり、自己自身におけるその反省の差異の戯れはそれ自身その式が表出する〈存在〉となる。そしてこれは「言語に関しても事態は同じ」なのである。

> 言語と数式とが同じような関係にあるということを、人々に理解させることはできないものだろうか。両者はともにそれ自身だけの世界を形成している。どちらも自己自身とのみ戯れ、自己自身の不思議な本質以外は何も表現しない。そしてまさにそれゆえに両者はこれほどまでに表現に富んで[……]いるのである。(*N2*, 672)

ライプニッツにおける数学と言語の融合化が悟性の純粋秩序をめざすものであるのに対し、ノヴァーリスにおいてこれに対応する考えは、それが「無からの創造」および自己自身を表出するポエジーというロマン主義の理念に対してまさに「範例性」を持つことを動機とするものである。「詩的数学的な[……]世界」という表現をノヴァーリスは用いており(*N3*, 441)、音楽の自己法則性つまり音の合理的な動きとは、この観点に立てばそれ自身が再び数学と言語の隠喩なのである。

> 音楽的数学。音楽とは何か結合術的な分析を含むものではないだろうか。あるいはその逆かもしれない。数のハーモニー、数の音響は結合術的分析に含まれる。[……]
> 結合術的分析は数の空想に導く、そして数の作曲術を——数学的通奏低音を教示するだろう。(ピュタゴラス、ライプニッツ。)言語とは音楽的思想楽器である。詩人、修辞家、そして哲学者は、文法で演奏し作曲(構成componiren)するのである。(*N3*, 360)

自己反省的媒質における文法的構成としての詩と哲学——これは、数学性、「音楽の享受」、言語的差延作用の「神秘的使用」がロマン主義者たちにとってはまさにひとつのものであったという理由から、決して絶対者の表出の要請からの離反ではない。書字の戯れにおいて「神秘的」なのは、いかなる精神もその根源においてすでにその遊動に書き込まれているということである。それゆえ「あらゆる場所で文法的神秘が根底にあるように思える。いとも簡単に言語と文字についてのはじめての驚愕を覚えさせるのはこの神秘である。（未開民族は文字を今でもまだ魔法だと思っている）」（*N3*, 267）。

　文法的構成の彼方に絶対者を持たないこのような文法的神秘によって、ベンヤミンとともに絶対者の表出と存在に対する自己反省構造の直接性について語ることもできよう。何か別のものにおける反射として、反省は一見間接的な表出のようにも見える。しかしこの反射する表出があってはじめて表出されたものが表出されたものになる以上、この表出の構造は単に分裂させられ先送りされていると推定されるものの直接的な媒質であり存在なのだ。ノヴァーリスが「すべての真の関係」について述べたことが、それゆえ反省にも当てはまるのである。反省とは「間接的であると同時に直接的」（*N3*, 404）であり、「間接的なものと直接的なものの総合」（*N3*, 62）である。反省は「直接的であり、直接性を介して間接的であり、実在的であると同時に象徴的なのである」（*N2*, 551）。ベンヤミンがあまりにも短絡的に説明した反省の「媒介された直接性」という定理（*I27*）は、このロマン主義の記号存在論においてよりしっかりした基礎づけと確証化を見出している。

先行する章で二つの両極端に分極化させられた思弁的思惟の総体は、非常に矛盾しているようだが、同時期にフリードリヒ・ヘルダーリンが表した思惟図式において驚くほどの相似形を見出している。この類似の度合いが驚くほどだというのは、同時代に生きたこれらの著作家たちの間にはあきらかに一切の直接的な横断関係が見られないからである。たしかに彼らの交際圏はあちらこちらで交差していた――ヘルダーリンはノヴァーリスやシュレーゲルと同様、シラー、ゲーテ、フィヒテ、そしてシェリングと接触を持ち、自分自身も一時期イェーナに滞在したことがあった、そして三人とも著名な出版社や雑誌で作品を発表していた――のだが、これは周知のように相互的受容には至らなかった。並外れて膨大なフリードリヒ・シュレーゲルの覚え書きや研究ノートには何百もの名前が登場するのに、そこでヘルダーリンの名前に言及されることはただの一度もない。これはまさに、しばしば主張されるヘルダーリンのアウトサイダー的位置と無名性の証拠となるものであろう。ノヴァーリスも、多くの点でシュレーゲルの『ルツィンデ』やティークの『シュテルンバルト』より自分の『青い花』にずっと近い『ヒュペーリオン』の名前をどこにも書き残してはいない。逆にヘルダーリンの側から見ると、この二人に比べてずっと隠遁的な生活をしていたこと、文壇や「社交的」生活に距離をとっていたこと、そして膨大な知識を得ようとする欲望がずっと少なかったこと等が、彼がフリードリヒ・シュレーゲルのような世間受けを意識した人間をおそらく知らなかったということ、そして一度も言及しなかったことの理由になるかもしれない。ここで取り扱われている彼らの哲学的断章および研究ノートは、当時はまだほんの一部しか公刊されていなかったものである。それでもそこにかなり多くの類似点が見られるというのは、実はまったく不思議なことではない。ヘルダーリン、そしてシュレーゲルおよびノヴァーリスの哲学的考察が出発点とし、その非常に独特な新概念が関係付けられているのは、カント、フィヒテ、シェリングが準備した同一の問題、同一の概念だったからである。だがそれだけにとどまらず、さらにいくつかの共通する独特の強調点や位置ずらしがある。それによってこの三人の同時代人は、伝統的な軌跡の中を動きながらも、同時に常にそれらに疑問を突きつけ、そこから離脱していくのである。

ヘルダーリンの理論的試論の中でもっとも長くもっとも重要なものである『詩的精神の働き方について』は、全体として見ればひとつの表出理論である。はじめから最後まで一貫する運動は「精神」から「言語」へ導くもので、この媒介の主要原動力、すなわちポエジーの働き方の「根本にある活動」として現れるのが、「一貫する制限において同時に一貫して関係させ結合させるものでもある無限の美しい反省」（*H* 265）である。ヘルダーリンは（もちろん「無限の美しい反省」のある一定の段階まででではあるが）「詩的反省」（*H* 247）という術語も用いている。そしてここで反省〔再屈折 Reflexion〕の「再」（Re）の字に含まれる再現前化の考えに内在的揺動を与えて産出の論理に移行させるために、ヘルダーリンは「創造的反省」という卓越した術語を作り出したのである。この反省は、言語の「産出者」として「何も所与のものとして想定せず、いかなる実定的なものからも出発しない」（*H* 263）。ここでヘルダーリンは、反省と言語の記号論理を存在論的に転回（そしてまたその逆も）しているが、これは他にはシュレーゲルとノヴァーリスにおいてしか例を見ないことである。表出の理論は事実上、表出されたもの、つまり精神、生、人間の客観的理論となる。「あらゆるすべてのポエジーの進行と目標」と「人間一般の進行と目標」とは「まさに同じもの」（*H* 263）とされるのだ。それゆえヘルダーリン研究が主張してきたように、ヘルダーリンは詩学、反省哲学、言語哲学、そして生の哲学を融合させたというのは正しい[55]。ただしヘルダーリンにおけるこの接合は、シュレーゲルやノヴァーリスの場合と比べると、少なくとも数々の破綻や矛盾をともなっている。以下の読みの試みは、それらの破綻箇所を覆い隠したり、あるいはあまつさえ宥和したりするものでは決してないし、それらを主観的な能力の欠如に帰するつもりもない。むしろそれが意図するのは、これらの破綻を〈連関〉に向けて解明していくことである。そしてそれは、先に与えられた思惟図式とそれを超越する思惟図式との相互遊動および対立遊動としての〈連関〉に向かう作業となる。

ヘルダーリンの考察の第一層は、フィヒテとシェリングが鋭い分析を付し、違う形で〈解決〉した問題と直接関係付けられる。これは伝統的に優勢な形而上学的基本前提に基づくものだが、それによれば「精神」、「純粋」、「自我」、絶対的「存在」等は本質的にそれ自身における統一とされる。この統一は、たしかにヘルダーリンにおいては対置したものの統一ではあるが、それでも「いかなる分離も試みることができない」(*H* 217) 解消不可能な統一なのである。このような内的で不可分の統一は、どのようにして外的な差異の領域——書字、不純なもの、非我、交互性——において自己表出できるのだろう。さらに、これはいかにして反省的に捉えられ得るのだろうか。この問題に対してヘルダーリンの一連の言説が出した解答とは、そのような統一の自己表出は一切できない、という簡単なものであった。あるいは別の表現を使えば、統一がこれを果たせるのは逸失の様態で、つまり自己自身の否定的な破棄の様態においてのみである、とも言えよう。フィヒテやシェリングの場合と同様、このような解答の範例となるのは、自我の反省的自己把握というアポリアである。自我は自己自身について自我と言う瞬間にもはや不可分の統一として実体化した自我ではなくなり、自己自身において主観と客観に分離してしまう。それゆえ、自我は自分が捉えようとしたものを捉えそこない、それ以上の反省活動はこの逸失の構造を累乗化し、統一を無限に延期し続けるだけのものとなる。ヘルダーリンは、すでに『判断と存在』という覚え書きにおいて、反省的同一と実体化された想起不可能な同一との間に亀裂を入れて、はっきりと媒介不可能的に対照化している。ノヴァーリスがa＝aの同一律においてまさに絶対者が消失することを診断したように、ヘルダーリンにとっても次のような関係が成り立つのである。

「私は私だ」という命題は、判断概念にとってもっとも適切な例題である。〔五〕〔……〕私は私だ、と言うときに、主観（私）と客観（私）は、分離しようとするものの本質を損なわずにはいかなる分離も試みることができないほどひとつにまとまっているものでは決してない。むしろ逆に、自我とはこのように私から私を分離することによってはじめて可能になるものなのだ。いかにして自己意識なしに「私！」と言うことができようか。（*H* 216f.）

それゆえすべての反省は、判断〔原－分割〕として、自らがむなしく向かうあの先行的存在から厳密に分離されているのである。

主観と客観そのものが単に部分的ではなくひとつにまとまっているとき、すなわち、分離しようとするものの本質を損なわずにいかなる分離も試みることができないほどひとつにまとまっているとき、その時はじめて、そして唯一そこにおいてのみ、知的直観において見られるような存在そのものが問題となるのである。（*H* 216）

ヘルダーリンは反省的自己確証化および反省的自己表出のアポリアを同時代のロマン主義者たちと共有

しており、これに対する対蹠像として知的直観という術語も使用していた。だが少なくともこのアポリアに対するフィヒテの解答とヘルダーリンのこの簡潔な定式とは、お互いに一致するものではない。先述したように、フィヒテは自己反省のジレンマ――自我はいかにして分裂を免れるか、私が私をはじめから知らないとき、いかにして私は私を私として認識できるか――から次のような結論を引き出した。すべての反省に先行する「われわれ自身の直接意識」が存在するはずであり、そこでは一切の分離が生じない。そのような知的直観とはたしかに表示可能なものではないが、そもそも絶対的統一とか自己知といったものを矛盾なく前提とすることができるためには、思惟必然的なものである。ディーター・ヘンリッヒにとっては、これが『フィヒテの根源的洞察』[56]の端的な姿ということになり、彼の多くの弟子たちはここからフィヒテの同時代人たちの自己意識の定理を解釈してきた。しかしヘルダーリンは、シュレーゲルやノヴァーリスと同様、このような形に要約するわけにはいかない。フィヒテは――挑発的に表現すれば、観念論的統一と自己意識という二つの幻影に対応しようとして――純粋に論理的な表示においてひとつの理不尽なものを作り上げている。それは不可分の統一として自己自身において閉じた、それゆえにいかなる差異によってもしるしを付けられていない行為だが、そのようなものに彼は意識の性格を付与したのである。すべての意識は何かについての意識であり、それゆえ差異に巻き込まれてしまうものだが、まさにこれは避けなければならないものであるため、フィヒテはここで「直接意識」という定式に救いを求めたのである。これは解決されるべき逆説の克服というよりは、むしろそれを巧みに言い表した言語表現である(そしておそらくそれ以上のものではないだろう)。一定の形而上学的および認識論的な前提と目的のために作られたこのような精妙な抜け道を、ヘルダーリンは一緒に進まなかった。一方で彼は、すべての自我は常に意識を、意識は不可避的に分裂および媒介を内包している、と主張して、その限りでは絶対的で非定立的、前差異的で前反省的な「われわれ自身の意識」というものの構築を拒んでいる。また他方では、知的直観における不可分の統一に対して、彼は首尾一貫していかなる性質であろうとも意識という地位を与えることを厳しく拒否しているのである(57)。「知的直観とその神話的で形象的な主体と客体」はヘルダーリンにとってわれわれ自身の直接意識、すなわち行為におけるわれわれ自身の把捉ではなく、無条件に「意識の喪失」を意味している。というのは、

> （フィヒテの）絶対我（＝スピノザの実体）は、全的実在性を持っている。それは全であり、その外部には何物も存在しない。すなわち、このような絶対我にとって客体は存在しない。さもなければ、全的実体性はその中に存在しないことになるだろうし、客体を持たない意識とは考えられないものだからである。そして、もし私自身がこの客体だとしたら、私はそのようなものとして、たとえ時間においてだけではあっても、必然的に制約されたものとなり、それゆえに絶対的ではなくなる。すなわち、絶対我の中にはいかなる意識も考えられない。絶対我としての私はいかなる意識も持たない［……］(58)。

次のように言うことができるだろう。ヘルダーリンはいわば無意識的意識というべきフィヒテの救済的な定式を一致不可能な両極へ分解してしまったのだ、と。あるいはまたこんなふうにも言えよう。ヘルダーリンはフィヒテの自己意識理論のアポリア的な出発点に固執している、と。ここで知的直観という術語は、フィヒテの場合よりも明らかにずっと根本的な意味で超越的なものである。これは行為によって直接に自己自身を把捉するということに関係するものではない。そうではなくて、想起不可能な「存在そのもの」と同義語になるのである。広範囲に一致する反省的自己確証化のアポリアの叙述に続く、フィヒテ

に対するこのような二重の差異[59]は、もちろんまだ決してヘルダーリンの完全に独自な立場というものをしるしづけるものではない。なぜなら、事実上これは、無限定、絶対、知的直観、超越的存在等のシェリングの術語の意味にそれだけ近いことになるからである。

カントは知的直観を物自体の直接認識を主張するものとして批判し、フィヒテは批判哲学以前の形而上学に後退するという批判をかわすために、知的直観を存在とのいかなる連関からもはっきりと切り離して、その行為において自己自身を直接に意識するものとしての自我の行為へと「移行」させたが[60]、これに対してヘルダーリンは新しいやり方で知的直観を存在の範疇に再び関係させている。それは存在の認識との関係ではなく、存在自身の、「存在そのもの」の認識と意識と意識を超越した構造との関係である。だが、もし知的直観が想起不可能な存在の直接の相関物、いや同義語でしかなく、それゆえこの存在と同様に自己自身において閉じたものであるなら、ここから――フィヒテのように――反省問題と意識問題の解決を期待するわけにはいかない。それゆえはっきりと、理論哲学へ逃れ出ることも知的直観には拒否されるのである。

私は哲学の無限の進歩の理念を展開しようと試み、次のことを開陳しようとしています。それは、いかなる体系に対してもないがしろにされるべきではない要請、すなわち、主観と客観をひとつの絶対者――絶対我でも何でも名前はよいのですが――において一体化させようという要請は、美的には知的直観において可能であっても、理論的には、正方形を円に近づけていくように、無限の接近においてしか可能ではないということです。そして、思惟の体系を実現するためには、行為の体系の場合と同じように不死性が必要だということです[61]。

この一七九五年の九月四日に書かれたシラー宛ての手紙の文言は、ヘルダーリンの思惟の二つの指標を簡潔に言い表している。まず第一は、瞬間的、直接的な存在（精神、絶対者、自我）把捉の行為の代わりに、理論哲学では「無限の接近」[62]が置かれるということである。それ自身において〈完璧な〔丸い〕〉絶対者（〔円〕）は、同様に完璧な直観を信頼することはできず、角のある〈正方形〉の行為形式の媒質に解免されたままにとどまる。『詩的精神の働き方について』において、この時間的で差異的な精神の現前化の「行為」は「無限の美しい反省」（*H* 265）と呼ばれている。第二点は、知的直観——分離分解が不可能な自己自身において閉じた存在そのものの構造として——に認められるのは、美的な意味〈だけ〉だということである。ここで限定を意味する〈だけ〉という言葉を用いることは、たしかに引用された文言だけからは正当化されないが、ヘルダーリンの詩学的考察のテクスト全般を貫く用語法によって十分に正当なものである。ヘルダーリンは、シェリングのように全体系の最後の仕上げ、つまり頂点を飾るものとして、知的直観の場所を美学に定めたりはしない[63]。彼にとっては常に「意識の喪失」と同義であった知的直観が芸術の領域ではシェリングの場合のように意識と無意識の総合を成り立たせるものになる、とヘルダーリンが考えていたとはとうてい信じられない。いや、ヘルダーリンは決して理論哲学から美学への位置ずらしによって知的直観を増進しようとはしていない。彼がしたことはむしろ知的直観の局限化である。というのは、知的直観には結局のところ「悲劇詩」の「基本詩調」（*H* 266）の準メタファー的なジャンル名としての役割しかないからである。そしてこの基本詩調は、他のジャンルにおいて他の基本詩調と並存しているばかりではない。「生あるものすべてとの一体性」（*H* 267）としての「密接さ」は、発現する悲劇の英雄的な不協和音と闘争という抵抗する「人為性格」によって完全に屈折させられている。つまりヘルダーリンの詩調の交替の理論において、知的直観にはごくわずかな、そして非常に局限された役割しか残らないのだ。そしてこの理論は本質的に詩的反省の理論なのである。

さて、これまで開陳されてきた諸契機——ヘルダーリンによる存在と精神の不可分の一致の記述、知的直観の無力化、絶対者への「無限の接近」の要請——は、表出問題の観点に立つとどのように総合することができるだろうか。これに対する最初の解答——これはすでに先においてヘルダーリンの表出問題との取り組みの第一〈層〉と名づけられていたものだが——は簡単で、総合することはできない、ということに尽きるものであった。というのも、ヘルダーリンが知的直観とともに喪失したのはあきらかに、不可分の統一、および先行する現前としての自己の存在と精神の形而上学に適合するような唯一の把握形式だったからである。反省による永遠の接近は、それに対して、同じように無限の離反および逸失でしかありえない。なぜなら、これは決して時間と分離の次元を超越することができないからである。ヘルダーリンは、さらに『詩的精神の働き方』においてもこのアポリアを鋭い分析とともに取り上げている。作品の基礎となる「詩的個性」すなわち「詩的自我」は、ヘルダーリンにとって存在の性格を共有するものであった。この詩的自我が分離不可能な主観と客観の統一、すなわち「調和的に対置した」自己自身において異なった統一であるなら、詩的個性もまた「不可分者」〔個 In-dividuum〕として対置と統合の「両者を一つに」結び付けるものなのである。だがこの自己における不可分性によって、詩的個性とは定義上、不可分者としての自己を廃棄し「抹殺」してしまわない限り、「反省に対しては」、「ということはつまり一切、現れ出ない」ものだし、自己自身に対して「客体」となることもないのである。

詩的個性とは、すなわち決して一体的なものの単なる対置でも、対置したものや交替するものの単なる関係あるいは統合でもない。対置したものと一体的なものとは、この詩的個性において分離不可能なものなのである。

そうだとすれば、その純粋性と主観的総体性における詩的個性とは、始源的意味としてはたしかにそれが調和的に対置した生において働いている対置と統合の行為においては受動的なものかもしれないが、しかしその最終の行為においては、すなわち、そこで調和的対置をしたものが調和的なものとして対置されたものであり、その個性における交互作用として一体的なものが一者として把握されるような、そのような最終行為においては、この詩的個性は決して自己自身によって把握され自己自身の客体になることはできないし、またそうしてはならないものなのである。さもなければそれは無限に一体的で生ある統一であることをやめ、死せる統一、死をもたらす統一、無限に実定的なものになってしまうのだろう。なぜなら、この詩的個性において一体性と対置が不可分に結び付き、一者である限り、これは対置可能な一体的なものとしても統合可能な対置的なものとしても、反省に対して現れ出ることができないからである。それゆえ詩的個性とは現れ出ることができないものなのである［……］。（*H* 251f.）

このような結論、このようなアポリア（これはすぐに三回繰り返して詳しく説明されているが）で終わったのでは、ヘルダーリンの反省理論および表出理論はそれでもう先に進まないし、失敗したことになってしまうだろう。実はこの文章は、「現れ出ることができない」という文章に「しかし現れ出ねばならない」という異議申し立てを続けているのである。この「ねばならない」という必然事は、しかし結局のところその前提を遡及的に疑問に付さなければ果たし得ないものである。そして実際、ヘルダーリンの表出理論の実定的な部分からは、表出されたものの基礎におかれた形而上学を侵食し、これを〈脱構築〉する軋轢やずらしが生じている。実定的な表出理論の大部分——そしてまさに本来このようなものだけがヘルダーリン研究において知覚されてきたのである——は、事実、一致できないものを一致させようとす[64]

る試みである。つまり「外部器官」において（自己に対する）現れを考え、なおかつ先行する「純粋な」現前を放棄しないという試みなのだ。以下において、このような考察の概略をヘルダーリンの表出理論の第二層として描いていくことにしよう。

自己意識と表出のアポリアに対するヘルダーリンの解答は、一見すると単に問題をずらしているのにすぎないように見える。さらにこれは、フィヒテの知的直観の〈導出〉とよく似た論理形式にしたがっている。それは、一方が機能できないときには必然的にもう片方が可能になるはず、というものである。「（詩的精神が）自己自身において自己自身によって（自分の個性、自分の自我を）認識できないなら、外的な客体が必要になる」（*H* 252）。もちろんあきらかに過度の無世界性に苦しんだヘルダーリンの初期の人生経験にも動機づけられてはいるが、ここにあの有名な、まさにヘルダーリン的命法と呼んでもよいような定式が超越論的に〈導出された〉ものとして成立する。

> 自由な選択によって外的領域と調和的対置に身を置いて見よ、きみがすでにきみ自身の内部で調和的対置にあるように、自然に、しかしきみがきみ自身の内部にとどまる限り認識不可能な形で。（*H* 265f.）

「感じることができるように」なるため「自己自身から抜け出る」（*H* 241）ようにとのこの命法は、自我に非我を、つまり精神に外的「器官」を指示する。すでに『詩的精神の働き』の冒頭でフィヒテの術語の「交互性」の概念で開陳されたものが、ここから基礎づけられている。精神が「自己を自己自身と他者において再生産する」（*H* 241）という表現は、「運動」の二つの付加的な契機を示しているのではない。そうではなくて「自己を自己自身において」というのは、ヘルダーリンにとってはそもそも「他者において」しか考えられないものなのである。すでに一七九五年一月二六日のヘーゲル宛ての手紙は、フィヒテの「(彼の言うところの)自我と非我の交互規定の対立」を「まさに奇妙なもの」と書き留めている。[65] まさに奇妙といえば、ヘルダーリンの理解になるところの交互性の概念も同じである。それはフィヒテの交互性と二つの点において異なっている。まず第一に、フィヒテが理論的交互性と実践的交互性とをはっきりと分けているのに対して——実践的には自我が非我を規定するものとして自己定立し、理論的には自我は非我に規定されるものとして自己定立する——、ヘルダーリンにおいては二つの側面が常に交差している。自我、つまり精神が「それによって徹頭徹尾適切に規定され、またそれを規定することができるように」、「客体」(「器官」、「非我」)を選ぶ、とされるのである(*H* 254)。この接合をフィヒテ理論の単なる単純化と見なそうとしない限り、これは理論哲学と実践哲学の相互欠落的な偏りを美学〔感性論〕において〈宥和〉しようという、カント以来流布している体系思想を彷彿とさせるものである。第二点として、フィヒテが反省的自己確証化のアポリアにおいて、自分が知識学のはじまりから主観と客観としての自我を絡み込ませてきた交互性の彼方にまさに絶対我を想定する必然性を看取したのに対して、ヘルダーリンにおいては、これと同一の超越論の論理にしたがうアポリアが本来ここではじめて交互性の図式に入り込むのである。あるいは別の言い方をすれば、このアポリアは、『詩的精神の働き方』がはじめから交互性の理論であるのはなぜか、そしてそれはいかなる形でそうなのか、ということを追補的に基礎づけるものなのである。

だが、ヘルダーリンの交互性概念は、その基礎づけにしたがって果たすべきことをどれほど果たし得るのであろうか。反対論証は説得力がある。「外的な領域」との交互性、「外的な領域」における反省は、主観と客観の〈内的〉分裂の場合とまったく同様に、不可分-密接な精神を対置にもつれ込ませてしまう。

後者の場合に統一の失敗および「抹殺」として存在することが許されないものが、なぜここでは自己超出と自己回帰として望ましいものなのか。これに対するヘルダーリンの答えは、次のように先鋭化することができるだろう。まさに外的器官と精神の自己自身における一者存在がこれほどまでに異質であるがゆえに、「まさに人間もしくは詩的精神と外的領域あるいは表出器官との結び付きがそれほど密接ではなく、前者が後者を捨象し、さらにそこに定立されている限りにおいて自己も捨象することができ、自己自身を反省することができるゆえに」（*H* 257）、その誤った同一化はここにおいてより巧みに回避されるというのである。交替する詩調、次に来る反省は、先行するものが「全部」ではなかったということを指示する。外的器官における交替と反省の総体は、結局ある意味では自ら消え去り、それ自体として表出不可能な非－交互性への「無限の接近」の「媒体」になるのである。[66] これをヘルダーリンは「移行」と名付けている。すなわち有限性と無限性の間の「消滅における生成」あるいは生成における消滅のプロセスである。このような「移行」の同義語として、ヘルダーリンは、独特の語源学的遡源によって伝統的な修辞学の意味ずらしを施して、「メタファー」（ギリシャ語のメタフェレイン「移す、交換する」から）や「誇張法〔Hyperbel〕」（ギリシャ語のヒュペルバレイン「向こう側に投擲する、越える」から）等の概念を用いている。

このように見ていくと、厳密な意味におけるいかなる表出、いかなる「表示」（*H* 262）もメタファーおよび誇張法であり、作品における詩的自我の自己把捉は「誇張法中の誇張法」（*H* 252）になる。「交互作用」におけるこのような「メタファー的なもの」や「誇張法的なもの」に基づいてはじめて、外的「要素」は「たしかにその当初の傾向においては拮抗する力を及ぼす」精神に対して決定的障害にならずに済むのである。むしろこの外的要素は精神に――そこに「移行」しつつ――従属し、詩的なものの働き、つまり芸術の技術の使命とは、その「媒体」を可能な限り「メタファー的」で「誇張法的」なものにすることにある。この操作によって、存在、精神等の超越論的シニフィエは、その「他者」、すなわち「記号」（*H* 248）との絶妙の関係に入り、記号における「表出」に応じても、その先行的で不可分の自己性を損なうことがないのである。いやむしろ逆に、まさに交互性と反省の遊動において、その「移行」としての質において、この自己性は「感知可能」なものになるのだ。たしかに精神は、外的器官に関係することによって、一見すると、そして厳密に考えれば、その存在論的な質と純潔を多少失うようにも思えるが、この「喪失」は最後には自己自身を消去する外的領域において現れ出るという可能性によって「補償」されるのである。

この図式はヘルダーリン研究において、広くヘーゲル主義的な解釈を施されてきたが、それはあながち不当なことではない。まずはじめに精神が即自的に存在し、次にその否定、すなわち記号の領域におけるその自己外存在がある。そして最後に――この第二段階が対他存在を持ってはじめて対自存在を可能にするので――反省された即自としての精神の対自即自存在への転回が生じる。[67] このような図式が一見行き詰まっているように見える表出問題に付与する宥和的解釈に、「不調和」（*H* 261）を緩和する調和的対置というヘルダーリンの用語も照応しているのである。反省の根本的逸失と外異性とは、これによって術語的にも鋭鋒を欠くことになり、統一という指標がまだ自己自身との対置においても優勢なままにとどまる。このようにして、存在論的には相変わらず分裂したままの二つの領域の間のコミュニケーションを、ヘーゲル的なものが一貫して統御し続けるのである。

このような表出理論は、その本質的な要素において、ノヴァーリスの逆転秩序論との照応関係に立っている。ノヴァーリスが反省の欠陥を、反省の逆転構造を反省自身に適用することによって解消するものと考えたように、ヘルダーリンにも次のような考察が見られる。もし詩的個性の反省が第一の段階から見ると「分解し、一般化し、分散させるもの」であるなら、この逆転は「無限の美しい反省」のさらに先の段階によって再逆転させられる。「反省は、自ら奪ったものをすべて心性に再び返してくれる」(*H* 261)。このような表出理論は、先行的‐超越論的な精神、存在あるいはシニフィエという形而上学的基礎前提にまったく手を触れることはない。なぜなら「記号」という「外的領域」の差異的回路形成は、単なる名称としてではないにせよ、絶妙の迂回路としての役割、つまりそれ自身とはカテゴリー的に異なった構造を持つ何かを「再生」する間接的「媒体」としての役割を果たすものだからである。たしかに外的な再生は、精神を他者に対してだけではなく自己自身に対して「現象」させるためにも不可欠のものである。しかしこれだけではまだ記号的規定の働きに対する洞察は、表出されたもの――現象する存在――の現前形而上学的理解に対してそれほどの影響を、すなわち、初期ロマン主義者たちの徹底化された表出概念において生じたような、そしてさらにこれからヘルダーリンの表出理論の第三〈層〉の傾向として解明されていくことになるような影響を及ぼすことはないだろう。

「記号」の規定論理から導出される、外的「器官」の単に「再生的」ではなくて「産出的」な役割、およびそれが招来する「純粋」で先行的な存在(精神)の揺動。ヘルダーリンの『詩的精神の働き』では、このことについてまず三つの契機においてその萌芽が認められている、というかむしろ確言されている。まず第一の契機は、ヘルダーリンにとって基本的な図式である、存在、精神、自我の基本規定としてのヘン・ディアフェロン・ヘアウトー、すなわち自己自身に相違する一者(68)から与えられる。この定式は、首尾一貫性を持って考えれば、決して、その対蹠物も包括する統一といった好意的なヘーゲル主義に回収されるものではない。これはまったく逆方向に力点を置いた解釈も認めるのである。なぜなら、対置の不可避性――主観‐客観としての絶対我というパラダイム――とは、対置されたものの非分離性という基準によって単に形式的に統一に組み込まれているだけのものなのである。この統一においては、それ自身ではないものによって自己を規定せず、この関係以外において存立するようなものは何もない。すなわち統一とはそれ自身がこの差異と対置の論理の結果にすぎず、決してその彼方にある基底ではないのだ。ということは、「一者」とは「外的器官」における「記号」と「反省」の交互遊動として構造化されているものにすぎなくなる。それゆえ、判断と存在、反省と生、記号と精神の間の厳密で媒介不可能な分離は消失する。存在はそれ自身いつもすでに、ひとつの「原‐分割〔判断〕」（*H* 216）に刻印されているのである。これによってヘルダーリンは判断の双価性を開陳する。一方において分割とは、分割され判断される先行的存在を指示している。だが他方では、判断のUr‐の字は始源、起源の意味を共振させ、「原‐分割〔判断〕」を、その彼方には決して現前しない存在の、文字どおり根源的な対置という意味に変えるのである。存在それ自身における構造は外的領域との対置の構造と「同じように」できている（*H* 256）、とするヘルダーリン的命法の文言は、それゆえ表出行為と表出されたものの存在記号論的パラレリズムを表すものとして文字どおり受け止めることができるのである。

　この二つの領域の解決不可能な分離、カテゴリー的な亀裂は、このような観点の下で消失し、ここから出発する「詩的反省」はもはや累乗化によって自己自身を消し去る逆転の理論の中に機能上の正当化を見出す必要がなくなる。むしろ詩的反省は、精神自身の実定的存立の中に取り込まれるのである。このような連関において術語的に興味深いのは、ヘルダーリンが「意味」を「精神と記号」の間の図式論（*H* 248）、「[……]表現や感性的素材[……]と精神の間の移行」（*H* 244）、そしてさらに「詩の基礎」と呼んでいることである。「基礎」という語の明示的意味および内含的意味によって、「結合手段」すなわち媒質的なものは、それ自身自分が結合するもののある種の（根源を持たない）根源となるのである。この図式が初期ロマン主義に対して持っている卓越した意味を以下に叙述することにしよう。

ヘルダーリンが表出を表出されたものの実定的存立の中に取り込む際に用いたのは――そしてここに表出問題の考究における彼の現前形而上学的前提の脱構築の第二の契機があるのだが――、何よりもまず生の概念である。ここにもフリードリヒ・シュレーゲルとノヴァーリスとの類縁性がある。ヘルダーリンにおける「生」の意味論の転回点を直接しるしづけるのは、彼の表出理論の双価性だと言ってもよいだろう。一方において、精神という分離不可能な統一は自己の内部の分裂させる「反省」において「死せる、死をもたらす統一」（*H* 252）になる。その限りでは反省と（自己）表出とは「真の」生、すなわち「純粋者」の「いきいきとした統一」（*H* 252）の対極にある。「純粋者は［……］、自分が包含されている器官に抵抗し、交替に抵抗する」（*H* 248）。だが他方、ヘルダーリンは「純粋者」それ自身に「いきいきとした」という形容詞を認めない。なぜなら、純粋者とは定義上いかなる規定もできないもの（というのは、いかなる規定も分離不可能なものの分離になってしまうから）であり、それゆえまったく抽象的で空虚なもの（「空虚な無限性」*H* 251、「一体性における欠落」*H* 247）で、結局は同じように「死せる」ものだからである。この純粋者は、それが「自己自身から抜け出て」（*H* 257）「外的器官」に入ることによってはじめて彼にとって生あるものになるのだ。そこで純粋者は単に自己自身を喪失するだけではなく、「否定実定的に［……］、そして誇張法的に自己を表出する」（*H* 250）。「否定実定的」という術語は、ヘルダーリンが存在と精神から要求しているもの、すなわち対置したものの統一という意味をそれ自身において体現している。それに妥当であろうとするならば、先行する二つの極を追補的に結び付けるものとしてではなく、分離不可能というヘルダーリンが定めた賓辞にふさわしく、一種の根源的な交互遊動として否定実定性を考えなければならない。否定実定的なもの——類縁的な新造概念としては「実定的な無」（*H* 252）がある——の性格において、ヘルダーリンのいきいきとした表出と表出されたものそれ自身（存在、精神）の規定が最終的に合致するのである。存在論は記号論によって構成的な分裂と自己外存在の領域に引きずり込まれ、「調和的対置的なもの」は不可逆的かつ解消不可能な形で「正反対の対置」の「外的領域」（*H* 246）に解免される。表出によって、および表出においてのみ、精神はその「生」を獲得する。「器官自身にあらがう純粋者はまさにこの器官自身において現前し、そのことによってはじめていきいきとしたものになるのである」（*H* 250）。純粋な「一体性」における「欠落」のために、この欠落の否定としての「詩的反省」は、すでに詩的個性を一般化し、規定し、対置するところで「生の理念」と結び付いている。まして「自ら奪ったものをすべて心性に再び返してくれる」力動の源とされる反省の自己自身の無限累乗化を用いれば、反省は「失われた生をより美しく呼び起こす」ことになるのである。それゆえ詩的反省は、シュレーゲルやノヴァーリスの場合と同様に「生気を与える技」と呼ばれるのだ（*H* 261）。

　生と反省のこのような収斂について、ゲルハルト・クルツはすでに次のように書き記している。「生そのものがすでにひとつの対置構造、反省構造を持っている。『いきいきとしたもの』とは、唯一『自己自身に現前するもの』だけである」[69]。だが「純粋者」（精神、存在、自我）が「不純なもの」によってはじめて「いきいきとしたもの」になるのだとしたら、反省と表出とはこの観点から見てもすでにあるものを「再生」するという機能に限定されるものではなく、むしろそれ自身「創造的」なものであり、表出されたものの産出的な契機なのである。表出作用と表出されたものとは、もはや再現前化〔表象〕と現前の論理に属するものではない。両者はむしろその〈根源〉においてもつれ合うのである。（仮象的な）補遺は（仮象的な）前提と、代理は原物と、代補は代補されるものと、というように。首尾一貫して考えると、この「異質な」論理は、ノヴァーリスの場合と同様に、精神の純粋な即時存在からその外化を経て反省された即自対自存在に至る単なる時間的な段階秩序という考え方——これはヘルダーリン研究においてほとんど一貫している解釈であるが——には、——たとえヘルダーリン自身がこのような視点を数度にわたって示唆しているとしても——決して回収できないものである。このことは「この創造的反省の、産物」、すなわち「言語」（*H* 263）が主題化されるところではっきりとする。そしてこれとともに、われわれはヘルダーリンが開陳する非再現前的な表出概念の第三番目の契機に到達するのである。反省が産出的で創造的だという認識、「自己自身と他者における」精神の「再生」というはじめのほうの話で見られた単なる「再〔Re〕」の内在的脱構築、そしてそれとともに純粋な「前〔Prä〕」の前提の脱構築——、このような認識がその撞着語法的な先鋭化を施されて『詩的精神の働き方』の結論部で言語概念の開陳と重なり合ったのは偶然ではない。なぜなら、この両者は空間時間的な境界と到達された目標の二重の意味で、つまり思考過程の要石としてこの論の最後を締めくくっているからである。〈見出された〉言語の主要規定としてここで非常に直接的な言及を受けるのは、超越論的シニフィエの否定の図式である。創造的反省によって、および創造的反省として、詩的自我を言語的に表出することができる詩人にとって、

非常に重要なのは次のことである。まず彼はこの瞬間に何も所与のものとして受け取ってはならず、いかなる実定的なものからも出発してはならない。彼にとっての言語がそこに存在する前に、自然と芸術が語りはじめてはならない。なぜなら、もし無限の素材と無限の形式に対する反省の前に自然と芸術の言語が彼にとってそこに何らかの形をとって現存していたら、彼はその限りにおいて、もはや自分自身の影響圏の内部にはいないことになる。自分自身の創造から外部に出てしまうのである〔……〕。（*H* 264f.）

ここでその極が転倒しつつあるのを見ると、ヘルダーリンの表出理論の緊張が、まさに両手で摑めそうなほどまざまざと感じ取られる。一方には先行的実定的存在の逸失としての自己反省の批判がある。自己反省は、自己自身における分離不可能な統一によっていかなる把捉からもカテゴリー的に逃れ出て超越者であり続けるものを把捉しようとする無謀な試みとされる。そして他方には、「所与のもの」の否定、「実定的」に創造的反省に「先行する」ものの否定があり、言語は反省および表出問題の解決として、その固有の回路形成、その「影響圏」の内在に完全に実定的に義務づけられるのである。それゆえ、ヘルダーリンの『詩的精神の働き方』が非常にロマン主義的な「無限に美しい反省」の賛美で終わる（*H* 265）ならば、このテクストを動かしてきたものは決して均質な思想のかたまりではなかったことになる。実際、ヘルダーリン研究では、しばしば矛盾に満ちた言説がすぐ近所に並存し、なおかつそれが矛盾として認識されていないという場合が少なくない。というのは、ほとんどの場合パラフレーズ（およびその見せかけ）は、総合と調和をめざす構えを示しているからである。『詩的精神の働き方』のどの要素を抽出するかによって、ある時は追補的に付け加わる表出に対する表出されるものの完全な超越的先行性に主眼が置かれることもあるだろう。その場合再生は、厳密な意味では、一方において逸失の論理、すなわち誤った手段による接近という論理を演出し、他方において自己自身を消去する交互性として、定義上それによって自己疎外を生じずにはいかなる関係にも入ることができないものの上に透明化する。[70] またそれに対して、表出されたものと表出するものの弁証法的な実現論理と、それにともなう「前」と「再」の実体的な交差が主張されることもあるだろう。「これまでの叙述から次のことが言えよう。神的精神は、その実現においてはじめて現れ出て認識可能になるばかりではなく、それはこの行為を通してはじめて完全に自己自身になるものでもあるのだ。［……］精神の密接さは［……］異質な質料においてはじめてそれ自身になるのである」[71]。このような宥和的ヘーゲル主義がすでにヘルダーリンの非‐再現前化主義的表出概念に関する真理のすべてであるにせよ、あるいはそうではないにせよ――この問題に対して右の叙述は否定的な見解を示したものだったが、――矛盾は調停不可能なままにとどまる。表出は、一方において不可欠的および本質的に存在（生成）に属することはできず、他方において超越的現前の単に外的表面的な補遺にすぎないものでもありえない。このような亀裂を、ここで試みられたレクチュールは意識的に強調してきた。それはヘルダーリンの思考過程のさまざまな〈層〉をできるだけはっきりと分けて整理して、伝統的なもの、時代思潮的なもの、新しいものからなる混合体を分離するためである。全体としてヘルダーリンにおける混合比はフリードリヒ・シュレーゲルやノヴァーリスと比べるとむしろ〈保守的〉なものだが、その要素の中にはあの根本的で純粋に〈近代的〉な表出についての思惟が、ロマン主義者たちにおいては存在論自身を包括し、表出、交互性、反省を「絶対者」の位置にまで高めたあの記号論的起源の思惟図式が、はっきりと認められるのである。

デリダの先取りとしての初期ロマン主義的記号存在論

ロマン主義的記号存在論の基本的文彩――第一のものの追補性、第二のものの先行性および構成性（根源的反省、創造的表出）――は、逆説的なものではあるが不条理なものでも反意味的なものでもない。なぜならこれは、〈現前性の形而上学〉をその固有の言語で否認しようとする試みだからである。反省（再‐屈折）を「論理的に第一次的なもの」（*I* 36）で「絶対的に創造的なもの」（*I* 63）と性格付けることで、ヴァルター・ベンヤミンは初期ロマン主義の思惟によって媒介されるこのような対立をすでにその（仮象的）逆説性のままに標示している。これと類縁的な思惟と存在の図式を最後に完成させ、その完全な射程において解明したのはジャック・デリダである。デリダがルソー、フロイト、フッサール、ソシュールの脱構築的レクチュールを通して考えさせたことを、ベンヤミンは初期ロマン主義のテクストから、部分的にはそのまま写し取ることによって、取り出すことができたかもしれない。デリダと初期ロマン主義者を合わせて考えることは、特に次のような事情から生産的なものになる。デリダの言語はベンヤミンが標示したロマン主義の記号存在論に最大級の先鋭化を施しているのだ。そしてこの先鋭化は、少なくとも潜勢的には、最大級の明確化でもある。しかしそれはもちろん、よく苦情の種になるデリダの難解さとはほとんど切り離すことができないような明確化でもあるのだが。

デリダの言語論の基本前提は、大部分が初期ロマン主義のそれと重なり合うものである。デリダはそれをもちろん初期ロマン主義者からではなくて、フェルディナン・ド・ソシュールから受け継いでおり、ソシュール自身を超え出るような首尾一貫性を持ってその考えを押し進めたのだ。聴覚像と表象、シニフィアンとシニフィエを、ソシュールは一枚の紙の裏表の比喩を使って説明する。[72] 両者は——つまり両方が相まってひとつの完全な記号をなすのだが——分節化の作用によってはじめて構成される。ソシュールにとって、シニフィエは言語的「指示作用」の前や後にはなく、常にそのなかにある。[73] もちろんこれは、〈机〉という指示対象が〈机〉というシニフィエとともに〈机〉というシニフィアンによってはじめて産出されるという意味ではない。〈指示対象〉それ自身がソシュールの理論にはまったく登場しないのである。もちろん、だからといって彼の言語体系としての構造主義が〈現実〉に対して身を閉ざしているということにはならない。なぜなら、表象やシニフィエは〈現実〉とのコミュニケーションを統御するものだからである。そして「記号化された構造における規定の前あるいは彼方には一切の表象はない」という定理が妥当とされる限り、〈すべての現実〉は――というのは、物自体の知的直観という前批判的な構想に退却するつもりがない限り、われわれにとって表象的に開示された現実、すなわち記号化された現実以外に現実は存在しないのだから――、すでに分節化の回路形成の中に含まれている。ソシュールにおいては境界画定や分節化自身、その要素が実定的‐実体的な質によっては定められず、否定的‐差異的にしか――他のすべての要素に対する、それ自身ではないものすべてに対する関係によってしか――規定できないような秩序によって生じるものである。(74) 言語的分節を経る以前の自己現前的シニフィエに対するソシュールの否定――これはすでに精神の必然的字義性に関するロマン主義の定理のポイントである――を、デリダは次のように取り上げている。「意味は、自己自身に住むためには、名付けられ記述されるまで待たなければならない。［……］意味は［言語的分節化の――メニングハウス］作用の前にも後にも存在しない」(*SD* 22f.)。シニフィアンは、その専断性にも関わらず、「意味」にとって不可欠のもの、構成的なものである。言語秩序の内的な働き方は、ソシュールの「言語価値の源泉としての差異というテーゼ」で提出されているとデリダは見ている。「差異とは分節化である」(*G* 115)。

差延作用は「形式の形成」(*G* 110) を行う。あるいはより詳細に次のようにも言われる。「差延作用という言葉でわれわれが指し示すのは、それによって言語、あるいは各コード、各指示体系全般が〈歴史的〉に差異の織物として自己を構成するあの運動のことである」(*D* 18)。言語構造の彼方の超越論的シニフィエの不在に、差異原理によって第二の不在が付け加わる。言語において境界画定されたいかなる意味も、実体的自己現前の様態において現れ出るものではない。そうではなく、これは差異的間隙の機能として、「裂節〔brisure〕」(*G* 121) として、不在の結合の結果として現れるのである。「すなわち意味作用は差延の窪み、つまり現れ出ないものの非連続、秘匿、迂回、残遺といった窪みにおいて自己形成する」

（*G* 121）。

つまり差異と遅延としてのデリダの差延〈概念〉の最初の部分的定義は、言語構造の否定的‐差異的な働き方に関するソシュールの理論から与えられている。もっともデリダはここで「構造の構造性」（*SD* 422）という考えを徹底化させて、固定化されたマークの不動の秩序へ向けた構造の閉鎖〔clôture〕としての体系思考に対抗している。各要素がそれぞれ他の要素ではないことによってしか定義できないような構造には、いかなる中心も欠けている。すべての項がそれぞれ同様に、ひとつの相対的な関係叢の結晶点となっている。すべてがそれによって中心を欠いた、あるいは脱中心化された否定的差異構造の中心なのである。このような所見は、すでにソシュールの『一般言語学講義』においてはっきりと現れている。ただしソシュール自身は、構造に方向を与える中心の欠如ということから構造の基礎的不動性という彼の公理に対して何の結論も引き出さなかったのである（そしてそれ以後の構造主義者たちも、ソシュールの徹底性を弱体化させつつ、自分たちの構造分析を中心に向けて解釈していった）。ここでデリダは構造の本質的脱中心性という所見を構造の不動性の理念に対抗させる。ソシュールによって発見された〈秩序〉原理とは、彼にとっては常に同時に無秩序の原動力でもある。同様のことがさらに別種の脱中心化にも当てはまる。すでにソシュールにおいて、発話主体は言語の担い手や中心点としての役割から降りていた。なぜなら言語は、その要素の諸価値を発話主体の支配権の及ばない純粋に内部の構造関係にしたがって統御しているからである。そして主体は言語構造において中心化する役割を果たせないだけではない。これは、言語に関係するやいなや、それ自身脱中心化されてしまうのである。少なくともこの二つの文の最初のものは、明らかに『一般言語学講義』の要素である。レヴィ＝ストロースはこれを明確に先鋭化して、構造分析を構成し担うのは主体だとして構造分析の基礎をここに置こうとする方向に対して論争をもくろんだのである。[75] デリダはこのような構造の二重の脱中心化から〈単に〉もっと根本的な結論を導き出したにすぎない。彼は結局、この脱中心化の観点から古典的構造主義の〈秩序〉思考を疑問に付したのだ。デリダにとって、実定的存在と中心を持たない差異の戯れには自己現前的な根源が欠けているばかりではない。これはさらに――首尾一貫性を持って考えれば――決して恒常的な集成状態で終わるものではないのである。

「構造の構造性」を古典的構造主義者自身よりも本気に受け止めたことによって、デリダは「脱中心化」の「ポスト構造主義的」思考、すなわちそれが招来する構造的「戯れ」の開放性の思考に到達した。構造の中心化と閉鎖は、まさに「構造の構造性の縮減」ということになる（*SD* 422ff.）。秩序の網目という構造主義者の幻想は、このようにして構造主義自身の核心テーゼである差異原則を一貫して考察し続けるポスト構造主義の批判によって破られるのである。すでに「マーク」の反復が――デリダは記号〔signe〕よりマーク〔marque〕の概念を優先させる、というのは、マークは常にそして不可避的に記号の二つの側面を意味し、それによって（先行的自己現前的）シニフィエと（追補的）シニフィアンという形而上学的二元論をすでに用語的にも困難にすることができるからである――空間と時間においてこのマークを自己自身と分離させる。類似および同一の文脈においても、十分慎重に分析すれば、差異的な諸価値の微妙なずれが認められるだろう。構造のいかなる閉鎖性、いかなる体系性もそれゆえ常に相対的なものでしかありえず、さまざまな侵犯に対して穴だらけであり、それゆえ決して閉域ではない――これが実際の言語の性格であり、これをすでにフンボルトは簡潔に定式化し、ソシュールもデリダが言及していない文章で分析している。それゆえ差異原則の否定性は自己現前的存在を代補するものであるばかりではない。事実上これは産出的言語分節化の開放性と閉鎖不可能性の実定的保証にもなっているのである。

差延〈概念〉の第二の部分的意味は、ある意味で第一の意味の哲学的応用から得られるものである。それはつまり、自己の顕現にそれ自身として先立つ存在、意味、理念という形而上学と〈健全な人間悟性〉を支配している前提にこの第一の意味を関係させることによって得られる意味なのである。意味、存在、理念のすべては差異原則によって本質的に不在物の戯れでつくられた現存になる[76]（SD 17, 437, 440 ; G72）。これらの基底とされていた自己現前は差異によって無限に遅延させられる。この遅延概念を刻印するのが、弁証法的記号存在論の批判的潜勢力を基礎づけると同時に誤解も招きやすいあの独特の戦略である。というのは、反省概念において自己現前的に先行する反省されるものが前提とされるのと同様に、遅延の意味にも必然的に遅延させられる何か、つまり〈本来的に〉遅延の彼方にある何かが内包されているように思われるからである。デリダが差異原則を一貫して墨守することによって見直しを図ったのは、まさにこの遅延させられるものという内含である。差異的なシニフィアン構造がはじめて「意味」を現存と不在の戯れとして構成するように、遅延はそれ自身として遅延させられたものの産出、いやその唯一の存在なのである。

差延作用の運動は、決して何か超越論的な主体［あるいはシニフィエ――メニングハウス］に付け加わるものではない。むしろその運動が主体をはじめて産出するのである［……］。差延の運動は、自同者［自己現前的な主体、あるいはシニフィエ――メニングハウス］を自己自身との差異における自己自身との関係として、すなわち非同一のものとして産出するのだ。（SP 140）

遅延させるということは、何か可能な現前を遅らせるということではない。［……］この差延を根源的なものと呼ぶことは、同時に現前的根源という神話を消し去ることを意味する。それゆえ「根源的」ということは削除されたものとして理解されなければならない。さもないと充実した根源から差延を導出することになってしまう。根源的なのは、根源を持たないことなのである。(*SD* 312)

根源的差延作用の運動とは、すなわち「現前からの統御、および現前に関した統御を受ける」ものではない(*D* 14)。だが同様に、それは現前の単なる反対、すなわち不在に関する統御を受けるものでもない。むしろ差延作用は——現存と不在の戯れ、およびその間の戯れとして——、結局は「現前と不在に対する代案」(*D* 28)なのである。[77] いかなる単純な自己現前の根底にもあるこのような根源的差延作用の構造は、差延作用の結果(たとえば構成されたテクスト)に対してだけ当てはまるのではなく、言語生成力、つまり「活動中の差延作用自身」(*G* 110)に対しても該当する。「古典的な概念性」を持って、「差延とは、構成的、産出的、および原初的因果性を意味する、すなわちそこで構成された産物や結果が多様な異物や諸差異であるような分裂と分割のプロセスである」(*D* 13)と言えるためには、〈古典的〉で形而上学的な用語法に内包された誤解を遮断していくような留保を必要とする。「このような諸差異を生み出す差延は、単純な、それ自身無変化な、中立の〔差異のない〕現前として、それらに先行しているわけではない。差延とは非‐充実的で非‐単純な諸差異の根源なのだ」(*D* 17)。差延作用に首尾一貫した省察を施すと、産出された意味の自己現前と同様、その言語産出の自己現前的主体(ヒュポケイメノン〔基体〕)というものもやはり存在しないことになる。それゆえ発話行為の〈主体〉に関しては、すべてのシニフィエとシニフィアンと同様、次の規定が当てはまるのである。「間隔は、要素を自己自身ではないものから分離して自己自身であらしめる。だがこの要素を現前として構成する同じ間隔が、同時にこの現前をそれ自身において分裂させなければならない」(*D* 19)。

意味と存在の絶対的現前という形而上学的規範に固執する限り、この構造は欠陥や「欠落」の証拠にしかならないだろう。だが批判的な記号存在論の文脈では、これは「単一の根源」を持たない差異の「戯れ〔遊動〕」としての意味と存在の構成の肯定的な構造になるのである。デリダはニーチェとともに「記号」と「世界」の「戯れの喜ばしき肯定」について語る。「この肯定は〔……〕非‐中心ということを中心の喪失とは違った形で規定していく。それは保証のない賭けなのである」(SD 441)。デリダは飽くことなく――そしてこの執拗さは、旧来の思考法が強固に染み着いていることを考えれば、妥当なものなのかもしれない――常に新しい脱構築の読みを通して差延作用の図式による思考法の必然性を証明しようとする。彼の記号存在論が繰り返しそこに結晶点を見出すのは、とりわけ代補、エクリチュール、痕跡の三つの概念においてである。

現前と表象〔再現前化〕という前批判的な理解にとって、記号とは指示対象に補遺と代理として付け加わる形でこれを代補するものであった。だが「表現が〈前‐表現的〉な意味の現前に付加的な〈層〉として結び付くのではない」としたら、付加の運動は付加の基底にとって外的なものではなくなる。そこではむしろ「両者に関して根源的〈代補〉を問題にすることができる。両者の合計が〔……〕根源的な非‐自己現前を代補するのである」(SP 144)。補遺は第一のもの、および第一のものを欠いた第二のものになる。「代補の奇妙な構造は〔……〕、迂回させながら、この構造が付加するといわれるそのものを生み出すのである」(SP 146)。代補された現前と思われたものは、このような兆候の下ではそれ自身が「代補の代補にすぎない」(G 511)。なぜならそれは、自己の不在の韻律においてだけ、つまり差異的なシニフィアン構造の副次的作用としてだけ現前できるものなのだから[78]、あるいはラカンの的確な表現を借りて言えば、

「ひとつの無の痕跡としてしか形を持てない[79]」ものなのだから。デリダは、このような構造にきわめて鮮明な概念化を施した。「それゆえ、この不条理な表現をあえて用いることが許されるのなら、ここで問題なのは古典的な論理では決して受け入れられない始原的代補なのである。あるいはむしろ根源としての代補と言ったほうがよいだろうか。これは消え去ろうとする根源を外側から補うものだが、決してそこから派生したものではない。この代補は、作品について言われるように、オリジナル〔始原的〕なのである」(G 537)。これとすっかり同じように、記号的分節化の領野においても、痕跡の「遅延」と追補性は「根源的遅延および追補」に、つまり痕跡を残す先行的存在を持たない自己構成の様態になる。差延の形で「痕跡は常に非-根源への帰還において」自己形成し、「それによって根源の根源になる。〔……〕だが周知のように、この概念は自分自身の名前を破壊するものであり、たとえすべてが痕跡とともに開始するとしても、根源的痕跡というものは存在するはずがないのである」(G 108)。

　代補、補遺、反射――これらの諸概念の伝統的理解は、神秘学や神学の理論を別にすれば、エクリチュール概念においてまさに中心的な成就を見る。発話されたシニフィアンが素朴な再現前化主義にとっては先行するシニフィエの代補だとすれば、エクリチュール概念はまさにこの代補の代補ということになる。まさにこの累乗化された代補性構造によって、エクリチュール概念はデリダの逆行的思考にとってもっとも大きな挑戦となるのである。現前性の形而上学にとって二次性と外面性の総体となるものが、徹底的な差延理論においては〈根源性〉と構成性の論点となるのだ。このようなエクリチュールの価値変換と価値切り上げを、デリダは次のような概念革命によって実行する。まずデリダは、エクリチュールをシニフィアンのシニフィアンとする伝統的記述を保持したままで、まさにこの図式の中に――ソシュールの差異原則を首尾一貫して追求することによって――言語一般の基本構造を認識する。というのは、ある言語機能の価値は、ソシュールにとってはまさにその記号が他の記号に対して持つ関係によって規定されるからである。この価値は実定的には他のものではないものとしか言えない。その限りにおいて、記号とは何よりもまず相互関係的に意味し合うものだと言えるだろう。いかなるシニフィアンもその始原においては、他のすべてのシニフィアンによって規定されている。あるいは逆に、すべてのシニフィアンは本質的に他のシニフィアンのシニフィアンである、とも言える。これと同じように「必然的に他の意味を指示しないような意味作用は存在しない」[80]。(ここにはさらに、「シニフィアンとは他のシニフィアンにとって主体を演じる〔前置する、〈代〉表象する〕[六]ものである」[81]というラカンの謎めいた定義の根拠がある。あるいはまた、ラカンの次の言説にとってもこれは根拠となり得る。「事実、いかなる記号化する〔意味作用する、シニフィアンの〕連鎖でも、いわばそのそれぞれの構成単位の句読法にぶら下げられて、表明されたコンテクストで分節化されるもののすべてを、いわばこの点の垂線において支えないようなものはない」[82]。)さらにそれに加えて、すでにソシュールが差異原則から引き出していた次のような結論がある。「言語において本質的なものは、[……]言語記号の音声性格には異質なものである」[83](G 92)。なぜなら音声とは、その対自即自的な現前によって意味作用を果たすのではなく、その準数学的な、不在のものとしてしか存在しないシステム関係によってはじめて価値を規定されるものだからである。デリダは言う。「差異とは、決して即自的かつ定義的に感性的知覚可能な充実ではない。差異の必然性は、言語とは本来音声的なものだという主張に矛盾する」(G 92)。つまり、エクリチュールの伝統的な低い評価の中にその範例的な記号論的「尊厳」が表明されていることを知るために、デリダは近代記号論の基本認識をソシュール自身がそうしたよりももっと字義通りに受けとめるだけで事足りたのである。

「エクリチュール」という言葉がシニフィアンのシニフィアンを意味するのをやめたわけではない。だが、「シニフィアンのシニフィアン」とはもはや偶発的な二重化や頽落した二次性として定義されるものではないということが、異なった光に照らし出してみて明らかになった。シニフィアンのシニフィアンは、逆に言語の運動を——その運動の根源において——記述するものとなる。だが人はここですでに気が付くのだが、その構造がシニフィアンのシニフィアンと判別されるような根源は、自己自身の産出の中に引きさらわれ消失してしまうのである。シニフィエは、そこではじめからひとつのシニフィアンとして機能している。エクリチュールに帰されると思われている二次性はすべてのシニフィエ一般を触発し、しかもいつもすでに、つまりその戯れのはじまりから触発し続けているのである。相互指示するこの戯れを逃れる［……］シニフィエは存在しない。（G 17）

ロマン主義の記号存在論にとっても、「書字」や「記号」の「戯れ」を逃れる「精神」や、反省の反省の、といった差異の戯れ〔遊動〕を逃れる「絶対者」は存在しない。だが根源的追補性の図式としてのデリダのエクリチュール〈概念〉は、類縁的に措定された代補や痕跡の〈概念〉と比べると、これを論争の転回点として用いる時に不利になるあきらかな欠点がある。「代補」や「痕跡」が、価値転換を施しながらも、一般の言語使用においてもそれらが指し示している現象をまだ「表示〔記号化〕」しているのに対して、デリダの術語としての「エクリチュール」が書記素という意味を持っているのはせいぜい周辺においてだけ、それに対する軽視から彼の概念的戦略が由来している部分においてだけなのである。というのは、エクリチュールとは結局のところ「差延作用の運動の」ひとつのメタファーに——デリダなら、ひとつの「根源的」メタファーにと言うところだろう——なるものなのだから。はっきりとデリダは確言する。「話された言語はすでにこのエクリチュールに算入されるべきものである」(G 97)。そして観点を変えれば、「通常の意味におけるエクリチュール」(G 130)や、さらには「書物の理念」までもが、デリダが採用した「エクリチュールの意味にとっては非常に異質なもの」(G 35)なのである。とりわけ「戦略的」に、そして「学問と哲学の歴史的」諸限界に目配りをしつつ、たしかにデリダは自分が行ったエクリチュール概念の〈救済的〉位置ずらしが正当なものであったことを認め(84)(G 169)、そこで自己自身の概念使用の問題性についての考えられる限りもっとも鋭利な意識まで開陳している。だがそれでも、このエクリチュール概念はかなり無理をしたものだという印象は——特に、デリダの記号存在論の他の類縁的な諸装置が必ずしもエクリチュール概念を必要としていないという認識を前にすると——どうしても否めないものである。

デリダが、代補、補遺、遅延などの伝統的な諸概念に書き込んだやっかいな、しかし決して理由がないわけではない意味機能は、反省や鏡像化の概念に対しても影響を与えずにはすまなかった。特に『二重の会』と『散種』の二論文において、デリダはこれが内含する諸結果をやはり明確に定式化している。差延作用への洞察を前にして、反省や鏡像化の伝統的理解——二重化においても自己自身としてとどまり、透明な外部を越えた内部としての、つまり〈本来的なもの〉としての自己自身に回帰する先行的現前の追補的二重化として——は批判の対象にならざるをえない。デリダはこのような「〈反映〔reflet〕〉概念」を、同様に無批判的な形而上学と「再現前主義的心理学主義」に支配され(*Lds* 279)、シニフィアンとシニフィエの同根源的分節化の構造を欠いている一連の概念や思考図式に含めて考えている。だがこのような否定的見解は別として、反省と鏡像化の概念は捨て去られているわけではない。むしろここでもデリダは、批判の対象自身の言語で同じ概念に新しい刻印を与えることによって——ロマン主義者たちが概念的「機知」と呼んでいた方法である——巧みに批判を加えているのである。このようにして反省と鏡像化も新しい語義においては、差延作用の指標、つまりそこから独立して存立する表出対象を持たない（自己）表出の図式となるのである。

反省と鏡像化の新規定における否定的側面、すなわち「再〔Re〕」との対置（再-前 Re-Prä）に先行する「前〔Prä〕」の措定の消去を、デリダはしばしば無からの創造という神秘主義的な理念を彷彿とさせる概念装置で実行する。分節化におけるシニフィアンとシニフィエの構成という（ソシュールの）思想に類比させて、デリダは「何ものもそれに先行しない」（*Dis* 351）、「何ものも模倣しない」（*Lds* 221）、および「何ものも反映〔再現前化〕しない」鏡像化、むしろ「反射」の「作用」においてはじめて反射したものを「存在させる」（*Dis* 353）鏡像化を考えるように要求する。（これと類縁的な図式が、「反省」と「無」、および「無からの創造」というロマン主義の星位において叙述されることになるだろう。）反射からそれに透明に先行する屈折させられたものへの回帰という伝統的な道筋、すなわち即自的「前」とこの「前」に透明にかぶさる「再」という循環論証の論理は、これによって「遮断された進行」[85]（*Lds* 299）になるのである。デリダはもちろん意識的に「このような反射〔反省〕の遮断された進行」と言っているのだ。なぜなら彼は、伝統的な反省概念——このような反射〔telle réflexion〕——が内包するものとともに反省概念一般を放棄しようとしているのではないからである。超越論的な意味、存在、自己といった形而上学がそこで考えに入り込む限りにおいて、たとえばあるテクスト固有の自己関係性は「反省性ではない」ものとされるのである（*Lds* 302）。

このような否定的な反省概念に対する反対概念としてデリダがマラルメにならってしばしば持ち出すの

が、プリ〔pli〕、すなわち襞である。自己における襞化は自己関係構造──「テクストの自己自身の上にできる襞」（*Lds* 290）が「自己自身の上にテクストを襞化しながら」（*Lds* 282）「自己襞化する」（*Lds* 291）──なのだが、しかし決して偶有的に付加された襞の中に第一の「自己」が同一、透明に自己を保持できるわけではない。むしろ襞は襞化されたものにとって本質的で根源的なものであり、自己自身との非－同一の形式(86)、「回復や適合化のいかなる可能性もない、間隔化の縮減をともなわない」（*Lds* 282）復元不可能な分岐および分裂の形式なのである。単一の自己への回帰の可能性のない自己自身の上の襞。シニフィアンとシニフィエの同時起源的な分節化（マーク化）の領野では、いかなる存在、自己、シニフィエであっても、常に、そして復元不可能的に、それに付加されたシニフィアンの立場にあり、いかなるマーク〔marque〕も「前」を持たない再マーク〔re-marque〕、単一の基礎を持たない二重化、オリジナルを持たないコピー、すなわち「二重の会」なのである。このような二重化や鏡像化の空間では、ちょうどベンヤミンがロマン主義の反省モデルにおける反省主体極と反省客体極の関係について述べたように、「能動性と受動性の単純な二項対立、たとえば産出と産出されたもの、あるいはさらに、すべての現在分詞と過去分詞の二項対立は〔……〕実行不能になる」（*Lds* 253）。

伝統的な反省概念に対する改善案として、襞の意味論は事実上反省と鏡像化のデリダの肯定的な新規定に照応するものである。根源的迂回や根源的代補といった類似図象も、同等の権利を持ってここに類例として引き合いに出すことができよう。これらの兆候のもとで見ていくと、デリダがいかなる方向に反省と鏡像化を読み換えていっても、もはや驚くに値しない。それは反省対象を持たない根源的反省の図式であり、これはベンヤミンが予言した「無から」立ち現れる「第一の」そして「絶対的に創造的な」ものとしてのロマン主義的反省の語義に正確に一致する。差延作用によって、いかなる反省や表象〔再現前化〕も必然的に「自己が表象〔再現前化〕するものに巻き込まれる」ため、その「戯れ」においてはいかなる「原点も捉えられないのである。事物と水鏡と反射像があって、果てしない相互指示関係はあるのだが、源泉はどこにもない。単一の根源は存在しないのだ。なぜなら反射〔反省〕されたものは自己自身において自己を二つに分裂させるのであって、単にその像がそれに付加されるのではないからである。反射、像、分身は、自己が二重化するものを二つに分裂させるのである」(*G* 65)。

マラルメとフィリップ・ソレルスに関する著作の中で、デリダは非-照鏡的な鏡像化の二つのモデルを提示している。そのひとつとは、「錫箔のない鏡」[87] (*Dis* 350) の構造である。そのような鏡は写し出すものをはねかえす代わりに通過させてしまうが、そのとき同時に――すべてのガラスにおいて生じることだが――「ある種の変形と転位で」それに影響を与える。この場合「鏡像」を「鏡」の裏側にしか見ることができない観察者に復元不可能な分裂において立ち現れるのはただひとつの像だけである。その像とは、反射されたものそれ自身としての反射像が鏡像反射そのものの中に現れたものである。鏡像から目を離して原物を見ることはもはやできない。そして――もちろんここにデリダのモデルのポイントがあるのだが――このような自己自身の現前的存在としての原物そのものは、鏡の裏側に存在しないだけではなくて、表側にももはや存在しないのである。むしろここで問題とされているのは、

いかなる形にもいかなる現在にも復元不可能な歪み、最初の形を持たない変形、始源的な最終審級における質料を持たない変形である。(*Dis* 349)

だが反省媒質としての絶対者と「すべての現実的なもの」というベンヤミンの言説にもっと近くまで迫

るのは、デリダがプラトンの洞窟の比喩とそこに含まれる鏡の構造に対して施した転覆作業であろう。

> プラトンの洞窟を、単に何か哲学的な運動によって転倒されたものとしてだけではなくて、その全体性において、異質な――絶対的に異質な――構造の中に、通分不可能で予見不可能なほどもっと複雑化した装置の中に限定された場所に転じたものとして思い描いてみよう。鏡は世界の中に、単純に、全存在者とそれらの像の全体性の中に包含されて存在しているのではなくて、「現前するもの」が逆にそれらの中に存在する、と考えてみよう。鏡像（影、反射、幻影等々）は、もはや存在論と洞窟の神話の構造――それがまたスクリーンと鏡を位置づけるのだが――の中に包括〔comprendre 理解〕されるものではなく、むしろ逆に、あちらこちらで特殊な、非常に規定された結果を産出しつつ、この構造を全体的に包み込むのである。「国家」において叙述されるすべてのヒエラルヒーは、その洞窟と境界において、再度〔……〕戯れに委ねられることになる。[七]（*Dis* 360）

ここで事態の明確化を図るために、準‐非照鏡的な鏡像化のひとつの類型を、デリダのシンパの〈脱構築派〉という疑いがまるでかからない哲学者において示しておくのがよいかもしれない。ディーター・ヘンリッヒである。『フィヒテの根源的洞察』という彼の著作は、反省的自己把捉という論理的アポリアのまさに規範的叙述となっている。この論文の論証と図式を「異なった」反省論理の連関に写し取るためには、もちろんその異なった問題設定の意識が前提となる。ヘンリッヒで問題とされるのは、自己を自己として知る自我であり、それゆえ自己関係性の構造一般ではなくて自我の自己意識という唯一のケースだけが対象となる。それに対して、産出的鏡像化というわれわれの理論には、基礎を持たない鏡像列としてのテクストが自己をそのような鏡像列として知る、という内含はない。「自己自身の表出」に関するロマン主義の定式にも、作品が自己表出しているということを自らについて知っているとか、あるいはまた非‐照鏡的な自己反省の客観構造はそれ自身が自己自身の主観的意識であるといったような意味は事実上存在しない。それゆえ「自我から自由な」反省構造に関するわれわれの考察は自我哲学に対して異なっているだけではなくて、伝統的な意識哲学に対しても差異を持っているのである。だがそれでも、ここでヘンリッヒの論文を比較検討のために引き合いに出すのは意味のあることだろう。なぜならこの論文は、はっきりと異なった目標前提のもとで、はからずも非常によく似た、実定的に逆説的な反省概念に導くものだからである。

ヘンリッヒの考察の出発点は、「反省としての自我の本質についての理論」[88]の純粋に論理分析的な批判である。ここで前提とされているのは、「前」と「再」の伝統的な意味機能である。「〈反省〉とは、既存の知があえて特に捉えられ、そのことによって明確化される、ということしか意味できない」[89]。このような反省モデルは決して〈現実には〉自分が振り返る元のものに到達することはできず、自我を自己自身において不可分の統一としての自己自身から分裂させる（これはフィヒテ自身の論証）。しかもそれは、反省の行為においてはじめて捉えようとするものを常にすでに前提としているのである（この論証はフィヒテ自身のものではないが、それをヘンリッヒがはっきりとわかるように表明したのはずっと後の箇所になってからのことである）[90]。定式化して言うと、「自己意識の反省理論は、自我現象をはじめから前提とするか、あるいはこれを破壊してしまう」[91]。たとえこれがはじめからその明白な動機ではなかったとしても、フィヒテの自我の定義はそれゆえ「反省理論に対する対立から」理解することが可能であるし、また理解されるべきでもある[92]。周知のようにフィヒテは、「われわれ自身の直接意識」——自己を定立するものとしての自己定立――も知識学の第二版で「知的直観」と呼んでいる。たしかにヘンリッヒはこの用語をできるだけ避けてはいるが、しかしこれが果たす働きを一貫して問い続けてもいるのである。フィヒテはこれによって、「瞬時にして自我の自己所持を自己自身に関する知と一緒に産出しなければならない」[93]ような活動形式を要請する。主観と客観の分裂に落ち込まないために、ここでいう知とは二次的な「自己自身との衝突の跳ね返り」であってはならず、「自己自身において完結した知」[94]でなければならない。このように存在、行為、自我の自己知がそれ自身において閉じた円環をなすことで、この知は――伝統的な理解における反省がそうするように――諸契機の不可分の統一を分裂させるものではなくなる。それゆえこれはいわば意識を持たない知、いや「主観を欠いた知」になるはずである[95]。

このような自己意識の非‐反省的〔非‐再屈折的〕構造を主張するフィヒテの諸定式は、すべて逆説に満ちている。これらは自らがその克服を要請しているアポリア的な反省問題の意識をその言語化において保持するものなのだろう。このような逆説性に対するヘンリッヒの対応は両義的である。一方において彼は、このような逆説を伝統的論理では解決不可能な問題に対する断念という選択よりも「優先」させている。「本当を言えば、全知を定位する中心点、あるいはそれどころかその基礎にまで到達したときに、もはやそこには個別の事情や派生的洞察の知見行為を順当に記述できるような慣れ親しんだ構造が見出されないとしても驚くに値しない」[96]。このどちらかと言えば一般論のようなコメントを越えたところでは、フィヒテの定式の逆説性と隠喩性は次のような困難性から動機づけられている。それは、「自我の二次的な自己解釈を助長」し、「それゆえに一見見通しのよいように見える語法の外観の陰に真の実相を包み隠す」[97]印欧語から、主観と客観の不可分の統一としての根源的自己知の概念を獲得することの困難性である。だが他方においてヘンリッヒは、フィヒテの非‐反省的自己意識の逆説的定式がそれが主張しているものを真に思惟させるものなのか、その思惟可能性をあきらかにしているのか、という批判的問いかけに固執する。そしてそれに対する彼の答えは興味深い道筋を通って否定的なものになる。知的直観の理論の核とは、まさに「瞬時にして自我の自己所持を自己自身に関する知と一緒に産出する」活動の想定だが、これに対して次のような簡潔な注釈が付されるのである。「自我の活動がいかにしてそのようなことをできるのか、われわれは明確化できない。なぜならすべての知はすでに分岐しており、その理由が問われるべき(98)」なのだが、この分岐は派生的なもの(と思われている)として最後の統一点(と思われている)においてはまさに避けられるべきものだからである。すなわちフィヒテの「反省に対する対立」は克服すべきものと同一の循環に陥るのだ。「ここでまったく異なった土台において反省理論の循環が[……]現れる(99)」。

これによってヘンリッヒは、反省モデルに対する自分自身の原則的な拒絶に忠実であるためには本来伏せておくべきだったような考察を垣間見せている。非‐反省というフィヒテのモデルが伝統的な反省概念と同じ循環に陥るのなら、〈古い〉反省モデルを反省の「彼方」にではなくて、〈新しい〉反省モデルへと超出させても同じような成果が見込めないだろうか。まさにこれが、すでに叙述してきたように(100)、初期ロマン主義者のそれに匹敵するようなフィヒテ自身の企図でもあった——これは一七九四年から一七九七年の著作と違って、シュレーゲルやノヴァーリスに何の痕跡も残していない後期の知識学における企図である(そしてこれはもちろん、一七八九年と一八〇一年の知識学がその時代に出版されなかったので、伝播の可能性はフィヒテの講義に基づいたごく限られたものでしかなかったということだけにその原因があるのではない)。「目が組み込まれている活動(101)」というフィヒテの定式は、同時不可分的な行為として行為でありつつ自己視なのだが、これをヘンリッヒは非常に的確にもそれ自身鏡像化とは「異なった」論理を開陳する鏡像化〔反省〕の対立物として説明している。

文脈から次のことが明らかになる。目は鏡の対立者である。鏡の中の像はそれを見る者にとってのみ像である。だが自我において鏡は自ら見る者に、つまり目になった。このようにして、鏡像はもはや他者の像、他者にとっての像ではなくなる。鏡像は鏡自身の視覚の像であり、これを見る者自身をも見るのである。鏡像は鏡自身のものであり、鏡自身にとって存在する。「知識学の自我は〔……〕自己自身を映し出す鏡であり、自己自身の像である。」(102)

これが反省モデル自身に対する正当な批判が新しい反省モデルに転じる地点である。ヘンリッヒはこのことに気づいてはいたが、この洞察を注の形でしか認めなかった。「一八〇一年以降も自我は反省によって考えられていた。だがそれは、われわれが『反省としての自我の理論』と名付けた理論モデルの対極をなすような反省概念にしたがうものだったのである」(103)。この注は重大な意味を持つ。これは結局、小さく印刷された箇所からテクスト全体を脱構築するような読みを許すからである。もしヘンリッヒが逆説的で伝統的な論理を無効化する非‐反射的反省の言説に対して、同様に逆説的な知的直観の言説に対するのと同じような受け入れ態度を示していたなら、彼もまたベンヤミンがシュレーゲルやノヴァーリスにおいて発見し、反射〔反省〕と鏡に関するデリダの考察においても遂行されたあの反省モデルの実定的転覆に逢着したことだろう。フィヒテにおける「自己自身を映し出す鏡」というヘンリッヒの記述は、その実定的逆説性においてあきらかにデリダによる鏡の伝統的な意味機能の変位と呼応関係を示しているということは言うまでもない。

ここでデリダに話を戻そう。いくつかの箇所でデリダは、ベンヤミンと同様に、しかも同じような意味で、反省の（絶対的）媒質という概念を用いている。「すべては、『ガラスを打ち破ることなく』、レクチュール－エクリチュールの媒質や鏡において反射している」（*Lds* 252）。「ガラスを打ち破ることなく」というこの言葉で、マラルメも、反射、鏡、ガラスについての彼のエクリチュールにおいて、意味作用の前や彼方にある超越論的シニフィエを否認している。これを空間的に表現すると、反省や鏡像化の垂直の次元は――そしてこの垂直次元こそ、内部と外部、基礎と表層、存在と現象といったトポスにその本質を持っているため、まさにこれらの形而上学的次元と言ってもよいものなのだが――深層を持たない表層へと無差別化される。「鏡は超えられたことはかつてなく、ガラスが打ち破られたこともかつてない」（*Lds* 244）。たしかに直接的にロマン主義の〈芸術〉哲学ではないが、ドイツロマン主義の芸術、すなわちE・T・A・ホフマンを、デリダはこのような鏡像化構造を記述する際に想起している（*Lds* 234）。このような「鏡の鏡」の構造における「実在者」とはそれ自身が鏡像化の結果である。「照鏡とは外部のものを映し出すことではなくて、『実在性の結果』を産出するだけのものである。（……）この鏡の鏡のなかにものまねや幽霊がいる以上、そこにはひとつの差異が、二元論がある。だがそれは指示機能を持たない差異、あるいはむしろ［……］先行的統一や最終的な統一を持たない差異なのである[104]」。

一次性、あるいは第一のものを持たない二次性の構成的図式としての代補、補遺、遅延、痕跡、再現前化、反省〔反射〕。すべての精神の必然的字義性とか絶対者の存在と表出としての反省といったロマン主義の理論において単なる前兆以上のものを持ち、ベンヤミンがはじめてその敵対者との結合から引きはがしたあの批判的「不条理」は、デリダの思惟においてもっとも広い外延と最大の集約度を兼ね備えた文彩を見出している。デリダのさまざまな術語において、常に同一の記号存在論の図式を発見することは、それが長く続けば、うんざりすることかもしれない。だが「現前性の形而上学」の前批判的な思惟図式が——それの修正を図る言語にまで入り込んで——行使し続ける権力にまだまだ疑問が突きつけられることがないという現状を考えれば、素朴な再‐現前化主義の克服作業は、その「機知」の破壊力を数種類の変形において確認しておいたほうがよい。そしてさらに、哲学の歴史において、そこで自己現前的同一が自己自身を超越化してきた要素を洗い出しておくべきだろう。シュレーゲルとノヴァーリスは反省の差異の「戯れ」を総合に、つまり「絶対者」自身の存在に取り入れたが、これはそのような思惟のもっとも進歩した、もっとも発展した形態の一つである。それどころか、デリダが初期ロマン主義者に対して実体的に新しいものを提起しているのは一体何なのか、というのはなかなかに難しい問題である。だがそれに対して、彼がどのような点において初期ロマン主義者より劣っているのかということになれば、問題はずっと簡単なものになる。デリダに比べてより包括的で多面的な初期ロマン主義の思惟は、自己現前的な同一性の形而上学に対する批判の言説が同一哲学の否定に帰着するのではなくて、むしろその緊張の極北における救済として理解されるということを必然的に内包しているからである。遅延の図式は同一性を代補するのみならず、それ自身が一種の、ロマン主義者にとっては唯一保持可能な自己同一性それ自身、すなわち差異の戯れの結果としての自己同一性なのである。これに類縁的な関係にあるのが、ベンヤミンが反省としての絶対者や媒介の結果としての直接性〔非媒介性〕といった形で張りつめた極端な張力であろう（ある程度規模の大きいベンヤミンの著作には、概念極や『臨界現象』の間にこのような『張力』（*I* 257）が張りつめている。この意味からもベンヤミンの博士論文は、決して〈本来の〉「ベンヤミン学」の外部に存するものではない）。だがデリダにおいては——もちろん最終的にはそのように読まれるべきではないのだろうが——少なくとも遅延の批判哲学は自己同一性のそれぞれの思惟の終焉ではないにせよ、ひとつの絶対的他者であるかのごとき態度が認められる。

この比較のもうひとつの境界線をもっとはっきりとさせておかなければなるまい。だが本書ではデリダが初期の著作で形を与えた彼の思想における「客観的な」言語論的基礎にだけ関係するものとし、彼が——とりわけ後期の著作で——そこから引き出した解釈学的および文体論的なものにいたる結論には踏み込まないことにする。

IV 初期ロマン主義の超越論哲学、神秘主義、幾何学、修辞学、テクスト理論、文芸批評の収斂点および消尽点としての反省的「屈折」の脱自的「遊動」

生、浮遊、織りとしての反省

超越論的シニフィエの否定、および分裂させ分裂した反省の徹底的に「総合的」な構成性への洞察によって、反省の記述における論争的批判的パラダイムはその対極にあるものに転じた。生と死の隠喩である。シェリングにとって反省は、追補的に分析するものとしてすべての「高次の存在」と「精神的な生とを［……］その根幹において抹殺してしまうもの[1]」であったのに対し（ベルンハルト・リップはこれにしたがって生と反省の相互排除関係を診断している[2]）、シュレーゲルにとって哲学とは絶対者の表出としても、いや表出だからこそ、「反省の生についての実験」以外の何物でもないものとされる（*S18*, 419）。ノヴァーリスもまた同じように「いきいきとした反省」（*N2*, 526）について語っているし、まさに「最高の賦活」と「完全な反省」（*N2*, 488）とを同一のものと考えているのである。このような概念使用にひそむ二項対立を読み落とすことがないならば、ベンヤミンの博士論文が反省概念を何度も繰り返し、まさに誓願的に生概念（反省の生）に結び付けてきたあの強勢を理解することができるだろう。もちろんベンヤミンはこの概念に関しての仕事をまだ完成させたわけではない。これによって彼は、自分が叙述した反省理論の基礎づけのための最良の可能性のひとつを放棄したことになる。なぜならロマン主義の生〔Leben〕

の概念の説明こそ——「浮遊〔Schweben〕」と「織り〔Weben〕」という類音語的な概念を包含しつつ——初期ロマン主義の記号存在論の中心へ導くものだからである。

ロマン主義の生概念の叙述においてこれを際立たせる対立概念は、死ではなくて「存在しているだけ」あるいは「単なる」生存と呼ばれる。「より高次の圏域〔〈生存の圏域〉よりも高次の——メニングハウス〕」があるとすれば、それは存在と非在の狭間にある圏域——両者の間の浮遊——だろう。語り得ぬもの、ここにおいてわれわれは生の概念を得るのである」（N2, 106）。この規定は——これにはさらにヘルダーリンにおいても類例がある、それは彼が（生成する）「生」を「存在と非在の狭間の状態」に結び付けたということである——できるだけ正確な解釈を要求する。圏域とはノヴァーリスにとって常に包括的なもの、二つの対置するものを媒介する空間である。圏域の「半身」とは、「二つの対置するものだけがわれわれの意味における圏域を言い尽くし、規定するものなので」（N2, 115）、第一の反省において他の半身に「まさに対置するもの」になる「はず」なのである。「同時に二なるものへの関係」として、すべての圏域は定義上「交互規定」（N2, 113）の圏域になる。このようにして、たとえば感情と反省とはノヴァーリスにとってひとつの圏域の二つの「半身」になり、意味するものと意味されるものとはそれぞれ記号というひとつの圏域の半身になるのだ。ノヴァーリスは陥りやすい誤解をはっきりと退けている。圏域とは二つの先行する極の間を浮遊するものではないし、追補的に「テーゼ」と「アンチテーゼ」とを「総合」するものでもない。むしろこの圏域によってこれらの両者が生じるのである（N2,255）。一例を示せば、記号の分節化とはテーゼとしてのシニフィエ（質料）とアンチテーゼとしてのシニフィアン（形相）とを追補的に結び付けるものではなくて、この両者の間の実行的総合がはじめて両者を定立するのだ。圏域とはその限りでは「総合、テーゼ、アンチテーゼから組み立てられたものであり、決してこれらのうちのどれかというわけではない」(N2, 107)。というのは、分節化は実行的差異の領野として自己の二つの半身を媒介するというよりはむしろこれらを産出するのであり、しかも総合的全体として産出するものだからである。この言述と継起的媒介論理との相違点は、テーゼ、アンチテーゼ、総合という概念列の伝統的な秩序に向けられた目立たない攻撃においてすでに現れている。ここで言われているのは「テーゼ、アンチテーゼ、総合から組み立てられたもの」ではなくて、「総合、テーゼ、アンチテーゼから組み立てられたもの」なのだ。「われわれのいう意味での圏域」においては、総合の前には何も対置するものが存在しないのである。生という圏域の規定としてのあの「存在と非在の間の浮遊」に対して、ノヴァーリスはこの根源的差延の構造をはっきりと概念化している。

> すべての存在、存在一般［ここでは『存在しているだけ』とか単なる『生存』といった意味ではなくて、いきいきとした存在、いきいきとした自我性の意味――メニングハウス］とは［……］必然的に融合させ、必然的に分離させなければならない二つの極の間の浮遊に他ならない。この浮遊の光点からすべての実在が流出する――そこにすべてが含まれている。客観と主観はこの光点によって存在するのであって、これが客観と主観によって存在するのではない。［……］両極を、つまり浮遊させられる狭間を規定し、産出する浮遊。これは錯誤であるが、それはあくまでも劣悪な悟性の領域に限っての話である。［……］なぜなら浮遊は実在物の原因であり、すべての実在の源泉および母胎、いや実在そのものなのだから。(N2, 266)

生と浮遊のこのような規定とほとんど同じ響きを持つフィヒテの命題との境界線は、できるだけはっきりと引いておかなければなるまい。フィヒテの体系における「対置するもの」の間の「浮遊」として形象化される構想力の能力には、はっきりと定義された役割がある。この能力に課される役割とは、自我の有限性（非我による規定性）と無限性（「無限定なもの、無規定なもの、規定不可能なもの」へ超出し、そこにおいてはじめてすべての非我を定立する活動）[3]とを統合し、ひとつのものとして考えさせることである。

総合の能力には、対置するものを統合し、ひとつのものとして考えるという役割がある。［……］総合はこれを果たすことはできないが、それでもこの役割はある。［……］この確執の中に精神がとゞまり、［……］要請とそれを果たすこととの不可能性との間に浮遊する。そしてこの状態において、いやこの状態でのみ、精神は両者を同時に捉えるのであり、あるいはこれは同じことだが、この両者を同時に把捉され理解されるものにするのである。精神はこれらに触れることによって、自己自身との関係において確かな内容と確かな広がりをこれらに与える［……］。この状態こそ直観の状態である。ここで活動している能力が産出的構想力なのである。

［……］

それら（絶対的に対置するもの）が思惟能力によって統合されるべきなのに統合され得ない以上、それらが実在を得るのは心性の浮遊による。それによって直観的になり、すなわち実在一般を獲得するのである。というのは、直観を介した実在以外いかなる実在も存在しないし、また存在できないからである[4]。

このような背景から考えると、浮遊する構想力による実在の産出というフィヒテの定理――構想力がその「産物」を、すなわち対置する両者に同時に接触する「直観」を、「いわば自己の浮遊の時に、そして自己の浮遊によって産出する」[5]――とは、ノヴァーリスにおける非常によく似た表現にとって、せいぜいのところ言語的模範としては考えられるが、しかし決して内容的先取りとして理解するわけにはいかないものである。五つの相違点[6]がすぐに挙げられる。

第一点。フィヒテにおいて構想力の浮遊が「産出的」になるのは、構想力が「われわれの意識の可能性[7]」にとって統合不可能な二つの極の間の一種の直観的接触点を産出する限りにおいてのことである。すなわち、規定性と無規定性（無限の活動性）の確執はそれ自身が産出的浮遊の機能なのではなく、この浮遊に先行するものであり、先行する両極それ自身の浮遊しつつ産出された直観からは、たとえ追補的にでも捉えられるものではない。なぜなら、構想力とは決して媒介の「不可能性」を克服すべきものではなくて、単に――媒介の「要求」を同時に保持しつつ――自己自身の中に取り込むものとされているからである。だがノヴァーリスにおける浮遊は「浮遊させられる狭間」を「産出」するものであり、これをもってはじめて両極はいわば自己自身から解免されるのである。そしてこれには次のような意味もある。浮遊の構成的差延作用において、両極はいつもすでに媒介されているのだ。それらは自分の両半身の関係にすぎない「圏域」の「交互規定」に立つ対極的「半身」なのである。つまり媒介の不可能性に対応する臨時措置といったものはノヴァーリスにおいてはまったく必要がない。もちろんここでいう媒介には差異の止揚といったヘーゲル的意味はない。むしろ逆に、即自的に直接的な根源とかそれを越えた最終目的などを持たない媒介圏域への解免という意味があるのだ。

第二点。フィヒテにおいて、対置するものの間を往来する産出的な「心性の浮遊」とはこの両極に「自己自身との関係において確かな内容と確かな広がり」を与えるものであった。この浮遊によって対置するものは「同時に理解され把捉されるもの」になり、それとともに「われわれにとっての実在」、「われわれにとっての存在[8]」になるのである。だがノヴァーリスにおいては逆に、浮遊における構成的差延作用という形象は意識哲学の限界を打ち破ってしまう。これは「すべての存在、存在一般」に妥当するものとされ、存在記号論的な意味で「すべての実在の母胎」、いや「実在」そのものにまでなるのである。

第三点。浮遊しつつ「浮遊させられる狭間」を産出するということは、ノヴァーリスにおいては結局のところ絶対者自身の構造を表しているのだが、一方これに対するフィヒテの類縁的図式は非-絶対的自我に属するものにすぎず、まさに絶対的自我の絶対的同一によって超越されるものなのである。ということはすなわち、根源的差延作用としての構成的浮遊とはノヴァーリスにおいてはもはや構想力の行為ではなく、それどころか単に主観的な「能力」ですらない。そうではなくて、これは事物と記号の秩序の客観的構造原理なのである。たしかにまだ「自我性」という術語で考えられることはあるものの、産出する浮遊の行為とはそれゆえベンヤミンの特異な新造語で「自我から自由〔Ich-frei〕」（*I* 40）な傾向を持つもの、つまり自我-基底への中心化から切り離されたもの、差異的構造の脱中心化された生成と呼ぶことができよう。

第四点。体系の中の限定された位置価の内部でも、フィヒテにおける浮遊の概念はさらに制限を受けている。フィヒテは言う。「統合不可能なものの間における構想力の浮遊は、自我の状態を自己自身においてひとつの時間-瞬間に拡大する。〔……〕長くは、つまり一瞬より長くは、〔……〕構想力はこれに耐えられない。理性が仲介に入ってきて」、結局は「理性（ここでは理論理性）[9]の自己自身による完全な規定」へと至り、無限の構想力の活動を「実践的領野」へと押しのけるのである。構想力の活動が無限のままにとどまるのは、統合不可能なものを有限の宥和へもたらす機会がないためなのだ。このようにフィヒテにおいて「一瞬より長く」は認められない、あるいは「耐えられない」ものは、ノヴァーリスにおいては逆に――存在と哲学の全領野を包括しつつ――「いかなる瞬間においても全的に生じる無限の事実」（*N2*,

267）へ、「もっとも瞬間的な事実」（*N2*, 228）へと進歩する。これにはもはや「絶対的抽象能力」としての「理性」の行為が上位に位置づけられることはない。そのような能力は、結局のところ再び「確固とした相違点」へと促すことになり[10]、浮遊の哲学を確固とした立脚点（存在、主観、シニフィエ）の形而上学へと再回収してしまうことになるからである[11]。

第五点。フィヒテは構想力の産物をはっきり「直観」と定義づけている。あるいは否定的に表現すれば、産出的浮遊の活動は本質的に「反省ではない」[12]ものとされる。フィヒテによるこのような浮遊の性格付けが原因となって、ベンヤミンは構想力の形式を――絶対者自身の形式にまで拡大されたことで、これはロマン主義者にとってなおさら重要なものになったのだが――自分の反省理論に適用することを避けたのかもしれない。だがノヴァーリスとシュレーゲルによって改変された構想力に対してなら、このような接触不安――もしそのようなものであったとすれば――は不必要なものだっただろう。その理由は、ノヴァーリスが直観を反省との交互遊動にもつれ込ませたということだけではない。「直観を私はどこにも見出さない。直観は反省のもとで探さねばならず、またその逆も成り立つからである」（*N2*, 271）。ロマン主義者たちはむしろはじめから、対置するものの間の産出的浮遊を直観の形式よりは反省に関係させてきたのだ。浮遊の活動的差延作用が「それが浮遊させられる狭間」をはじめて産出するように、構成的反省の活動的差延作用はその両極を定立するものであり、自己自身への仮象的折り戻しは、事実上自己自身をそのようなものとして開示することなのである。反省と浮遊の両者はそれゆえ類縁的な意味で、その構造が交互表象であるような自己自身を表出する絶対者の様態としての役割を演じることになるだろう。詩的反省に関する有名な断章が同時に浮遊に関する断章でもあるのは、それゆえ決して偶然ではない。「詩的反省」はまさに無限に自己累乗化する「浮遊」として定義されるのである[13]（S2, 182）。それゆえフィヒテにおいては矛盾となるようなものが、シュレーゲルにおいては「浮遊する反省」（S18, 400）という語の結合として現れることも可能なのである。(14) ノヴァーリスもまた同様に、浮遊とともに「すべての存在」を形作る産出的対置をほかならぬ「反省能力の性質」において基礎づけている。というのは、浮遊する「自我」あるいは「存在」と反省するそれとは、自己における自己自身からの差異的分裂においてのみ「自己自身と一致して」行為することができるという点において共通点を持つものだからである（N2, 267）。

浮遊する構想力と反省をフィヒテが対置させたのに対して、シュレーゲルとノヴァーリスにおける両者の結合はもっと別の術語的戦略を実現している。これは、ロマン主義者自身においてもひとつの契機として見受けられるような、対象化という意味での反省の蔑称的な性格づけとは一線を画すものである。浮遊とはすなわち固定化する対象化に対立する概念なのである。反省極間の浮遊において反省極が除外されることに注目することによって、ロマン主義者たちは除外された反省極の対象化性格に対する洞察を撤回する必要なく相対化することができた。そして反省に「いきいきとした」という賓辞を付与するのは、他ならぬこのような浮遊との相関関係なのである。というのは、「生」やいきいきとした「存在」とはノヴァーリスにおいてはまさに「浮遊」の「同義語」なのだから。そこに浮遊する差延作用の図式が事実上内含されているという理由だけで──「流れ浮遊するもの」（S18, 37）、「連続的に結合する［……］浮遊的交替」（S18, 100）──哲学全体は「反省の生についての実験」（S18, 419）に、ポエジーの生は唯一の反省構造になれるのである。そして浮遊と生の相関関係は、さらに初期ロマン主義の用語法における反省と構想力の親和性に通じている。というのは、他には表出しようがない（まさにそのことによって〈定義づけられた〉）「生」の浮遊的表出は、類推的に構想力の特徴的能作と認められるからである。「このような生における自己自身の把捉を浮遊する構想力と呼ぶことができるだろう。というのは、徹底的に遊動的、気化的、流動的なものを捉えるためには、まさに浮遊する活動が必要とされるからである」(SI2, 408)。ヴァルター・シュルツは——彼もまたこの文脈でデリダを引用している[15]——次のような的確な指摘をしている。「浮遊」を実定的に確保するということは、何らかの形で常に最後の「安全位置」に根を持つすべての存在論的形而上学の放棄と同じことを意味している。「浮遊の形而上学は、現実の存在論を打ち立てようとするいかなる試みも根底から否定しなければならない」[16]。このような意味で、これはポスト形而上学的形而上学なのである。フィヒテの偉業は、浮遊という不確かな状態を単なる欠落、確実な位置づけの欠如ということから、構想力の行為方法として自己の体系の総合地点(および全叙述形式)を規定する実定的なものへと読み変えたことにある。フィヒテがそれでもこの実定化された反形而上学のうちになにか脅威を感じていたとすれば(「長くは[……]構想力はこれを耐えられない」)、それは絶対的浮遊によって克服される形而上学的秩序思想の残留だったのかもしれない。シュレーゲルとノヴァーリスは、このような否定性留保の残余までも産出的浮遊と浮遊する反省という彼らの完全に実定的な構想から消去してしまったのである。

反省概念の周囲に集められる類音語的な概念の三番目として、織り〔Weben〕の概念がここに付け加わる。二つの——そこにおいてはじめて作り出される——対置するものの間の浮遊している「生」と「存在」は、ノヴァーリスにおいては本質的に「織り」(N2, 267)、差異的で相互に反射する構造の織りなのである。ロマン主義の言語論との近い距離がここにも見て取れる。ノヴァーリスはかつて言語とエクリチュールにおける差異的に「自己自身とだけ戯れる」「数学的」構造を「記号の織機」(N3, 684)と呼んだことがある。そのような織りとして反省の浮遊と生は織物〔テクスチャー〕の、テクストの概念に転じるのである。これによって再び、ベンヤミンとともにロマン主義の反省概念を反省する自我との関係から離脱させることの正当性が確認される。というのは、テクストの織物とは差異的自己準拠性の「客観構造」（*I* 13）であり、その内的な法則は自我との指示関係――たとえそれがテクストを作り出している自我であっても――とは無関係に妥当なものとされ、それどころかこの構造は言語一般と同様に決して自我の支配下には立たないものだからである。

浮遊と生と織りの相関関係は、哲学に対する芸術の優越というロマン主義の定理の根拠にもなる。ノヴァーリスにとって「生」は「存在と非在の間の浮遊」として「語りえぬもの」である。だが哲学は本質的に反省的〈言明〉の、概念的陳述の形式に拘束されているため、ここで克服するのが実に難しい限界にぶつかることになる。「ここで哲学は立ち止まり、また立ち止まらざるを得ない。というのは、把握できないということにおいて生は存立しているからである。すべての哲学は存在［ここでは存在と非在の両者から構成される「圏域」としての生の半身にすぎないという限定的な意味で――メニングハウス］にしか向かうことができないのだ」（*N*2, 106）。だがこのように哲学的反省の様態で〈言明〉できないものでも、概念的陳述の義務を課されていない浮遊する反省――芸術的、詩的反省――において〈表出〉することはできる。自己形成を遂げた「芸術家、同時に技能と天才であるような芸術家」、すなわち力強い「創造的想像力」と技術的熟達の両者を併せ持った芸術家は、「不完全性」と「分離」が「生の［……］完全な表出」において克服されるような段階にまで「登りつめる」ものとされる。「いきいきとした反省」として、芸術はそれ自身「卓越した意味における哲学」になる。なぜなら芸術家にとっては、［生の表出における――メニングハウス］不完全性の根拠とは創造的想像力の弱さであることが、単なる蓋然性以上のものになるからである。そのような想像力は、ある項から別の項へ移行する瞬間に浮遊しつつ自己を保持してこれを直観するということができない。このような行為によって意識にまで高められた、真に精神的な生を完全に表出することが卓越した意味における哲学である。ここにあのいきいきとした反省が生じ、注意深く育成すれば、これは後に無限に展開した精神的宇宙へとひとりでに拡大していくものなのである。これはすべてを包括する組織化の核あるいは萌芽であり、決して終わることがない精神の真の自己浸透の開始なのである。（*N2*, 525f.）

芸術をいきいきとした反省と規定するこのノヴァーリスの断章――この問題に関する非常に少ない発言のひとつ――に、ベンヤミンは短縮した形で何の注釈も付けずにただ注の中で言及しているだけなのだが、これもおそらくフィヒテにおける浮遊と構想力の概念に対するベンヤミンの躊躇が原因となっていると考えられる。だが生と浮遊の意味作用の結果において、まさにこの断章こそベンヤミンのテーゼの、すなわち芸術こそ「もっとも実り豊かな」、おそらく「唯一正当な」ロマン主義的反省理論の成就であるとするテーゼ（*I* 44, 57, 62）の論拠となるものであることがわかる。哲学の陳述的ロゴス中心主義的な反省構造がそこにおいて自己の限界を見出すような、語り得ぬ生の差延作用の（自己）表出として、詩的反省は、その浮遊するいきいきとした性格を「注意深く育成していくと」卓越した意味における哲学へと進歩する。シュレーゲルは言う。「反省は［……］すべてポエジーからだけ学ばれ、実行される」。哲学とは「すなわち［……］助けを必要とする学問なのである」（*S*19, 25）。そして「芸術の使命とは、巨大な疑念――学問の絶対的窮状を解決する」（*S*18, 99）ことに、つまり「哲学の不完全性」を（単に）陳述的ではない脱中心化した反省構造の純粋な表出力によって克服することにあると考えられる。[17]

だが芸術の領野においても、哲学がそれに関して不完全にしか「実験」できない「反省の生」は「自己創造と自己破壊」(S2, 172) の弁証法に結びついたままである。反省行為はすなわちその結果、つまり作品――構成された反省構造――において現前していると同時に消失している。そこにおける反省行為の存在には本質的に非在の裂隙が刻まれている。なぜなら、構成的反省の差延作用は自己の領野を二つの――そこではじめてそのようなものとして確定される――反省極の間に持つものだからである。だが作品の現象学において事実上手にすることができるのはこの二つの反省極自身に限られる。このような相のもとで、反省構造の充実した項の間の「空所」――シュレーゲルは「明るい間隙〔lucidis intervallis〕」(SI8, 569) について語り、ヘルダーリンは「存在と非在の間」の重要な分離および結合点としての「隙間」(*H* 283) に言及している――に卓越した重要性が付与される。それは、「いかなるところでも目に見えないのに見え」、神秘的な「息吹」のように消え去りつつ現前して作品を「貫いて浮遊する」あの「力」を思弁的に再構築するために非常に重要なものなのである。

すなわち、ロマン主義的反省理論はその結果において差異的自己二重化の構造主義的詩学を客観的に基礎づけるものであると同時に、その限定、すなわち構造分析の方法によっては決して完全に捉えきれない「浮遊」を指し示すものでもある。このようにしてロマン主義反省理論は、構造主義の実践とともにそれに対するポスト構造主義のメタ批判をも先取りしている。デリダは言う。「意味作用の実証科学が記述できるのは差延作用の所作と事実、すなわち自分が招来した〔場を与えた〕確定的な差異と現前だけである」。「活動中の差延作用」についての「[実証]科学」は存在できない (G 110)。なぜなら「実際に」――デリダはここでマラルメを引用する――「『余白が重要性を引き受けるところでは』いかなる直観も成就しない」(G 119) からである。つまりロマン主義者の場合と同様にデリダにおいても――そしてここでもまたロマン主義との関係に言及されることなく――、自分がそこにおいて間となる狭間をまっさきに定立する間〔entre〕という図式が記号存在論の中心的な比喩に進化している。言語単位の間の差異的な諸関係がはじめてその意味を決定し、意味が〈実定〉項の間の間隙の束として理解され得るとしたら、差延作用の働きは「根底を持たない間〔entre〕」（*Lds* 248）ということになる。このときデリダも何度も浮遊の概念を用いている――「宙づりにされ、未決の状態あるいは浮遊状態で」（*Lds* 205）、「差異項の宙づり」（*Lds* 239）、「空中にぶら下げられて」（*Dis* 343）――この間がはじめて「間隙化と分節化」を導開する。「間がその意味とするのは統語法の可能性であり、これが意味の戯れを統御する」（*Lds* 252）。このような構成的「間」と比べると、シニフィアン連鎖の物質的出現項を扱う構造主義的実証主義は、「意味をまさにその意味を露呈させる行為によって隠蔽する」「形而上学的」危険性に陥りやすい。「作品の構造と力の形式を把握するということは、意味を獲得した瞬間に喪失することなのである」（*SD 47*）。なぜなら、ある構造の充実項の間の浮遊である（あるテクストの）力と生とは、再びノヴァーリスの言葉を借りて言えば、純粋に実定的には「把握できないもの」なのだから。

無からの創造、無と有の間の炎、反省が自己自身の肩に跳び乗ること

「生」と「いきいきとした反省」、「浮遊」と「浮遊する反省」という観点から力と所作、行為と結果とを分離するためには、ロマン主義的記号存在論の意味でこの分離の伝統的な理解からの差異化を図らなければならない。もし「力」や「息吹」や「生」がひとつの作品に「外化」される以前から自己充足した存在だとすれば、ロマン主義の言語論や根源的に自己自身を表出するものとしての絶対者に関するロマン主義の形而上学は、結局最後には再び撤回されることになってしまうだろう。デリダはこれに実に鋭い表現

を与えている。根源的差延作用（根源的代補、原痕跡、エクリチュール）との関係に立つと、「力と意味の間の区別」は「派生的なもの」として考えられなければならない。そうしないとこの区別は「意識と現前の形而上学、〔……〕あるいはむしろ言語的表象（再現前）の形而上学」（*SD* 325）に帰属するものになってしまう。それゆえここで立てられる課題とは、力から所作へ、いきいきとした浮遊からその結果へ、そして絶対者からその表現へといった再現前化主義的な下降経路に回収しないようにして、なおかつこのような区別一般を放棄して表出の実定的構造がすべてであるなどと詐称しないようにすることなのだ。初期ロマン主義とデリダの両者とも、ここから同一の結論を導き出している。作品の間隔を支配しつつも、そこを越えては自己自身で存立する存在を持つことができないものを、両者とも無あるいは無からの創造と呼んでいる。「純粋な力としての差異」（*SD* 50）をデリダは「それを基礎にしてすべてが現象し、すべてが言語において生成できる本質的な無」（*SD* 17）と規定している。シュレーゲルもこれとまったく同じように「無」、「創造」、「精神」を類推的概念列で類比させているが（*SI8*, 293）、「無からの創造」という神秘主義的図式に無理を強いることになったシュレーゲルの置いた強勢は、おそらくこのような用語法上の努力に動機づけられるものなのだろう。それは〈超越論的〉な行為、存在、シニフィエを否定しつつも、存在する何か、たとえば作り出された「語」において消え去る力――そしてこのような自己消去においてしか存在できない力――をその他者としての自己との差異において消し去ってしまわないようにする努力なのである。

すでにベンヤミンが、ロマン主義者から受け継いだ無からの創造というトポスを構成的反省の図式に関係づけている。そして彼はそのような無の暗号のひとつとして「感情」を挙げる。感情が潜在的な「無作用点」として反省の遊動を支配しているように、その現前する不在は詩的反省構造の反省としての批評にとっても、そしてまさにそれにとってこそ、「芸術作品の感情的受容」（*I* 68）の必然性、すなわち二つの項の中およびその間を浮遊する「無」によるインスピレーションの必然性を意味しているとベンヤミンは言う。ノヴァーリス自身が感情と反省の間の交互遊動を「無」と「全」の遊動として記述しているが、そこでは両極の根源的「総合」においてその双方が交互的にどちらにもなり得るもの（*N*2, 118）とされるのである。表出の彼方ということを否定しておきながら表出が自己自身に対して差異を持っているということに対するおそらくもっとも適切な比喩に出会う場は、再びロマン主義記号学である。ノヴァーリスは言う。「交互に関係づけられた同時の発話と思惟（活動的観察）は奇跡を起こし、発話と思惟の両者を調和的に刺激して形成する実体（炎）を発生させる」（*N*3, 443）。「交互に関係づけられた同時の発話と思惟」以外のものをロマン主義記号学は知らない。それゆえここに引用された断章の逆説的図式は、単に部分的なものにとどまらない妥当性を要求しているのである。言語思惟は「炎」を「発生」させる。だが逆にこの炎がはじめて「発話と思惟の両者を［……］形成する」のである。燃焼においてはじめて燃えたものが生じるというこのような炎のイメージで考えられた比喩を、一見すると分解や破壊に見えるものを次の反省においては総合や高次の活性化として解釈する多くの箇所でノヴァーリスは用いている。無からの創造という図式と結びつくことによって、炎の比喩はロマン主義的記号存在論の枢軸的術語のひとつを結実させた。活動中の差延作用をノヴァーリスは「無と有の間の炎」と呼ぶ。それはあの「言葉」において実現された「奇跡を起こす」「総合」、すなわち一見すると追補的にしか結び付けられないものをいちばん最初に「交互的公準化や必然化によって［……］発生させる」「総合」である（*N*3, 441ff.）。ということはすなわち炎もまた「間」の形態、「両極を、つまり自分がその間に浮遊させられる狭間を産出する」対置するものの間の浮遊の形態ということになる。そしてまさにこの浮遊との類縁性によって、炎はノヴァーリスにおいてもっとも高次の「生の沈澱物」（*N*2, 556）の役割を担うのである。

ベンヤミンはこの記号存在論的な炎の形而上学を拡大的に自己のものとした。ベンヤミンの親和力論は、その分析の対象からは「木と灰」しか残らない「化学者」のような（実証主義的）「注釈家」に対置させて、思弁的批評家を「錬金術師」と規定する。このような批評家には、まさにある作品の「燃焼」において、つまり歴史と分析によって作品が「死滅」することにおいて、その作品の「いきいきとした炎」、真理や理念の構造自身である炎が見えてくるものだからである（*I* 126）。『ドイツ哀悼劇の根源』においても、真理と理念には「経験をはじめて鋳造する力」（*I* 216）としてほとんど同じような性格付けがなされている。この力は「表出」の彼方に自己現前的な存在を持たないが、それでもその「産物」の、それによって作り出された「現象」の現存に回収されるものではない（*I* 215）。真理と理念は、「比喩的に言えば理念圏に入り込んだ被膜が燃え上がることとして、すなわち作品の燃焼として」（*I* 211）現れ出るのだ。さらにベンヤミンの後期の言語論においても、言語の道具的伝達機能は、そこにおいて「炎のようにミメシス的なものが現れ出る」（*II* 213）ことができる「一種の担い手」とされている。

「無と有の間の炎」と構成的反省との連関は、含意としてはロマン主義の用語法システムにおいてすでにその平行関係が認められる。両者とも実定的に生と浮遊の概念に関係している。ノヴァーリスはこの連関をさらに確言的に述べたのである。ベンヤミンもこれに対応する断章を引用してはいるのだが、あの「炎」に関する短い文章をちょうど省略しており、それによって自分が発見したロマン主義の記号存在論的構造の中心的メタファーのひとつを落とすことになったのである。

自己自身を越える跳躍行為こそ常に最高の行為であり、生の原点、生の創出である。つまり炎とはそのような行為以外の何物でもない。すべての哲学は、哲学の主体が自己自身を哲学の対象にするところ――つまり焼き尽くす（規定し強制する）と同時に再び革新する（規定せず放免する）ところ――ではじまる。（*N*2, 556）

自己反省の図式――自己自身を越える跳躍、自己自身を哲学の対象にする――がロマン主義者にとっては前提となるものの追補的な確証化ではなくて、伝統的な意味機能を戦略的に転倒しつつそれ自身「生の原点、生の創出」となるのと同じようなことが炎についても言える。「有と無」、「思惟と発話」、「精神と書字」、「無限のものと有限のもの」の間の活動中の差延作用として構成されて、炎は自分がその間で「遊動」する二つの極をそれ自体として「形成する」。このような特有の構造を、ノヴァーリスは「自己自身を越える跳躍」の後期の別形でもっと含蓄深く表現している。「反省現象――反省する力が自己自身の肩に跳び乗ること――について」（*N*3, 456）。自己自身の肩に跳び乗るという逆説は、自分で自分の髪の毛をつかんで泥沼から引き上げようとする試みに似ている。そしてロマン主義者が一切の皮肉を交えずに考えさせようとしているのは、まさしくこのミュンヒハウゼンの芸当なのである。それどころかミュンヒハウゼンが機知に富んだほら話でやってみせたことよりももっと先のところを、彼らは真剣に考えている。ミュンヒハウゼンにおいては前提とされている生の救済のために例外的に認められた不可能性が、ノヴァーリスにおいては可能性の条件に、つまり――「世界」においても「哲学」と「芸術」においても――「生」と「記号」の「創生」およびもっとも固有な現存形式に進化しているのである。始源的追補性（代補、痕跡）の哲学としての包括的反省哲学である。「根源的反省から地上の生が生じ」（*N*2, 430）、それが存在論的に「画家［神］の自画像」（*N*2, 163）となるなら、記号学的には意味作用、すなわち「記号が記号化されるものに対して持つ関係」の行為が根源的差延作用において「反省の鏡を前にして自己自身の像を描き、その像が自己自身を描くという形で描かれているという特徴も忘れられない」(*N2*, 109f.)のである。

構成的反省における先行性と追補性の性質から、シュレーゲルが総体としての作品全体の形式規定に適用可能だと信じていた三つの修辞学的メタファーのひとつが理解される。(そしてこれらのメタファーは、シュレーゲル哲学の修辞的要素一般とともに、シュレーゲル研究において驚くばかりの首尾一貫性をもって無視され続けてきたのだ。)

巨大な転置法、破格構文、倒逆法としての作品。(*LN* 989)

まずは倒逆法(一)という文彩である。これがシュレーゲルにとってまさに構成的反省における後と先、すなわち追補的屈折と先行的現前の「錯綜」の修辞学的表現であることは、とりわけこの文彩のもっとも明確な具体的「使用例」のひとつにおいて示されている。「知識学の全体は倒逆法である」(*SI8*, 35)。この命題はその円環をなす論証の歩みにおいて、その前提の力によって〈見つけ出される〉もの(知識学の諸原則)からはじめてその妥当性が基礎づけられ限定される何か(a=aという論理命題)を前提としているだけではない。それ以上にもっと普遍的に、知識学は——シュレーゲルが言うように——その「神」、すなわち「交互作用」によって倒逆法なのだ。というのは、知識学は二つの反省極の間の遊動としてこの両極を「累乗と求積が対照する帝国」としてはじめて生起させるのであって、決して「累乗化するものとさせられるもの」を第一のものと第二のものとして連続させるようなものではないからである(*SI8*, 38)。ベンヤミンが言うような「絶対者を構成する」反省は、追補的なものとして先行的であり先行的なものとして追補的なのだ。この修辞学的文彩に類推させて読むべきなのが「詩を構築する部分と構築された部分とに分ける」（*LN* 351）伝統的な論理を取り消そうとするシュレーゲルの発言である。彼はこのような「部分」の時間的因果的下降運動に対して、反省極の差異的な交互基礎づけ構造に呼応しつつ、そこにおいて「すべての部分が同時に構築的であり被構築的」および「一貫してすべて構築的で被構築的である」ような作品の概念を対置するのである。

生といきいきとした反省の瞬間としての「死」と「死すこと」

「存在と非在の間」、現前と不在の間の遊動として、ロマン主義の生概念は死の概念を単に否定的‐対立的である以上の意味において自己の中に取り込んでいる。これはまさに反省概念との関係から要請されることであり、そこからあきらかになることなのだ。「すべての反省が［……］屈折の行為」（N2, 213）であるなら、それが自己自身において反省と規定される生もまた、もはや「間断なき流れ」ではありえない（N2, 575）。それどころか「連続し常に反復される障害によってはじめて生は可能になる」（SI8, 419）とさえ言われる。そして「生が持続的に力をもつ障害によってのみ維持されるなら、意識もまたそうである」（SI8, 386）。ここで先述された三つの修辞学的メタファーの二つめが現れる。「破格構文」[二]である。これは伝統的には文の（文法）構造の破れを意味するものだが、それをシュレーゲルは哲学と文学の作品の全体性に関係づける。彼によればそれらの作品とは「反省の展開以外の何物でもなく」（SI8, 396）、「反省の生について実験する」（SI8, 419）ものだからである。そして修辞学的なメタファーと並んでさらに幾何学的なメタファーがここに加わる。あらゆる同一的行為を自己において屈折する反省の図式に対応して、「すべての生」は「曲線」（SI8, 171）と呼ばれるのだ。「曲線」が「生の逆説の美しい象徴」（S2, 415）として使用可能であるということの根拠としてシュレーゲルが特に挙げるのは、相反する力の作用、「二つの関数の間の遊動」（*SI8*, 410）というその特性である。そしてこのようにして対置するものの間の遊動的差延作用としての生と反省が本質的に現前的自己同一性の持続的障害および屈折として規定されるために、不在と死は反省と生を存立させるために不可欠のものとしてこれに包括されるのである。生と反省は「死せるもののプラスとマイナスの交互飽和」（*N3*, 60）以外の何物でもない。このようにして、一方において観念論による生と反省の対置がシュレーゲルとノヴァーリスによってまさに論争的に撤回されると同時に、他方において、そしてまた異なった意味において、死の概念が生といきいきとした反省の内在に再び取り込まれることになるのである。

　このような背景から見ると、「死すこと」を「真の哲学的行為」とするノヴァーリスの言葉（*N2*, 374）も新しい意味をもってくる。これは個別的な諸限定や先入観を取り除いていくといった認識心理学的な意味における「自己抹殺」（*N3*, 278）の意味だけにとどまらず、「自己」の形而上学的および記号学的構造を示すものでもあるのだ。というのは、ロマン主義者にとってすべての自己とはすでにその根源において脱中心化した差異的秩序に解免されるものであり、この秩序の中で自己は自己の「非在」との交互遊動においてのみ、いや「存在と非在の間の」この交互遊動そのものとして自己自身となるからである。後にデリダとラカンも同様に、いかなる単純な自己現前も到達不可能な彼方に先延ばしにし、まさにこの逸失において現前するものに対する（創造的）願望およびその表象を作り出す現前と不在の遊動としての（記号学的）差延作用に、主体と死——記号化された「客体」の死および自己自身の死——の関係を看取し(18)（*G* 123）、主体が本質的に「死に向かう主体［死に投げ出されたもの］(三)」として自己構成する」ものであることを認めている。ベンヤミンはたしかに、強調的に反省に関係づけたロマン主義の生概念を説明せずに済ましてしまった。だが彼は生概念が死と不在に対して持つ交互関係を自己の理論にはっきりと取り入れている。この関係によって、いきいきとした反省ということをロマン主義者が語るとき、それは抽象的で抹殺的な反省という話を単に補完するものではないということがわかるのである。というのは、ロマン主義者がいきいきとした反省的自己表出の形式に言及するのは、彼らが「自己創造」を不可避的に「自己破壊」に結び付けるまさにあの定式においてであるということをベンヤミンは知っていたからである（*I* 74）。そしていきいきとした反省におけるこの非常に肯定的に理解された自己破壊もまた、ロマン主義の言語理論と密接な呼応関係に立っている。再現前化主義の理解に立てば、「精神」は「書字」において疎外され抹殺されるという傾向をもつのだが、書字におけるこのような「自己抹殺」や「自己破壊」は、ロマン主義者にとっては、精神の生をはじめて拘束しつつ解放する「真の魔法の杖」（*S2*, 262；*S18*, 265）となるのである。このような「生」と「死」の不可避的な交差によって単一の基礎や単一の目的は失われ、過程的で自己反省的な差異が無限のものになる。あるいはポール・ヴァレリーの言葉で言えば、「現存在が不在をはらんでいる」「事物の（美的）秩序」[19]がはじめて「『無限〔非‐有限〕存在』という言葉に正当性と輪郭のはっきりした意味を」与えるのである。

遊　動

反省の生と浮遊と織りの文法には、これまで常に遊動概念[四]が組み込まれてきた。シュレーゲルにおいては反省的「二元論の遊動」が、ノヴァーリスにおいては詩人と哲学者の文法的戯れが問題となる。ものの言い様ということを大きく越えて、初期ロマン主義的遊動概念をもって反省的創出〔ポイエーシス〕の理論には枢軸的解釈素が解釈対象それ自身において与えられている。旧来のロマン主義研究は遊動概念にはとんど注意を払ってこなかったし、実際これは〈頻度〉においてまさるロマン主義者たちの他の有名な概念と同格に扱われることはなかったのである。それどころかこれをカントやシラーの美学の単なる遺産と同格に扱われることも少なくなかったのである。「表象の自由な遊動」とは、カントとシラーにおいて理論と実践の活動に並び、その間を埋める美的第三者の役割を持っている。それが産出するのは、それ自身はまさに遊戯ではないものを背景にした宥和の仮象である。だがそれに対して、ノヴァーリスとシュレーゲルにおける遊動概念は包括的普遍的なものにまで進んでいる。詩的な「表象の戯れ」(S2, 180) は、シュレーゲルにとって「地球」全体がそれとして現れる「無限の遊動装置」の一部にすぎないものなのだ (S2, 285)。「芸術のすべての聖なる遊動は、自己自身を永遠に形成し続ける芸術作品としての世界の無限遊動のはるかな模造にすぎない」(S2, 324)。あるいは別の言葉で言えば、「生」は——さらに「社会生活」も——自己超出と自己回帰の「遊動」にすぎない (S2, 286, 357) ものとされ、「宇宙自身が規定的なものと無規定的なものの遊動装置にすぎない」(S5, 73) のである。

すなわちロマン主義の「遊動理論」(N3, 320) は、非－詩的生活のまじめさに対する差異に即したものではなく、戯れの内的な働きに即したものなのである。ロマン主義以前の「表象の自由な遊動」という言説はこれによって二重の修正を受けることになる。遊動の「自由」と並んでその拘束性に対する洞察が現れる。いかなる遊戯にも規則がある。だがもちろんこの規則が逆に遊戯全体となり、その「アナーキズム」を廃棄できるというものではない。そして第二点として、この遊動の要素は遊動の彼方といったものに対するいかなる外示的内含的な関係からも根本的に解免されているので、これまで以上に首尾一貫性をもって、それは遊動の機能自身、遊動の「領野」の内部の差異的な役割賦与の結果と見なされる。

遊動に先行する超越論的存在の仮定に対して、ノヴァーリスは「絶対的遊戯」（N2, 559）や「一次遊戯」といった概念を措定する。遊戯が「反復」の傾向を持っている以上、ここでも——一次的なものを欠いた二次的なものの図式——根源的反復が、すなわち「根源的な思想のリフレイン」（N2, 247）が問題とされる。これに対応するのが交互性の彼方に「固定点」を持たない対置したものの交互遊動と「椅子を使わないで次々に相手の膝の上に腰掛けて輪を作る遊戯をする人々」（N2, 242）との比較である。遊戯とは「自己自身を形成するもの」（N2, 324）であり、このような構成的反省性が本質的に「規定的なものと無規定的なものの遊動装置」なのである。ロマン主義の表出概念を彫り上げたのと同じ記号学的示差作用（規定的-無規定的）が「世界の無限遊動」（S2, 324）を性格づけていることが——デリダも後に「差異の戯れ」（SP 146）を記号存在論的に「世界の戯れ」（G 88）に拡大している——新たに記号論と存在論の合流の典拠となっている。そしてこのような類比の蝶番となるのは再びソシュールである。言語の差異機能のメカニズムをソシュールは遊戯、すなわちチェスのモデルにしたがって説明しており[20]、このモデルの上に自分の普遍的な構造記述方法を基礎づけている。さらにノヴァーリスも、「象徴的思想構築」——象徴的ではない、すなわち言語的に書き留められたものでない思想構築はノヴァーリスにおいては考えられない——をはっきり直接的に「チェスに似た遊戯」と呼んだ（N3, 457）ことがあるが、これによってロマン主義の遊動概念を現代記号学に投射することの正当性は完全に裏付けられるのである。

　ロマン主義の遊動概念と、すでに引用された「詩人、修辞家、そして哲学者は、文法で演奏し〔戯れ spielen〕、作曲する〔構成する componieren〕のである」（N3, 360）という文言の間には三つの媒介項がある。第一に、その展開が「遊動」となる神秘的萌芽の理論、次に自己自身において反省的に自己累乗化する遊動を構成する（少なくとも）「二つの中心」の理論、そして最後に「遊動的思惟」にとっての類似性の意味である。

神秘的萌芽、無に関する遊動、N - 客体のN - 為

ポエジーと哲学の文法的遊動が――「自己自身とだけ戯れる」にも関わらずというよりはむしろまさにそのために――事実上「世界の遊動」を表出することになる（S2, 324 ; N2, 672）というのが、ロマン主義の遊動概念の基本的な「弁証法」である。このような表出関係は、もし文法的遊動の内的〈絶対性〉に傷がついてはならないとすれば、決して再現前化の関係であってはならない。シュレーゲルとノヴァーリスはそれゆえ、詩的 - 哲学的遊動の「萌芽」すなわち「始源」の徹底的に非 - 再現前化主義的な理論を作り上げた。この理論では繰り返し主張されてきた「絶対的遊動」の有世界性が座礁しているように思える。（この印象は後の箇所で修正することにしよう。）

ロマン主義者にとっては強調的な語義における「原理」、すなわち先行的第一者として遊動を導出する開始点であり得るような「絶対点」や「宇宙の卵」（S18, 409）は存在しないため、彼らは哲学に関しても唯一の必然的で正当な始源ではなく、「無限に多くの哲学の始源」（S18, 40）を要請する。これらの多くの始源は、同時に「恣意的で象徴的」であるため――というのは「第一者は常に恣意的で象徴的なものであるから」（S18, 463）――傾向的に同等の権利を持っている。この恣意性は欠陥ではないが、しかしそれ自身として哲学的遊動を肯定的に保証するものでもない。恣意的な始源の否定的不可避性が正当で創造的なものになるのは、むしろ「弁証法的な作品においてそれに地歩を与えることができる」（S18, 463）ような場所においてである。そしてこのような場所とは、シュレーゲルやノヴァーリスにおいては、開始点の

〈実体〉が、肯定と否定のシンメトリー、すなわち「テーゼとアンチテーゼだけ」（*SI8*, 8）からなる遊動の誘発という機能に完全に解消してしまうような場所として表現される。それゆえ作品の「萌芽」とは――絶対的反省、自己自身における絶対的交互性の枠内では――単に「無根拠的」なものであるにとどまらず、「矛盾する」ものでもある（*SI8*, 407）。シュレーゲルはそれどころか、「矛盾するもの以外恣意的に定立できるものは何もないということがア・プリオリに示され得る」（*SI8*, 18）はずだと信じていたのである。

フィヒテ哲学は、無根拠的で自己矛盾する萌芽の創造的展開のモデルと見なされる。フィヒテの開始点の「実体」――a＝aという同一律と自己定立する自我――に関して、ロマン主義者は何度もその妥当性を反駁してきた[21]。それどころかシュレーゲルは次のような概括的な主張さえ辞さない。「決定的なこと、自明のこととしてフィヒテが前提とすることを、われわれはほとんどいつでもはっきりと論破することができる」（*SI8*, 31）。「私はフィヒテを信じている人に誰一人として会ったことがない」（*SI8*, 32）。だがそれでもこれによってフィヒテ哲学に対する高い評価が妨げられることにはならない。というのは、シュレーゲルとノヴァーリスにとって「恣意的」で「象徴的」ではない哲学的営為の発端は存在しないのであり、それゆえにフィヒテの自我もまた「文法的遊動」の任意の誘発以上のものである必要はないからである。

フィヒテの自我――それはロビンソンである――知識学の叙述と展開を容易ならしめるための学問的虚構である。（*N3*, 405）

偶有性と恣意性において、この「虚構」は――そしてさらに「無限定的なものを恣意的に定立することを認める」（*SI8*, 3）他のいかなる哲学の異説も含めて——高次の哲学的「神秘主義」（*SI8*, 3, 7）と無批判的「経験主義」（*SI8*, 31）の間の境界線上を動いている。たしかにフィヒテが一方から他方に滑り落ちていることを指摘する声もあるが、支配的なのは、フィヒテがその——恣意的でそれどころか持ちこたえられないものでもあるが——誘発的「虚構」との交流形式によって「哲学的課題の実定的な部分」（*SI8*, 3）に到達しているという見解である。というのは、フィヒテは「無根拠的」で「矛盾する」開始点から自我と非我の間の「累乗と求積が対照する帝国」を魔法のように呼び出すことができ、さらに「その内容が［……］すなわち累乗化するものとされるもの」がそれ自身「反省的」（*SI8*, 38）であり、そのメカニズムが［……］いかなるところでもすべての方向で無限に向かう」（*SI8*, 250）「絶対化された反省」を導き出すことに成功しているからである。シュレーゲルとノヴァーリスがフィヒテにおいて高く評価しているのは、結局このような「反省展開」の「絶対化されたメカニズム」なのであり、彼の哲学の内容よりも形式なのである。ノヴァーリスの奇妙な文章のひとつに次のようなものがある。「フィヒテは哲学のリズムを見つけ出しただけなのであり、言葉の調音を表現したにすぎない」（*N3*, 310）。

〈調音リズム〉としての、「文法的遊動」としての哲学。このような規定からポエジーにおいて哲学を内在的に超越しようとする立場までは、ほんの一歩だけである。「もしフィヒテ哲学を技巧的に展開しはじめれば、ここにすばらしい芸術作品が成立するかもしれない」（*N2*, 524）。このような一歩が可能になるのは、次のような初期ロマン主義の確信に基づいてのことである。すでに哲学においても「すべては姿勢に、［……］形式にかかっている。方法の純粋な道筋を歩んで行けば、圏域を満たすために私は自分の好きな概念——言葉——を使うことができる」（*N2*, 197）。哲学的形式の純粋な意味づけに向けられたこれ以上はっきりとした力点の置き方はありえないだろう。これはあきらかに、哲学の形式を超越論的シニフィエの再生と見なす再現前化主義の理解に対立している。「真の哲学」とはロマン主義者にとって「観念遊戯」――「観念」にではなく「遊戯」に強調が置かれた――である（*N2*, 197）。ユーリー・シュトリーターはこのような言語および構成の形式――一方では内的対照を際立たせること、他方においては〈言述された内容〉を言述構造の自己関係性効果によって多層化することによって〈誘発的〉契機（もしくは〈公準〉）を措定すること、すなわち構想力の浮遊を産出すること――の価値付けを、ノヴァーリスの物語理論および実践と哲学的断章の言語形式自身に対して実に見事に叙述している[22]。「ノヴァーリス自身のテクストにおいて、『ヒエログリフ的定式』が哲学的了解および提起の手段から刺激のための刺激へと転じていく様子、および言語的形成が二次的要因から主要問題になっていく様子を追跡することができる[23]」。

恣意的な開始点と任意の概念をともなう、ほとんど無根拠的で自己関係的な遊動の理論は、徹底化すると最後には「所与的問題なしに哲学するという境地にさえ達することができる――まだそこまで到達した者はいないが」という「テーゼ」（*N2*, 565）に至る。ひょっとしたらこの発言は、自律化した哲学言語とその疑似権限を持った〈使用者〉に対する皮肉に満ちた批判が傍らに込められていたものだったのかもしれない。だがこの発言の第一の本質的なポイントは、反省の〈技巧的〉遊動の〈絶対化〉といった意味であり、これはあきらかに肯定的なものである。それは次の類縁関係にある覚え書きがはっきりと証言している。

もっとも高次の基礎学とは、規定的客体は一切取り扱わず、純粋のNを取り扱う学問である。この関係は芸術にもあてはまる。N‐器官〔Organ〕によるN‐為〔Machen〕がこの普遍芸術論および芸術の対象なのである。（*N3*, 257）[五]

「この普遍芸術論および芸術」のNは、偶然に「対象」にされる任意のものとロマン主義の無の概念の間で再び振動しはじめる。ノヴァーリスはさらにある詩学的断章において、自己反省的遊動の恣意的で潜在的に対照的な開始点の理論もこのような振動状態で具体化している。フィヒテという哲学的パラダイムに並んで、ここでは『ヴィルヘルム・マイスター』という文学的パラダイムが登場する。

（詩人）は最初の瞬間の恣意的選択で満足し、後にこの萌芽の原基だけを――これを解消するまで――展開する。すべての萌芽は不協和音――不均衡である。［……］この最初の瞬間は交替成分を含んでいるが、それはそのままにとどまることのできない比率――たとえばマイスターなら至高者への希求と商人の身分のように――にあるのである。この関係はそのままにとどまることはできない。一方が他方に対して支配関係を作り上げなければならない。マイスターは商人の身分を脱するか、あるいは至高者への希求が根絶されなければならない。あるいはこうも言えるだろう。芸術に対する感覚と職業生活がマイスターの中でマイスターをめぐって争っている。第一のものと第二のもの――美と有用性――は、彼が岐路に立ったとき何度かさまざまな姿で彼の前に姿を現した女神なのである。（N2, 581）

自我と非我の間にあるフィヒテの「累乗と求積が対照する帝国」と同様に、ゲーテの小説は――ロマン主義者にとっては自己自身を表出する芸術作品の精華であるが――対象とシンメトリーの反射「列」において恣意的な「最初の瞬間」あるいは「萌芽」の「不協和音」を展開する。

このような神秘的萌芽、すなわち哲学とポエジーにおける文法的遊動の最初の瞬間であり開始点であるものは、「そこにおいて反省が無から生じるような反省の無作用点」（*I*, 63）というベンヤミンの仮説ともっとも正確な対応関係を持っているのだ。

二重中心理論——転置法、楕円、双曲線、パラレリズム

自己展開する反省の不協和音的萌芽というテーゼは、展開された作品を記述する段になると再び二元性、二極性、二重性の発現として反復する。このような「二重中心」の理論は反省の現象学——反省する極とされる極の間の運動として——と連関することは明白である。前提とされる一次的なものを欠いた絶対的交互証明というシュレーゲルの考え——これは同時に絶対的反省の構造を記述するものであるが——は、このことに対して最初の「証明」を提供する。そこでは次のように説明される。自己自身を担う「全体」は（少なくとも）「二つの理念、二つの命題、二つの概念、二つの直観から、他のいかなる材料なしに導き出されるはずである」(SI8, 518)。同様にシュレーゲルは反省的「理念」も「絶対的対置の絶対的総合、不断に自己産出する二つの拮抗する思想の交替」(S2, 184) と定義づけている。あるいはもっと一般化して次のようにも言われる。「すべての無限のものは二元論である」(SI8, 281)。なぜならロマン主義的観点からすると無限のものがその関数となり、そこにおいて自己の存在を持つようなもの——すなわち無限反省——とは本質的に自己累乗化する「二元論の遊動」だからである (SI8, 403)。

シュレーゲルは、普遍的な哲学的反省において「統一の中にすぐに二元性を」定位した (SI8, 414)——差延作用の遊動の彼方には統一を措定せずに——ように、ゲーテの『マイスター』においてもその「もっともすばらしい」「偉大な特性」のひとつとして次のように語っている。

それはこの一なる分割不可能な作品が、ある意味ではしかし同時に二重の、二層のものであるということである。おそらく次のように言えば、私は自分の考えていることをもっとも明確に表現できるだろう。この作品は二度の創造的瞬間において二つの理念から二度作られているのだ。〔……〕同じように人目をひく二重性はロマン的芸術の全領域の中でもっとも技巧的でもっとも悟性に富む二つの作品、『ハムレット』と『ドン・キホーテ』においても認められる。（S2, 346）

自己自身において二重の作品というこの定理――自己反省する自我の還元不可能な二重化の類似物――を、シュレーゲルは詩的反省の三つの基本タイプを示す三種類の位相において展開した。第一の位相は反省的自己超過構造である。自分の最初の「傾向」を振り返りながら、作品は自己の進行のうちにまさにこの傾向から離れ、これを超え出て新しい第二の傾向を発展させる。ゲーテの『マイスター』についてシュレーゲルは『ゲーテの初期作品と後期作品の文体についての試論』においてこのような二重性を次のように説明している。

第一の理念は単なる芸術家小説のものであった。だがこの作品は、自分が属する類の傾向に不意を突かれて、突然はじめの意向よりもずっと大きなものになる。生の芸術の形成論が付け加わるのだ。（S2, 346）

より初期の著作である『ゲーテのマイスターについて』でシュレーゲルは、似たような反省的自己超過構造をこの作品の個々の篇や巻においても認めている。これについて範例的なのは、第一篇と第二篇の関係の記述である。

第二篇は、第一篇の帰結を音楽的に凝縮し、それをいわば究極まで押し進めることではじまる。まず第一にヴィルヘルムの子供時代の夢と初恋のポエジーがゆっくりと、しかし完全に廃棄される様子が、いたわり深い普遍性をもって観察される。次にヴィルヘルムとともにこの深みに沈み、彼とともにいわば無為の状態になった精神に再び生気が与えられ、この空白から身を引きはがす力とともに目覚めさせられるのだ［……］。（S2, 129）

つまり「まず第一に」第一篇の進行における「ヴィルヘルムのポエジーの根絶」に折り戻し、「次に」新しい活性化、新しい「傾向」によってこの「空白」から「引き離す」。力点の置き方は逆だが、これはまさに「自己自身から抜け出て自己自身へ回帰する——これがすなわち反省の形式である」というシュレーゲルにとって「もっとも重要なフィヒテの理念」（S18, 436, 476）と同じことである。反省の二つの方向の組み合わせにおける逆転した力点の置き方が、この「二重性」の第一の位相の特性を規定している。自己自身から抜け出た後の自己回帰ではなくて、自己回帰の行為の後およびそのさなかに自己自身から抜け出るのである。『ヴィルヘルム・マイスター』の全四巻のマクロ構造を、シュレーゲルはこのような「自己創造」と「自己破壊」の自己累乗化する連続を原動力とする反省的自己凌駕構造の絶え間ない反復として記述した。この四つの「反省段階」（S18, 405）の名前は順番に「控えめな魅力」、「輝かしい美」、「深い技巧性と意図性」[六]、そして「偉大さ」（S2, 145）である。すでにF・N・メネマイアーは、ゲーテの小説の全四巻および全八篇の相互関係に対するシュレーゲルの分析を詩的反省理論の要請にしたがったものとして理解していた。

シュレーゲルによって示唆された『ヴィルヘルム・マイスター』の超越論的反省性は、特にこの作品の、絶え間なく自己自身を抜き去り、それによって実際にある程度自己自身を「判定」するプロットの一貫したイロニー的構造化において非常に具体的に現れている。[……]芸術的自己判定は、このような連関に立てば、対象的圏域に隠された内的形式ということになろう。(24)

シュレーゲルにおける反省的自己超過の基本モデルは、前述したように「二つの中心」の間の「二重性」、すなわち第一の中心から第二の中心への超越である。この「文法的遊動」の図式はしばしば修辞学概念である転置法の名で呼ばれる。この概念――「巨大な転置法、破格構文、倒逆法としての作品」(*LN* 989)という先に引用された覚え書きのもっとも重要な三つめの概念(七)――の意味規定において、シュレーゲルはこの言葉のギリシャ語の語源に忠実にしたがっている。「転置法」とは彼にとって「作品の最後にもともとの意図から抜け出ること」(*SI*8, 402)なのである。もちろんここでもこの図式の外延はずらされている。この概念は修辞学では普通個々の文章や総合文に限定されるものだが、シュレーゲルはこれをはっきりと「単に個別的なものだけにとどまらず、全体を支配しているはずの修辞学的文彩」(*SI*6, 304)のひとつに意味強化しているのだ。レッシング素描を書いてから二年後に書かれたレッシング論の帰結部分――これは前者の続きおよび帰結というよりはむしろそこからの脱出であり、新しい思考列のはじまりなので、ある程度大きな全集ではすべて「開始部」とは切り離されて掲載されている――を、シュレーゲルはそのような「転置法」と呼んでいる(*S*2, XXXIV)。そしてさらに彼はプラトンの対話篇の作品群の配列にも同様のことを見出している。「それぞれの作品群は超越的に終焉し、始源的目的を超え出る――転置法である」(*SI*8, 526)。シュレーゲルが主張するゲーテの『マイスター』の自己超過構造も、やはり同じようにこの図式に対応するものだし、『ハムレット』と『ドン・キホーテ』における」類縁的な二重化や二重性の主張も無理なくこの並びに加わるものだろう。『ドン・キホーテ』に関していえば、初めは騎士小説のパロディーとして考えられていた小説が筋の進行につれて一種のイロニー的な総合小説に自己超越化してしまった、というのがまさしく解釈における決まり文句なのである。

転置法とは「二重中心」理論のひとつのタイプであり、そこでは反省の二つの方向のうちで自己回帰ではなく自己超出が、図式の閉鎖ではなく開きが主要な力点となっていた。これに対してそのもう一つの別形態においては、力点や優勢比率関係が逆になっている。シュレーゲルがこれに用いる修辞的文彩はエリプシス〔楕円・省略法〕であるが、これはその伝統的な修辞学的語義からではなく、幾何学的な語義から考えられている。いくつかの断章において「エリプシスと転置法」の両者は直接並べられて、対極的な対形象とされている。楕円は「二つの中心」を持ち、自己自身に回帰する線である。これは自己自身におい て閉じた反省の理想的な像である。シュレーゲルはこの詩的反省の図式に関しても、とりわけ『ドン・キホーテ』と『ヴィルヘルム・マイスター』に例証を求めている。これについてはもちろん観点のずらしが必要になる。もし『ドン・キホーテ』の第一の「理念」（中心）として騎士小説のパロディーを、第二点としてイロニー的総合小説を措定したら、ここで問題となるのは第一のものから第二のものへの（自己の中に折り戻された）超出ということになる。だがこれに対して展開した小説の二つの部分の比例関係を問うならば、優勢となるのは（自己超出する）自己回帰の契機になるだろう。なぜなら、

ドン・キホーテ第二部の主人公は第一部である。それは一貫して作品の自己自身に対する反省なのである。

（*LN* 1727）

あるいは別の言葉でいえば、『ドン・キホーテ』の第二部は「独特のやり方で二つに分割され、その二つを結合した作品、すなわちここでいわば自己自身に回帰する作品の第一部にあらゆる点において付加形成された部分」（S2, 299）なのである。同様にシュレーゲルは、「マイスターにおける結合形成〔Anbildung〕、内的完成〔Durchbildung〕、外的発展〔Ausbildung〕という」（八）構成上の「諸形式に楕円的なもの」を認めている（*LN* 2029）。マイスター書評のマクロ構造の分析においては転置法の図式が強調されていたのに対して、この書評のミクロ構造における明敏さは圧倒的に楕円的な反省図式に、すなわち相互に反映しあう類似物と対立物の精妙な織物に向けられている。そして普遍化して次のように言われることすらある。「楕円はポエジーの中にしばしば現れる」（*S16*, 309）。

『ドン・キホーテ』自身にある二つの部分の楕円的反省についての覚え書きに続けて、シュレーゲルは二重中心理論に対する彼のもっとも重要な詩学的考察を書いている。

> 小説が二つの中心を望むということは、いかなる小説も絶対的な書物であろうとすることを、つまりその神秘的性格を示唆している。これによって小説に神話的性格が付与され、これによって小説は人格になるのである。
> （*LN* 1728）

ここには詩的反省理論のほとんどすべてのモチーフが集められている。小説はロマン主義者にとって反省的自己構成の精華とされるものである。なぜなら小説はジャンル枠によって外部から規定され限定されるものではなく、そこですべてのジャンルとその基準が混じり合うことができる自分の内部の「遊動」によって自己構成するものだからである。この「二元論の遊動」には（少なくとも）「二つの中心」が必要である。そして先行する第一のものを、つまり超越論的シニフィエを持たない自己自身におけるこのような構成的二重性によって、小説は自己自身を担う「絶対的な書物」となるのだ。「神秘的な性格」ということが絶対性に対して持つ平行関係は単に文法的なものだけではなく、意味的なものでもある。これが示唆しているのは、二つの極、すなわち見るものと見られるもの（神）との合一でもある神秘的幻視の合一、および無からの創造という神秘主義的な理念である。「神話的」という賓辞がシュレーゲルにおいて意味するのは、自己自身において反省的な感性と意味の統合形式であり、そこにおいて「すべてが関係と変容になる」「織物」であり、「結合形成と改造形成」および「並置」と「対置」からなる「内的な生」、そして「刺激的な矛盾のシンメトリー」である（S2, 190, 318f.）。シンメトリーと矛盾、すなわち肯定と否定のパラレリズムとしてシュレーゲルの新旧の神話は構成されているが、この両者は直接に詩的反省の基本形式を指し示している。そして同様のことは最後の言葉、すなわち小説は「それによって人格になる」という言葉にも当てはまる。法学的に考えると、人格とは――人格とは本質的に法人のことである――とりわけ（抽象的に）自由な人格として自己自身に対して責任を持つということによって定義される。形而上学的に言えば、人格は事象から、自我は非我から、フィヒテによればまさに「自己自身について反省する原理[25]」――すなわちロマン主義者が「いきいきとした反省」における「自己浸透」の普遍理論にまで高めたあの原理（*N2*, 526）――によって区別されるのである。

　絶対的反省としての小説が「望む」「二つの中心」についてのシュレーゲルの一般論としての覚え書きは、それに先行するより具体的な覚え書き（『ドン・キホーテ』の両部分の楕円的反省構造の記述）に対してそれ自身転置法となっている。というのは、二重中心理論の実定的措定が閉じた楕円的反省構造において見出すのは、自己の範例というよりも自己の限界であり、むしろ否定面を強調されたひとつの変奏だからである。つまり完全に自己回帰する楕円曲線がシュレーゲルにおいて見出す批判は、しばしばロマン主義の詩学および芸術の全体に向けられてきた不当な批判、すなわち傾向的に非産出的な自己反省、〈単なる〉自己反映という批判と同じものなのだ。フィヒテと同様シュレーゲルも、そこで「一連の鏡像が常に同じものでしかなく、何も新しいものを含まない」（*SI2*, 351）ような「永遠の自己鏡像化」の悪しき無限性について語っている。産出的で累乗的な「詩的反省」およびその「終わりなき鏡像化」の無限性（*S2*, 182f.）との境界線を定めるのは、もちろん転置法、楕円、放物線、双曲線といった修辞学と幾何学の図式の解釈である。そしてそこにおいて次のようなことが見えてくる。このような反省図式の中で自己回帰の運動が一義的に、そしていわば純粋な形で支配しているような極端なもの（すなわち楕円）は、傾向的に〈単なる〉自己鏡像化の嫌疑がかかりやすく、非‐楕円的な図式との連携に立たないと承認されないものなのだ。これに対して、自己超出の運動に主な力点が置かれる一方の極（転置法）および反省運動の二つの契機がいわば均整を保つ、これから叙述する二つの中間形態（双曲線と放物線）は、シュレーゲルによって無条件の高い評価を受けている。根源的二重性の枠組みにおいては首尾一貫していることだが、シュレーゲルはすなわち、楕円や円のような自己閉塞する曲線を志向し、それによって反射されたものの「閉域」すなわち「自己自身との一致」（*Lds* 303）を主張するような反省のイメージを無効化する。それに対して彼が特権的な地位を認めているのは、「曲線」が再び出会わずに、還元不可能な「屈折」と「位置ずらし」として離反して「裂開〔déhiscence〕」（*Lds* 303）を作り出すような反省のイメージである。[26] 差延的思考によるこのような反省の閉じた同一性モデルの腐食によってはじめて反省図式の開示とともにその無限性が可能になり、そしてそれとともにさらに、それ自身がまさに反省として常に反省されたものから導開される非‐反復的な新しいレクチュールによる作品の補完としての批評というロマン主義の考えも可能になるのである。

このような背景から考えると、なぜシュレーゲルが『マイスター』や『ドン・キホーテ』の楕円的特徴を徹底的に批判していたのかが理解される。『マイスター』の楕円的特徴に関する覚え書きの全文は次のようなものである。

> ゲーテにおいてひとつの作品の結合形成、内的完成、外的発展のすべての形式が見られるが、象徴形式はほとんどない。『マイスター』において見られるのは楕円的なものと植物的なものだが、これはしかしまさに偶然的なもの、不規則なものに他ならない。(*LN* 2029)

象徴形式とは――「二重中心」の術語でいえば――「ひとつの中心が有限なものの中に与えられており、もうひとつの中心が無限なものの中にある」(S12, 383) ような形式であろう。だが楕円は両方の中心を有限のものの中に持ち、自己回帰する線を無限のものに向けて開いていこうとするいかなる傾向も持たない。それゆえ楕円的反省性に関する批判的所見が、他のずっと有名なロマン主義の『マイスター』批判の定式の列に加わるのである。それは「ゲーテの『マイスター』には意味性の形式しかなく、真の詩的意味作用がない」(*LN* 1703) というシュレーゲルの論評を変奏した表現にすぎない。シュレーゲルが『ドン・キホーテ』の第一部と第二部の両者の楕円的に閉塞した反省性について語る文脈もまた、同じように批判的なものである。

晩年に至ってセルバンテスは流行の演劇の趣味に屈し、そのため劇作をあまりにもなおざりにしていた。『ドン・キホーテ』の第二部でも彼は評判を気にしていた。自分自身を満足させること、そして独特のやり方で二つに分割されその二つから結合された作品の、ここでいわば自己自身に回帰した作品の第一部にあらゆる点において付加形成された部分を計り知れない悟性を持ってそのもっとも奥底まで完成させるのは彼の自由だったのだが。（S2, 299）

この文章の骨子は、それをはっきりと言い切っているわけではないが、少なくとも次のように解釈できる。それは、セルバンテスは自分自身を満足させることともできただろうし、第二部をそのもっとも奥底まで完成させることもできただろうが、それをしなかった、それは彼がすでに書かれ、すでに評価された第一部に対してあまりにも狭い楕円的反省にとらわれていたからだ、という解釈である。量的にも質的にもおそらくもっとも重要な二重中心理論の三番目の変奏は、転置法（自己超出の優位）と楕円（自己回帰の優位）という二つの極の間を動いている。不幸なことに、このような図式に対してもシュレーゲルは楕円、さらには円といった幾何学的メタファーを用いていた。このように概念的な無頓着さは、しばしば語られた内容の普遍性にその原因がある。たとえばシュレーゲルは円や楕円の自己回帰する線を、完全に自己自身に基礎を持つ「交互証明」の比喩、絶対的反省構造の比喩として持ち出してきたが、このような自己反省の種類に関しては区別立てを考えていなかった。別の箇所で強調されるのは、楕円の二つの中心のシンメトリー的で均衡のとれた配置である。そして観念実在論あるいは実在観念論として自己理解するロマン主義の哲学は、「理性の理念的なものと宇宙の実在的なものという二つの中心を持った楕円」のようなものだとされるのである（S18, 304 ; S2, 267）。

楕円性から動機づけられるシンメトリー的二元性の陰に隠れて、ここにはもちろんひとつの意味が密かに導入されている。それは幾何学に由来するものではない。結果において理念的なものと実在的なもののシンメトリー的加重を非シンメトリー的関係に歪めてしまうような意味である。哲学の二つの中心のひとつとしての「宇宙」は、何度も繰り返して言明されているように「無限の中に」ある。楕円に事実上これに固有のものではない無限の中心を認め、これによってそれに固有の二つの有限的な焦点の線対称を事実上否定するということは、最大限の隠喩的許容を施したとしても幾何学からは決して動機づけられるものではない。シュレーゲルが一度ならず行っているのは、まさにこのことなのだ。彼は楕円を、正確に定義づけられた有限で線対称的な位置にある二つの中心（焦点）をともなった有限で自己閉鎖的な線から「二本の無限曲線」からなる形象に変化させている。この形象は非対称的で均衡を欠いた二つの中心を持っているが、このうち一方だけが「有限の中」にあり、もう一方は「無限の中」にあるとされる（S 12, 383）。シュレーゲルはこの形象を「いきいきとした創造的な二重性」と呼んでおり、彼がここにいきいきとした反省の理想的な幾何学的メタファーを見出した理由も簡単にうなずける。それに対して不可解なのは、なぜこのような形象でも楕円と呼ばれるのかということである。というのはこれは無限反省の相のもとにむしろ楕円の欠陥、すなわちその厳格な有限性と閉鎖性を克服するものだからである。次のような円錐曲線メタファーのもっとも広範な普遍化を見れば、シュレーゲルがしばしば幾何学的与件にどれだけ無理を強いているのかがわかる。

生は楕円的プロセスである。はじまりと終わりはたぶん放物線と双曲線だろう。（S 18, 171）

この文の各部分はそれ自身まったく理解可能なものだが、これを組み合わせると幾何学的メタファーは幾何学それ自身と齟齬をきたすことになる。「生」は自己回帰する線といったむしろ漠然とした名前で呼ばれるだけではない。「生」は楕円の厳格な形式的定義にもしたがうのである。楕円上のすべての点は二つの焦点からの距離の和が等しいということによって定義づけられるように、「生」のすべての点が二つの焦点、すなわち「はじまりと終わり」に対して持つ距離の和も等しいのである。まったく異なった観点から次のように言うこともできるだろう。生の「はじまり」は無限性からやってきて、その「終わり」は無限性に流れ込む、そしてここにおいて放物線と双曲線に対する類似性が看取される、と。だがこういったことを総合したもの、すなわち放物線および双曲線を併せ持った楕円とは——シュレーゲルの「二重中心」とその反省関係の理論にとって非常に有意義な形象ではあるものの——もはや楕円ではない。そして転置法と楕円という二つの極の間に入り込んだこのもうひとつの形象に対して、右の引用はすでにより順当な幾何学的メタファーを提供している。双曲線と放物線である。

　双曲線は楕円と同じように二つの焦点を持ち、それ自身において二つの対称軸を介して反射され（二重の線対称）、その上の点がすべて二つの焦点に対する同一の距離関係によって規定されているという点において、楕円とまったく同様に「反省的」なものである。「二重中心」への永遠の回帰は、楕円においては距離の和によって、双曲線においてはその差によって与えられている。だが楕円の場合と異なり、双曲線は無限に向かって開いている。すなわち双曲線とは絶え間ない自己回帰と無制限の自己超出を統合したものなのだ。この点に関しては三つめの円錐曲線である放物線も同じことである。そしてシュレーゲルが覚え書きの中で直接に幾何学の図形を用いているとき、彼がそこで放物線を考えているのか双曲線を考えているのかということは、実に判断の難しい問題である。という図形に付された言葉による説明は、「そこにおいて単に目に見える行為だけではなくて目に見えない極も」意味されるような「形式」（*LN*

2060)、というものであったが、これではこの問題の解決には役立たない。このためシュレーゲル研究におけるここのところの解釈もまた分かれてきた。レイモンド・インマーヴァールはこのシュレーゲルの⊂・を放物線とし、(27) ハンス・アイヒナーは双曲線とした。(28) この二つの解釈のうちいずれが正しいにせよ、両者とも幾何学的観点から見るとあきらかに間違ったやり方で基礎づけられており、それによってシュレーゲル自身に関してもすでにある混乱をいたずらに増大させる結果になっている。インマーヴァールは「その一方の焦点が無限の彼方にあるような楕円として考えてもよい放物線」について語り、アイヒナーは、「有限の中に二つの焦点もしくは『中心』を持つ楕円に対して、双曲線はその一方の焦点を有限の中に、そしてもう一方を無限の中に持っている」と説明する。まずインマーヴァールに対してであるが、ひとつは有限の、そしてもうひとつは無限の焦点を持つような楕円は、およそ楕円といえるものではない。それに放物線とは、楕円や双曲線とは異なって、たったひとつしか――それも有限な――焦点を持っていないものだ。次にアイヒナーに対してだが、二つの焦点に関する限り双曲線は決して楕円に対立するものではない。なぜならまったく楕円と同じようにこれは二つの有限の焦点を持っているからである。この三つの円錐曲線のいずれにも無限の焦点というものは存在しない。

だがシュレーゲルはやはり無限における中心ということを語っており、それがシュレーゲルのものだとされる意味において幾何学的隠喩に〈文芸学的〉に無理を強いてしまう姿勢傾向へと解釈者たちを挑発したのである。だが、無限の中にある放物線や双曲線の中心ということについては、実際ごく曖昧なことしか語ることができない。この二つの曲線はたしかに無限に向かって開いてはいるが、そこにあるのはいわば一種の重心のようなもので、決して幾何学的焦点や「中心」ではない。むしろ逆に次のように言うことができるだろう。これらの曲線は――ひとつおよび二つの焦点からの距離が常に増加するという意味において――無限に向かって脱中心化するのである。反省的「曲線」の有限および無限の中心という、シュレーゲルの言う二重にメタファー的でそこで動員された幾何学図式からは非常に曖昧にしか動機づけられないこの言説に関しては、彼がそこで念頭に置いているのが放物線なのか双曲線なのかということはその限りではまったくどうでもよいことになる。だがそれでもこれは別の判定基準に目を向ければ決定可能な問題である。その基準のひとつは、ここで問題となっている幾何学メタファーのシュレーゲルによる次のような〈使用〉によって与えられる。

哲学的生活という逆説に対して、その中心のひとつが無限の中にあるために、あきらかな持続性と規則性を持って消失しつつ常に断片においてしか現れ出ることができないあの曲線以上に美しい象徴が存在するだろうか。

そのような超越的な線こそレッシングであり、これはレッシングの精神と作品の始源的形式なのである。(S 2, 415)

シュレーゲルがここでインマーヴァールの解釈に反して双曲線を考えているということは、たしかに文言自身およびその文脈からは証明できないが、ここに引用された『レッシング論の帰結』の補遺と見なすことができる次の二つの断章から読み取れる。

哲学者の生は双曲線の形をしている。なぜならその中心のひとつが彼岸の世界に属しているからである。(S 18, 406)

個々の歴史研究は直線的であったり円環を形成したりするのではなく、レッシングのように双曲線的でなければならない。(SI6, 74)

放物線か双曲線かという問題が文献学的に決定できたとしても、シュレーゲルの乏しい発言の理論的な動機づけの欠陥に関しては、もちろん何も変更を加えるものではない。この欠陥は個々の断章を超えた体系的な反省において、つまりそれらの断章に分散して定式化されている契機を総合的に考慮することにおいてはじめて、完全に除去されるものではないにしても少なくとも縮減され得るものなのである。そしてそのとき双曲線はあらゆるところで「二重中心」に回収され、楕円とは反対に無限へと「自己超出」する線として、反省理論に関して二つの利点を示すのだ。そのひとつとは、放物線が単純に線対称的であるのに対して、双曲線はその線上の点の再帰性を超えて線全体として自己自身における二重鏡像化の能力を持っているということである。そして第二点は、幾何学的意味としての放物線には、その反射の戯れがシュレーゲルにとって重要な二つの中心のうち一方の極が欠けているということなのだ。シュレーゲルは自己超出と自己回帰のどちらの契機が優勢であるかによって二重中心の反省構造を分類しているが、このように見ていくと、その分類から転置法、双曲線、楕円という三分法が生じ、これが潜在的にスライド式の階梯を分節化しているのがわかる。

この三分法のうち二つの幾何学的図式は、決してあらゆる可能なメタファーのストックから偶然に選び出されたものではない。むしろこれは――もう一度体系的考察を拡大してみると――初期ロマン主義の記号存在論の基本モチーフに直接結びつくものであることがわかる。示差的に「二重中心」に再帰することによって自己構成する図式として、これらはロマン主義的脱構築にかなうものである。ロマン主義は、

「単一性の中の二元性」(SI8, 414)、および展開した反省連関の無作用点すなわち「神秘的萌芽」の本質的二重性といった仮定を認めることによって、一なるものとして自己自身において存在する「第一者」や〈超越論的シニフィエ〉を脱構築するのである。この対応関係はシュレーゲル自身によって、どちらかといえばあやしげな幾何学的思弁にまで高められている。

楕円、円、放物線、双曲線は、きわめて神秘的に考えなければならないひとつの点の爆発および展開にすぎない。始源の点には二元性がある。楕円はこの始源の点の最初の図形である。(SI8, 156)

根源的(「始源的」)二元性のモチーフの首尾一貫性にしたがって、シュレーゲルは楕円を歪んだ円とは見なさずに、逆に円や球体の単一中心性を二重中心の楕円の臨界状態と見なしている。「球体は楕円からのみ説明される」(SI8, 417)。このように分裂させ分裂した反省の構成的遊動の理論に重ねて考えれば、一見突拍子もないように思われる言葉もその多くの曖昧さを払拭することができる。楕円と双曲線をシュレーゲルのメタファーとして運命づけたものとしては、このような二元性と並んでさらに示差性がある。反省の交互遊動としての絶対者や差異的な書字の準数学的遊動としての精神といった考えに類推的に、楕円上および双曲線上のすべての点は完全に示差的な距離関係によって規定されている。そしてここで二元性と示差性と並んでロマン主義の記号存在論の第三のモチーフとして登場するのが、平行性およびシンメトリー性と類似性である。楕円や双曲線は単に二重に線対称的なだけではない。その線上の点はすべてそれぞれに二つの焦点からの距離の和ないし差が等しい。そして二元性、示差性、類似性からなるこのような図式が、自己超出や自己回帰といった右に叙述されてきた遊動を展開するのだ。すなわちこれは相互に密接な関係にある複数の基本モチーフの結合であり、決して幾何学的隠喩法の的外れな動因が複雑に絡み合った組織ではないのである。

シュレーゲルは「ヘブライのパラレリズム」の図式——これをヤコブソンは後に文学性一般の図式へと普遍化した——も彼の二重中心理論に関係づけている。まずこのパラレリズム概念の使用法の四つの位相を分類しておこう。このうち第一の位相だけが「ヘブライ人の聖書文学」における「偉大なオリエント風形象韻律」に限定されるものである（*SI6*, 476 ; *S6*, 109f.）。第二の位相は「テルツィーネ」（*SI6*, 121）、「スペイン風スタンザ」（*SI6*, 290）、「ロマンツェの詩行」（*SI6*, 290, 357, 476）等に見られる作詞技術的なヘブライのパラレリズムとの類縁性に向けられている。第三番目の位相はパラレリズム的詩作の厳格な拘束から離れ、シンメトリーの個々の小形式にもパラレリズムとの類似性を発見しようとするものである。「母音韻とパラレリズム」（*SI6*, 456）や「パラレリズムと頭韻」（*SI6*, 461 ; *SI8*, 483）は、このようにして文法的および意味論的〈感応論〉となる。最後に第四番目の位相だが、ここにおいてついにパラレリズム概念は「全体の構造を支配する」「自由なシンメトリー」（*S6*, 110）の大形式をも射程に入れることになる。この四つの概念位相の両極——個別的特個的なものと全体性志向のもの——をシュレーゲルは根源的で構成的な反省の「二重性」の理論で説明している。たとえば聖書詩篇の「全体」に関しては、それは「個々の詩行とその部分」との類推で「より大きな詩節と対詩節」から、すなわち対照的（否定的）シンメトリーの二つの中心の（絶対的）交互遊動から成り立つものとされるのである。個々の詩行のレベルでは、パラレリズム理論と二重中心理論の結合は次のように説明される。

ロマンツェの二つの行は一行と考えられるべきものであり、そのつど長い休止と二つの大きな詩行が呼応し合っている。そしてここにパラレリズムの形式がすでに与えられている。(*SI*6, 290)

すなわち構成的二重化の、パラレリズム的差延作用の結果としての統一である。『ドン・キホーテ』が第一部と第二部に二重化されていることにおいてシュレーゲルが看取した「自己自身についての反省」が意味するものは、追補的に第二部に反映する自己現前的な第一部が存在するのではなく、両者が――ということは作品全体が――自己の両極である反省によってはじめて構成される、ということに他ならない。二重中心理論の観点からも、自己反省の理論とパラレリズム理論との親和性は立証される。パラレリズムはこれによってそれ自身歪められて「曲がった線」になり、直線の幾何学から曲線の幾何学へと移行するのである。そしてこのような布置によって、シュレーゲルのパラレリズム概念には初期ロマン主義の記号存在論全体が包含されることになる。この記号論的および存在論的図式によって自己現前的第一者もしくは一なるものが脱構築され、無限(交互)遊動の哲学、すなわち〈根源的〉差延作用の哲学が導開されるのである。つまり経験的所見の単なる一般化にとどまるヤコブソンのパラレリズム〈理論〉ではまだ解決されていないものが、すでに偉大な一貫性をもってシュレーゲルのもとに存在しているのだ。それはパラレリズム現象を抱括的で批判的思弁的な理論に、しかもその理論の基本的なモチーフや比喩形象において定着させている。すなわち、芸術一般は「パラレリズムの原理に回収」され得るとするヤコブソンの命題は、ロマン主義哲学の文脈の中にヤコブソン自身におけるよりも比較にならないほどずっと強固な動機づけを持っているのである。

二重中心理論の弁別的諸形態――転置法、双曲線、楕円――に対して、シュレーゲルのパラレリズム概念はその普遍的意味において何も新しく付け加えるものではない。むしろこれは――この点においてもその構造主義的な普遍化を準備しているが――これら三つの別形態の共通分母なのである。というのは、両極端およびその間の〈中間〉もこの概念の中に包含されているからである。すぐに察知されるのは、一方ではパラレリズム的テクスト化の楕円的、自己回帰的契機であろう。だが他方においてシュレーゲルは平行的〈回帰〉を双曲線的開放および自己超過（転置法）としても理解しており、この意味でこれを「累乗化」や「発展」と並ぶものとしている（*SI6*, 439）。これと同様に小説――自己反省的パラレリズム的テクスト化および二重中心理論のロマン主義的総括概念――もまた楕円、双曲線、転置法という（階梯的）諸形態のいずれにも固定されない。むしろシュレーゲルは、すでに示唆しておいたように、彼にとって範例的な作品であった『ドン・キホーテ』や『ヴィルヘルム・マイスター』から楕円的、双曲線的、および転置法へ向かう諸特徴のそれぞれを導出しているのである。二重中心理論の諸形態が相互に響き合っているこれとよく似た例は、シュレーゲルの『マイスター』批評の並列例として読めるひとつのゲーテ小説の叙述において見出される。ヴァルター・ベンヤミンの『ゲーテの親和力について』である。

セルバンテスの『ドン・キホーテ』がシュレーゲルにとって「完全にそれ自身から理解できるもの」（*LN* 1775）であったように、『マイスター』批評の対象も「自己自身の内部からしか理解することを学べないような」「自己自身を表出する」作品（S2, 133f.）――これが自己自身における反省の絶対的交互遊動というロマン主義の理念に対応しているという意味で――である。ベンヤミンはこのような連関をそれ以上の文章を割いて説明することなく、ただ次のように書き留めている。「フリードリヒ・シュレーゲル自身が自分が考えている批評の理想像」――作品の自己反省の内在的反省としての――「に完全に対応しているのは『ヴィルヘルム・マイスター』の書評においてだけである」（*I* 14）。このような背景から、ベンヤミンの博士論文に続く最初の大きな論文の自己意識は、一種の引用の性格、聞き逃すことのできない歴史的平行関係の性格を持つことになる。

ある作品を完全に自己自身から解明しようとする考えを、わたしは『ゲーテの親和力について』という論文で実行しようと試みた。(29)

シュレーゲルに対する二重の平行関係がある。ひとつは作品を自己自身から、つまり作品自身の内在的反省構造から累乗化しつつ〈解明〉すること。そしてもうひとつはこの理念を規範的なゲーテ作品に範例的に関係づけようとすることである。この理念のマクロ構造的な実行においては――シュレーゲルおよびベンヤミンの批評のミクロ的な反省構造はその後で考察することにしよう――、ベンヤミンにはひとつの理論としては自覚されていなかった二重中心の理論も、明確な、そして決して単に潜在的なものにとどまることのない役割を果たしている。すなわちベンヤミンは、自分が直接的に「テーゼ」と「アンチテーゼ」として対置させている（*I* 171）二つの中心への分裂において小説の〈論理〉が自己表出しているのを看取しているのだ。〈本来の〉小説の筋が「神話的な力」に、つまり美と沈黙への没落という「薄暗い光」によって支配され（*I* 130）ているのに対して、小説の中に挿入された短篇小説「風変わりな隣人の子供たち」は反神話的な「救済」の形象に、決定と救済的行為の「明るい光」になっている（*I* 169-171）。このような二つの中心の相互関係は、観点によって楕円的とも双曲線的とも考えられる。これが楕円的なのは、小説が反神話的なアンチテーゼを超え出て完全に自己自身に回帰してその閉じた神話的な構造を遂行しているからであり、これが双曲線的なのは、短篇小説の否定的パラレリズム、すなわちその逆転的反射構造において徹底的に自己自身から超出して自己の正反対のほうに向かって自己を開いていく（もちろんその自己回帰はこの開放においてであって、決してそこを超えたところで自己に回帰するのではない）からである。そしてベンヤミンはさらに小説の筋の内在性に注目して、転置法のタイプの双極性の反省構造を、つまりそこで神話の遂行が超越化して自己超出（ヒュペル－バイネイン）する「中間休止」を発見している。

ヘルダーリンが言うところの作品の「中間休止」を含み、そこで抱きあった人々がその最期を決定的なものにしてすべてが静止するその文章とは、「希望は天空から降る星のように人々の頭上を飛び越えていった」というものである。その人々はもちろんこの希望に気付かない。最後の希望とは決してそれを抱いている人の希望ではなくて、そのために希望が抱かれている人々のための希望だということを、これ以上はっきりと言い表す言葉はない。［……］このようにして最後に希望は宥和の仮像を正当化するのだ。（*I* 199f.）

天空から降る星と宥和を暗示する小説の帰結において、ゲーテは神話的なものの第二の対極として、陰鬱な没落の呪縛から少なくとも潜在的には逃れ出ることによって「生起したものの意味を満たす」（*I* 201）「希望の神秘」（*I* 200）を形成している。これはすなわちこの小説の二重の〈二重性〉であり、それぞれの〈二重中心〉の関係の変化形をともなっているのである。

はじめは〈局部的〉だった術語を普遍化していくという、ロマン主義の概念錬金術に特徴的な傾向は、二重中心理論を前にしてもとどまるところを知らない。すでに言及したように、ロマン主義芸術理論の

「要石」となる小説（S2, 208）は、まずは二重中心理論の範例、あるいはそれどころか基礎となるものかもしれない。「小説が二つの中心を求めるということは、いかなる小説も絶対的な書物であろうとしているということを［……］示唆している」（*LN* 1728）。この理論の最初の、そして比較的〈弱い〉形の普遍化は、小説以外のジャンルや作品への拡大である。たとえばシェイクスピアの『ハムレット』には、はっきりと小説に類推的な「二重性」が認められている（S2, 346）。『マイスター』批評で提出されたこれに対する根拠づけは、同時に詩的反省のもうひとつ別の形の用語法を開示している。

その遅延させていく性格によって、この劇［ハムレット］は、まさにそこに本質があるこの小説に見紛うばかりに類似して見える。（S2, 139）

遅延、延期、ためらい——これらは『ハムレット』において作品の形式的契機というばかりではなく、はっきりと主人公の行動のあり方も規定するものだが——は、ロマン主義では決して作品の前進の単なる停滞や破損を意味するものではなく、事実上そして肯定的に自己の内部への後退を意味している。

接近の歩みとは増大する前進と後退の両者から合成されたものである。両者が遅延させ、両者が加速し、両者が目的へ導くのである。（*N2*, 457）

累乗化する前進と後退の交互遊動とは、反省作用の両方向の遊動を言い換えたものにすぎない。シュレーゲルはさらに、『マイスター』の自己超過構造も前進と後退の交替として叙述している。それゆえ詩的反省の総括としての小説は「その本質を遅延させる性質に置くことができる」（*N3*, 310, 326）のである。両者は結局のところ同じことを意味している（*I* 99 参照）。そしてノヴァーリスは「小説の遅延させる性質」（*N3*, 310, 326）についての彼の言述において、シュレーゲルの術語を踏襲しているのである。つまりシュレーゲルのハムレット解釈の根底には、次のような術語的〈三段階〉が認められる。ゲーテの『マイスター』やセルバンテスの『ドン・キホーテ』のような作品は「その遅延的性格によって」「一貫して自己自身についての反省」（*LN* 1727）になり、まさにそれゆえにこれが小説に特有の「二重性」に関与し、「二重中心」の理論に適合するというのである。

だがシュレーゲルの思惟はそこにとどまらない。「一なる分割不可能な作品が、ある意味ではしかし同時に二重の、二層のものである」（*S2*, 346）ということが当てはまるのは、彼にとっては小説やハムレットだけではない。そうではなくてそれはすべての「ロマン的芸術[九]の全領域における偉大な作品」に当てはまるものとされる。そしてさらに、この二重中心理論は宇宙論的次元の思弁にまで増大してしまうのである。そのような普遍化はまだ曖昧模糊とした印象を与えるかもしれないが、これはこれまで叙述してきた初期ロマン主義の記号存在論の基本図式の中に二重中心理論がどれだけ深く根付いているのかということの証左となるものである。

すべての自立した質料的全体は、合わせてひとつのあるものになる二つの成分から成り立っているはずである。
（*N2*, 283）

おそらくあらゆる宇宙の中心というものは本来的な意味で二重であり、不均質、二からなる一、同時に異なった二つの秩序からなる一である。たとえば地球は単に太陽によってのみ生きているのではなくて、太陽と中心エーテルによって生きている。それゆえその生は、すべての生が曲線であるように楕円なのである。（SI8, 171）

世界はひとつの卵から成立したものではない。［……］その始源は無限の単一性における非同一の創造的二元性であり、その終焉は浮遊する二元性における無限の単一性である。（SI9, 92）

あきらかにロマン主義者にとって彼らの記号存在論的発見は、宇宙の形而上学に、いや文字どおり星々にまで読み込める――逆転した占星術――ほど根本的な問題に思えたのである。この天空の文字に、「文字の卜占官」および「暗号の予言者」（N2, 598）である批評家は、言語と芸術における絶対的反省のきわめて「質料的な転義法」を認めるのだ。それは構成的分裂、根源的二重化、先行的差延作用、「二元論の遊動」において自己超出し自己回帰する「曲線」の生と浮遊なのである。

シンメトリー、韻、平行列

作品の二重中心および構成的二重性の理論は、一種の純粋形式における反省の理想的な写し、すなわち二つの反省極の間の二元的遊動と見なすことができる。このような理念型はもちろん芸術作品の反省構造のすべての複雑性を把捉できるものではない。ロマン主義者はそれゆえ、これに二つの方向性にしたがって限定を加えている。まずそのひとつとしてノヴァーリスは、作品が二つの中心の遊動に向けて、あるいは遊動として展開するたったひとつの不調和の萌芽もしくは開始点の上に成り立つのではなくて、複数の、そしてそれ相応に多様な「中心」と反省関係をともなった、このような「恣意的」で「神秘的な点」の上に成り立っているという可能性を検討している。

> 結び合わせなければならない複数の恣意的な点を前提とすると、詩人は――いかにも逆説的に思われるが――仕事を楽にできる。（N2, 581）

二重中心理論の理念型に対する第二の限定は、すでにその理論の具体的な適用の仕方の中にある。シュレーゲルはこれを一貫してマクロ構造的分節化の基本図式としてのみ〈利用〉している。これはこの理念型の客観的妥当性をも相対化する実践的発見である。無限に多数存在するミクロ構造的反省関係をきめ細かに分析するためにロマン主義者が指針として採用した概念は、それに対して比較にならないほどずっと流動的なものであり、単なる階梯をなすあの三つの修辞学的幾何学的図式よりもずっと多くのことがらを包括できるものなのだ。それはシンメトリー、韻、列である。これらのパラダイムを指針とする方向性の中から出てきたロマン主義文芸批評の独特の形式主義については、幾度となく繰り返して――そして多くは多少の不信感をともなって――言及されてきた。この形式主義の理解にとって決定的な一歩とは、そこに初期ロマン主義の記号存在論の支えとなる徹底的に〈実体的〉なモチーフが実現されているということを看取できるかどうかということであろう。というのは、シンメトリー、韻、列とはロマン主義的反省概念と〈近代的〉パラレリズム概念の双方にとって比較的普遍的な（そしてそれゆえ細分化可能な）記述形態のひとつだからである。そして、ロマン主義詩学とそれを科学主義的に継承した構造主義との違いとは次のようなものである。詩の肯定的および否定的なシンメトリー構造に対するヤコブソンの分析が実際はほとんど〈単に〉形式的で経験的な概念枠しか提供していないのに対して、シュレーゲルやノヴァーリスにおける類似の記述は、ヤコブソンのそれとは比較にならないほど批判的思弁的実体に富んだひとつの完全な芸術理論となっているのである。

この連関の叙述のための材料となる関係点は、相変わらずシェイクスピアでありセルバンテスであり、そして何よりもゲーテである。ヘブライの歌謡のパラレリズムが「海の波のように自由なシンメトリーを作りながら寄せては返し、お互いにうねり合うように」（S6, 109）、シュレーゲルがもっとも高く評価していたこれらの文学者たちはいずれもシンメトリーの「名人」だった。たとえば「反省的なものが［……］その最重要登場人物および最重要作品を貫いている」（*LN* 1217）シェイクスピアに関しては、次のような言明がある。シェイクスピアの芸術的反省は――「作品中のもっとも小さな部分も全体の精神にしたがって完成する」ものとして――「ある時は個人や集団や世界までも絵のようなグループに分けて対照を作るあの対置法によって、またある時はそれと同じ大きな尺度の音楽的なシンメトリーに、つまり巨大な反復とリフレインによって」（S2, 208）現れるものとされる。そして別の箇所では次のようにも言われる。

> 近代のもっとも偉大な文学作品の［……］内部にも韻、すなわち同一のもののシンメトリー的帰還がある。［……］わたしはこれを［……］シェイクスピア的韻と呼びたい。なぜならシェイクスピアは韻の巨匠だからである。（S2, 163）

セルバンテスに関しても同様に次のように言われる。彼においては「思考も韻を踏んでおり」（*LN*

1589)、「他のいかなる散文においてもこれほどまでに完全に語の配置がシンメトリーと音楽になっていることはなく、これほど完全に多くの色彩や光のような様式の多用性を使いこなしている散文は存在しない」(S2, 283)[30]。さらに偉大な哲学さえ、シュレーゲルは本質的に音楽的‐シンメトリー的な〈シニフィアン実践〉として理解していた。たとえば彼にとって「カントにおいて最高のものは、その主題の音楽的な反復」(*LN* 873) なのであり、一般に「パラレリズム」が「超越論哲学の［構成的］形式」となっているのである (*S18*, 47)。そしてシェイクスピアやセルバンテスやカントばかりではなく、感傷的なロマンツォや哲学小説もこの点において一致することになる。「感傷的なロマンツォやさらには哲学小説における音楽的統一にまで、主題のシンメトリー的な繰り返しが含まれている」(*LN* 516)。

だが、シンメトリー、韻、列を扱うロマン主義の詩学でもっとも大きな展開を示す範例は、やはりマイスター批評である。小説の登場人物、筋の進行、章立てに関するシュレーゲルの叙述が展開するのは、ほとんど例外なく肯定的および否定的なシンメトリー構造の律動論であり、平行関係において進行し遅延する〈音楽〉なのである。まずはじめに、シュレーゲルが質料的な記述と並んでとりわけ直接的にそのカテゴリー的な骨組みを呈示している章立ての音楽のレベルについて考察してみよう。シュレーゲルは言う。第一部の結末は「種々さまざまな声や、その奇跡がわれわれの前で展開することになる新しい世界からの、同じくらい数多くの魅惑的な和音がすばやく激しく交替する精神の音楽に似ている」(S2, 128)。回想的に過去をとりまとめ、同時に予感の響きを奏でるこの終章を、第二部の導入部は音楽的に反復しながら再び取り上げる。

第二部は、第一部の諸結果を反復し、それをわずかな点に圧縮し、いわば最極端まで押し進めることによってはじめられる。

第二部の結末には再び〈新たな〉〈熱狂化〉と〈再度の〉幻滅の反復的交替を自己の中に圧縮した不協和音的な音楽が見られる。これは筋の進行の相互反射のシンメトリーである。

陽気なものと感動的なもの、秘密に満ちたものと誘惑的なものは最終章において見事に織り合わされており、相互に争う声が一斉に鋭く響きわたる。このような不協和音の調和は、第一部の最終章を終焉させる音楽よりもさらに美しいものである。(S2, 130)

このような自己回帰する反復と自己超出する再活性化の「音楽」によって、「個々の集合の相違性」と「自律性」、およびそれら相互の「内的関係や親和性」、つまりそれらの反省的「連関」が与えられているとシュレーゲルは見ている。シュレーゲルの批評は、はっきりそれと確言しているわけではないが、それぞれの部の終わりのほうの章についてあきらかに類縁的な律動的‐シンメトリー的な反復と新しい開始の構造を認めているのだ。そして章の結末と開始と移行部分の分析を支配しているものが、一見すると単に内容報告的な進行にすぎないように思われるもの、つまり個々の筋の要素や小説の登場人物の叙述をも特徴づけている。

シュレーゲルの書評はこの小説の第一部の説明ではじめられているが、これは〈ストーリー〉の〈印象主義的〉なあらすじ説明の典型的な例のようにも見えるかもしれない。だがここで試みられているのは実は構造的な物語論、つまり複数の主要和音や副和音の〈音響的〉展開なのである。これらの和音の響きや声はそれぞれ交互的に位置を割り振り合い、その反射による音楽が柔らかな調和から脅かされた調和への階梯を通って「激しい不協和音で」終わる（S2, 126f.）のだ。ヴィルヘルムの青春の文学と厳しい状況にありながらも可憐なマリアーネ、ずるい老婆の二重芝居とまったく詩的とは言い難い年上の求愛者の要求、これらは自己自身に目的を持つように見える語りの内容的実体から機能へと、つまり構成的形式の遊動における極および対極に転じるのである。そしてこれらの集団の内部における平行関係や対照関係に、まだ知られざる世界からの超越的な響きとして「見知らぬ男と呼ぶのに十分な根拠のある見知らぬ男」が加わる。この男は一種の未来の反映である。そしてヴィルヘルムの試験的な小旅行におけるエピソードもやはり縮尺した未来の反映なのだ。この旅行で彼が経験する恋物語は「自己自身の企図の反映なのだが、もちろん必ずしも非常に有利に描かれているわけではない」。

シュレーゲルがこのような反省構造の総体を、ある時は「精神的な音楽」、またある時は「絵画的な全体」、あるいは「美しい画像」と呼ぶのは、音楽や絵画が言語芸術に対して持っている根本的な違いにその主要動機がある。言語芸術が追求するものは、その素材、すなわち慣用的な意味や指示対象を指し示す言葉に反してか、もしくはそれに対する強力な反対傾向を媒質にしてしか到達されない。だがそれに対して、特に音楽、および部分的には絵画においても言えることだが、これらの芸術の素材は言語とは比較にならないほど意味的拘束が少ないので、表現しようとするものがすでにその素材固有の傾向としてあらかじめ定められているか、あるいは少なくとも託されている。すなわちシュレーゲルの隠喩法は彼の素材論的再構築の規定的傾向を〈反映〉しているのだが、それは常に詩学的に〈素朴〉な内容レクチュールの脱構築にもなっているのだ。シュレーゲルは、第一部と同様、それに続く各部もそれぞれ平行関係と対照関係からなる音楽の（累乗化した）編曲として読む。第一部における見知らぬ男、第二部におけるミニョンのように、それぞれの「かたまり」における「精神的音楽」の比較的まとまった単位に、ほとんど例外なく超越的な世界からの「声」が加わる。このことは第三部と第四部の分析において——シュレーゲルは出版形式に対応させてこの二つを「第二巻」と呼んでいる——はっきりと定式化される。

結合と前進の手段はほとんどどこでも同じである。第二巻においてもヤルノーとアマツォーネの出現は、第一巻における見知らぬ男とミニョンのようにわれわれの期待と興味をほの暗い彼方へと誘い込み、まだ見えぬ形成の高みを予示する。ここでも部が変わる度に新しい光景と新しい世界が開き、古い登場人物が若返って再来する。そしてここでもそれぞれの部は来るべき部の萌芽を含み、過ぎ去った部の豊富な収穫をいきいきとした力で固有の本質に摂取している。そしてもっとも新鮮でもっとも快活な色彩において際だっている第三部は、ミニョンの退場とヴィルヘルムと伯爵婦人の初めての口づけによって、これから芽吹く青春とすでに成熟した満ち足りた青春の至高の花々のような縁取りを持っている。(S2, 135)

小説の個々の「かたまり」と筋の進行〔Sequenz〕が本質的に〈人員〉の(部分的な)交替に刻印を受けている以上、シュレーゲルのレクチュールのミクロ的な主要関心は登場人物の音楽的〈文法〉に向けられる。(31) 単に含蓄的なものにとどまらない自己の構造主義に対応しつつ、シュレーゲルは登場人物を、彼らが個人として自己自身からそうであり、またそうあろうとするものによってではなくて、自己自身ではないもの、つまり他の登場人物に対する平行関係や対照関係によって規定する。「アレゴリー的なからくり装置」(S2, 146) として、和音と不協和音からなる小説の和声法の協奏曲における意味の陰影として、「変化した位置関係と絵画的対照の列」として、登場人物の列は完全に構成上の韻律法に組み込まれ、まさにこの韻律法から動機づけられる。シュレーゲルは、作品を生に類推させたり生に作品の写像を結んだりすることによってその内在的な反省構造が破壊されてしまうということをはっきりと警告している。「この書物を、［……］社交生活の観点で通例なされるように、登場人物と出来事が最終目的であるような小説と見なしてはならない」(S2, 133)。登場人物も出来事も、シュレーゲルにとってはむしろ詩的反省列の経済のための手段なのであり、実定的‐実体的な現前ではなくて差異性の作用なのである。このような登場人物の構造的文法に関して、いくつかの例を挙げておこう。

フィリーネはもっとも軽やかな官能の誘惑的象徴である。活動的なラエルテスも瞬間のためにだけ生きている。そしてこの陽気な仲間の数をそろえるため、金髪のフリードリヒは健康で力強い傍若無人さを代表している。思い出や憂鬱や悔恨が感動させるようなものすべてを、老人はまるで人知れぬ底無しの悲嘆の深みからの呼気のように嘆き、われわれを激しい悲哀で捉える。もっと甘美な戦慄と、いわば美しい恐怖のようなものを呼び覚ますのはあの聖なる子供［ミニョン］である。(S2, 130)

感情を持たないこの女［メリーナ］の重苦しい虚栄心は、愛らしい悪女［フィリーネ］の軽快さに対して実に巧妙な対照をなしている。(S2, 130)

（ヤルノー）の素朴で乾いた悟性はアウレーリエの細やかな感受性の完全な対極をなしている。このような感受性は彼女にとって半分は自然のもの、半分は強制的に身につけざるを得なかったものである。彼女は徹頭徹尾女優であり、しかも心の底からの女優である。［……］二人とも、心の底からひたむきなマリアーネと尻軽で誰にでもなびく女のフィリーネのように完全な対置を見せている。(S2, 138)

美しい魂の告白は［……］その公平な独立性と［……］全体との関係におけるその恣意性によってわれわれを

驚かす。だがよくよく考量してみると、ヴィルヘルムは結婚前も、この告白が書物全体と似ていないわけでもないように、伯母とまったく似ていなかったわけでもなさそうである。生存すること、独自の原則や変えようもない性向にしたがって生きていくこと以外には何も学びとられないような修業時代もやはり修業時代である。もしヴィルヘルムがすべてのものに対して興味を示すその能力によってのみわれわれにとって興味深いものであり得るならば、伯母もまた、自己自身に対して興味を持つやり方によって彼女の感情を伝える権利を要求してもかまわないのである。(S2, 141f.)

(伯母において)内面性の極北が到達される。これは、この作品がはじめから内部と外部をはっきりと分けて対置するというはっきりとした傾向を示していたので、当然起こるべくして起きたことなのである。ここで内部は、いわば自己自身をくりぬいてしまっている。これは完成された片面性の頂点であり、これに偉大なる意味という成熟した普遍性の形象が対置するのである。大叔父がこの画像の背景にとどまっているのだが、それは高貴で単純な均衡を保ち、もっとも純粋でもっとも混じりけのない大理石でできた偉大な古代様式の生の芸術の巨大な建物のようなものである。(S2, 142)

それぞれが他のものに対するその実定的および否定的なパラレリズムで規定されている音楽的な「形成劇の組曲」として、つまり「変化した位置関係と絵画的対照の列」として、小説の〈人員配置〉も自己累乗化する「鏡の列」(S2, 182f.)としての詩的反省の理念に対応している。おそらくシュレーゲルの『マイスター』批評を読んで刺激を受けてのことだろうが、ノヴァーリスは反省理論と構成的「変種列」の物語論とのこのような関係を、シュレーゲル自身よりももっと根本的に究明している。これによってさらに、ロマン主義者たちが構造主義の知見をテクスト意味論という個別領域においてもどれだけ先取りしていたのかということがよくわかる。シュレーゲルやノヴァーリスと同様、非類似性と類似性、二項対立と（実定的）イゾトピー[20]の理論家であるA・J・グレマスによれば、テクストの結束構造とは本質的に語彙素および語彙素複合体の列の構造的秩序にイゾトピーが存在することによって成り立つものである。語彙素——表意作用の現象的単位としての語——は、純粋に構造主義的な手法で、語の境界内部のそれ自身として現象しない単位によって規定される、つまりその弁別性が対立に依っているような意味素（意味素性[32]）の束および造形として規定されるのである。二つの語彙素や語彙素複合体がそれぞれの意味素において出会うとき——これらの意味素は規定的‐被規定的コンテクストの内部でヒエラルヒー的に他の意味素を支配する——そこにイゾトピーが存在する。[33] このようなイゾトピーは必ずしも直接それ自身として標示され、あるいは名付けられたりする必要はなく——グレマスによればそれが神話言語、文学言語、そして夢の言語の特徴なのだが[34]——、非常に「間接的に」構成される場合もあり得るのだ。イゾトピーの発見によってその個々の成分は「変奏」と見なされるようになったのである。

テクストのイゾトピーは範列〔paradigmes〕を導開することによって〔……〕発現単位の変奏を可能とする。変奏はイゾトピーを破壊するのではなくて、逆にこれを強化することに寄与するのである。[35]

ロマン主義者にとってテクストの内在的反省構造の理論とテクスト要素の「変奏列」の理論の間に連関が成り立つように（N2, 647）、グレマスにとっても「テクストのイゾトピー的性格と自己自身において完結する傾向[36]」とは同一の事象の二つの側面なのである。（だがもちろんグレマスはロマン主義者が強調している反省運動の裏面、すなわちテクストの「遊動」の潜在的には無限の「自己超出する」開きと非完結性を理解してはいない。このグレマスの理論の限界は、完全に自己現前的なシニフィエという形而上学に彼がまだ無批判にしがみついているということに直接に帰せられる。）そのイゾトピー性に注目することによって、シュレーゲルの「形成劇の組曲」の成分はたとえば次のように再定式化することができるかもしれない。語彙素ヴィルヘルムはたしかに完全に伯母という語彙素と重なり合うものではないが、シュレーゲルの構造意味論的な視線はこの二つの意味素の束において、それによって両者がひとつのイゾトピー列を作るいくつかの同一の意味素を見出している。同様に叔父‐意味素も伯母‐意味素と重なるものではないが、シュレーゲルはこの両者においていくつかの否定的等価の意味素、反転したイゾトピーを形成する意味素を認めている等々。これらの例は、そのいずれにも伯母が関与していることから、グレマスが複合的イゾトピーと呼ぶもの、すなわち「ある同一の言説における複数のイゾトピー図式[37]」を呈示している。伯母という語義素のいくつかの意味素はヴィルヘルムという語義素の対応する意味素とイゾトピーを形成し、また他の意味素は叔父‐語義素の対応する意味素と（否定的）イゾトピーを作るのである。このような構造意味論的な視野を持つことによって、相互反射する無限のイゾトピー列の可能性が切り開かれる。このイゾトピー列は意味素回帰が全体としての語彙素に関して生じるものではなく、それゆえ常に非‐回帰的意味素と束ねられているため、「変種列」として現れる。このような列は、ノヴァーリスが現象する反省極の意識下で首尾一貫して反省理論の構造主義を考えているように、「蛙からアポロンまでの諸形式」を包括するものなのである（N2, 647）。

> 対象を列（変種列、変化形等々）において表出すること。たとえば『マイスター』における人物表出、――自己反省における――一次的、二次的、三次的等々の事物における美しい魂とナターリエ。（N2, 647）

『マイスター』における人物表出」について、ノヴァーリスはもっと長い覚え書きでこのような「変種列」をほぼ完璧に具体化している。この構造的な一覧表示によってまさに形式的な概念枠が外向化するのだが、その首尾一貫性においてシュレーゲルのそれを凌駕する徹底的な分析の技術的倹約にまどわされて、これがロマン主義反省理論の基礎理念に非常に〈実体的〉に根ざしているということを見逃してはならない。

『ヴィルヘルム・マイスター』について。ロターリオはマイスターへの移行を示すテレーゼの男性版以外の何物でもない。ナターリエは伯母とテレーゼの結合であり醇化である。ヤルノーはテレーゼから司祭への移行を示している。叔父は伯母と同様に一面的である。マイスターは叔父とロターリオの結合である。伯母の個人宗教はナターリエにおいて慈善的で実践的な世界宗教に変わっている。ツュプリアーニは叔父の気の抜けた反復である。アウレーリエは伯母と近親性を持っている。竪琴弾きの老人とミニョンは二人でひとつである。ヴェルナーは——医師が司祭に近似していくように——テレーズに近いものになっていく。彼は肉体的な司祭と呼んでもよいだろう。フェリークスは完全にマリアーネの息子であり、ラエルテスとマダム・ミレーナは同じレベルに立っている。ゼルローは役者としてのヤルノーである。フリードリヒはフィリーネのふさわしい持ち主である。司祭が二重に現れるのはいわれのないことではない。マリアーネと伯爵婦人は並置してみるのがよい。メリーナは卑しいヤルノーである。伯爵は、些細なことで伯母に考えを変えさせられる虚弱な叔父と同じものであり、彼もまたその妻とよく釣合のとれたペアをなしている。ヤルノーも司祭と同様に二重の現れである。背景の人々も古い演劇の類似の配役の痕跡を示している。ヴィルヘルムの叔父を考えてみるとよい。伯母とテレーゼ、ヤルノーと叔父は二大対照である。フィリーネはヤルノーの一族に属し、ナルツィスもまた同様である。同じように叔父は伯母に属し、ヤルノーはテレーズに属するのである。

第三の主要対照はミニョンとフィリーネである。この対照は先の二つの集団に交差している。

小説の悲劇的主要部分と喜劇的主要部分。

（古代）（近代）

（野卑）（高貴）　（N3, 313）


これはまさに個人の精妙な心理学に正面から対立するものである。意識的に無味乾燥に定式化された実定的および否定的な等価物の代数学であり、人形芝居のメカニズムを彷彿とさせる。そしてこれはまさにそれゆえに、ロマン主義者のいう意味での〈高次の〉芸術理論なのである。というのは、まずロマン主義者にとって「芸術と学問のもっとも内奥の原理とは機械的なものであり、これが機械的なものの神性の新しい証明」（S18, 309）なのであったし、それだけにとどまらず彼らは、作品の形成とそこに登場する人物の形成ということをはっきりと区別もしていたからである。この区別を曖昧にぼかさない限り、形成小説〔教養小説〕(一二)という忌まわしい概念は考えられないものだろう。この二つのことはロマン主義の『マイスター』解釈にとって次のような意味を持つ（このことについては次の章でもっと詳しい叙述を試みよう）。ゲーテのこの作品は、その主人公たちの「人格」の観点において形成小説なのではなく――「特定の人間が育て上げられるわけではない」」、特にそれは「ヴィルヘルム・マイスター自身」ではない（S2, 143）とシュレーゲルは言う――、そうではなく「形成自身」の、もっとはっきり言えば芸術作品の自己反省的形成の自己表出としてのみ形成小説なのである。客観的な詩的反省以外の何物でもないこのような形成の枠内にあって、双極的二重中心、韻、シンメトリー、対照、そして最後に〈人員〉の変種列とは、決して付属物ではなくむしろ〈事象そのもの〉になる。それゆえノヴァーリスは、この〈イゾトピー〉列の理論も直接に彼の反省理論の基礎契機、すなわち無からの創造の理念と数学とポエジー〈言語〉の類縁性に関係させたのである。

無から創造されたすべての実在は〔……〕別の世界の事物と――奇妙な組み合わせや比例関係の無限の列と〔……〕――詩的、数学的、および抽象的な世界と――不思議な親和性を持っている。(N3, 440f.)

つまりノヴァーリスにとっては具体的な『マイスター』批評ではなくて小説理論一般が、「無限列」に関する省察の範例的な成就の場なのである。韻と列という二つの反射現象を類推させながら、次のように彼は言う。「小説の書き手は一種の脚韻〔Bouts rimes〕を形成する。〔……〕秩序づけられ、規則的な列である」(N2, 580)。そしてこれと類縁的な覚え書きにおいて、再び現前性の形而上学のロマン主義的脱構築に根ざしてこの定理は現れる。「無限の命題列」における「理念の実現」としての小説を、ノヴァーリスは次のような決定的な前提においてのみ理解したと言う。それは、これらの列は前提とされる理念の単なる補遺ではなくてこの理念自身なのだと、この理念の根源的で構成的な反射であり始源的代補なのだということである。このような意味で「理念は命題に捉えられない」と言われるのであり、同様に「理念の実現」としての小説も、それに自己現前的に先行し最後には再び「結果」として現象する「命題の形象および事実」ではないのである。理念と小説の両者は「無限の命題列」として単に現象しているのではなくて、それ自身の存在がこの列なのである。

無限の命題列――非合理的量――定立不可能（音楽的）――整除不可能〔……〕。だがこの進行法則は呈示し得る。（*N2*, 570）

列の「理念」が「定立不可能」なのは、「定立とは〔……〕再び実体に導くもの」だからである。「なぜなら、恒常的に構成するという以外に定立は何を意味し得ようか」（*S19*, 129）。だがロマン主義的記号存在論の結論において、理念は定立可能な実体でもなければ自己現前でもない。そうではなくてむしろ逆に、その表意作用がいかなる超越論的シニフィエにも「整除不可能」であるような反射列の構成要素間の現前と不在のあの戯れの結果なのだ。すなわち、（イゾトピー）列の理論をロマン主義反省理論の発展的変種として理解させるのは、このように深く絡み合った根拠の網なのである。

シンメトリー、韻、イゾトピー列――これらもまた、ベンヤミンの『親和力論』のミクロ構造の主要指針となった構造形式である（そのマクロ構造のほうはロマン主義の二重中心理論の変奏を想起させ、その自己意識がシュレーゲルの『マイスター』批評の有名な定式を引用させている）。ベンヤミンは、神話的テーゼと反神話的アンチテーゼを構成する「予告的で平行関係にある多くの特徴」（*I* 135）について語っている。小説の運命的な神話‐論理〔Mytho-Logik〕は、多くの場合はっきりとしない死の象徴を充塡されたあのすべての事件や行為要素の反射列以外の何物でもない。このような列の構成要素としてベンヤミンが特に分析に付しているのは次のものである。ほとんどすべての（人工）風景の要素、惑星、湖沼、小道の配置、丘、墓場、家屋、服装、箱のモチーフ、および定礎式、上棟式、誕生日、そして死の日付の星位、墓場の聖職者の死の物語の推移、エードゥアルトとオッティーリエのシンメトリー的特性の「調和」における「密やかな過誤」（*I* 134）のような人物を性格づける特徴。反射によって自己累乗化するこれらすべての「語彙素」は、根底にある死の意味作用（つまりそれによって優勢になるいくつかの〈皮下〉意味素の交集合）――これは逆にこのような列として自己構成するのだが――に共通して与えることによってパラレルもしくはイゾトピー的なのである。短編小説によるアンチテーゼもまた例外ではない。ベンヤミンはこれを「パラレルな諸特徴」――内部から見れば実定的、外部から見れば否定的にパラレルなのだが――の列として叙述しており、これらはひとつとして「無駄なもの」（*I* 196）、つまり小説の内在的反省論理に関係を持たないものはないと言われる。というのは、このような（一連の）「照応関係」のすべては、決して単に〈客観的〉な他者の（超）決定性と〈主観的〉な知覚可能性とを増進させ累乗化させるだけのものではないからである。むしろこのような関係自身がはじめてそれに照応する主体をそれ自身として産出するのだ。それゆえ、ベンヤミンがこのような反射構造を「寺院の内部の暗がりにあってこの寺院自身を描いている絵になぞらえ」（*I* 196）ているのはまったく不思議なことではない。これは再びシュレーゲルの『マイスター』批評と平行するもの、「自己自身を表出する芸術作品」という言説の平行類例として読むことができるのである。

類似、機知

シンメトリー、韻、（イゾトピー）列がロマン主義者にとって詩的反省の具体的範例であるならば、これらに目を向けることによって、さらにロマン主義反省理論における差延作用と類似性の関係に対する問いも立てることもできよう。対置するものの間の遊動においてこれらの統一を無限に繰り延べながらこれをはじめて形成する永続的「対置」として、自己自身と同一ではない「記号」の示差的な指示構造の中にだけ存在する「同一」における「非同一なもの」の分裂作用（N2, 104）として、反省とは本質的にソシュールの記号論的差異原理を哲学的に継承するデリダの差延作用のカテゴリーに対応している。だが差異原理の一般的理解は弁別的相違の構造的および内部循環的遊動しか意味しない――ひとつの記号とは他の記号がそうではないところのものである――のに対して、ロマン主義的反省理論においては、単なる相違性（これももちろんその構造的機能において直接的等価物や対立物を標示することはできるのだが）に加えて、交互指示する反省極の実定的および否定的な等価性や類似性という直接的契機が見られる。シンメトリー、韻、平行列において相違するものとして呼応し合う諸要素は、いうまでもなく音声的、文法的、あるいは意味的な共通の（部分）交集合がなければ考えられないものである。逆転反射、対立、対義語等が、ここでは単なる相違ではなくて実定的類似性の否定的変奏であるということを、すでにシュレーゲル自身がこれらを直接に並列化することによって示している。「文学についての会話」では次のように言われる。表出を頼みとする絶対者である「至高のものを、（われわれは）同種のもの、類似するもの、あるいは同じ位階の敵対するものを接触させることによって展開し、点火し、養分を与え、つまり一言で言えば形成しているのである」（S2, 318）。「類似のもの」と「敵対するもの」における二つの反省形式が「同じ位階」の同じ権能を持った反省形式になるのは、「敵対するもの」、すなわち対立が決して「同種のもの、類似するもの」の単なる他者なのではなくて、それに所属する他者、つまり逆転はするがだからといって決してシンメトリー性を失わないそれ自身の反射だからである。シュレーゲルが同じ箇所でセルバンテスの作品において認証している「魅惑的なシンメトリー」は「類似のもの」と並んで「矛盾」をも同時に包括しているが、実定的および否定的な類似に対するこのような加筆修正はロマン主義の「機知〔Witz〕」概念で証明される。

機知の概念はすでにベンヤミンによってロマン主義の反省概念の「成就」のひとつとして理解されていた（*I* 48）。差延作用と類似という二つの共同生産的契機は、この概念においてとりわけはっきりと現れている。同時に「創造学」でもあり（*SI8*, 125）、この点において「文法の神秘」と類比される（*SI8*, 486）「組み合わせ術」（*SI8*, 281）あるいは「普遍的仲介術」である機知は、文法的‐音楽的反省形式として（*S 18*, 265）相違するものの間の「類似」関係を作り出す。これはまさに――ベンヤミンの定式を先取りする形で――「類似性」の「能力」と定義される（*S 12*, 403）。機知と反省の概念が交わるのは、ロマン主義の産出的「文法」の概念や数学的組み合わせ術や音楽との比較に根ざしてのことだけではない。遊動の概念においてもこの二つの概念の出会いがあるのだ。シュレーゲルは言う。「機知とは徹頭徹尾遊動的な思惟である」（*SI2*, 393）。すべての反省が、その原理的な無限性に即して考えれば、絶えなき増進の定めをもった断章にとどまるものであるように――その結果、反省的存在である「われわれ」も常に「われわれの一部分でしかない」――、「機知」の「閃き」も自らが招来する反省連関の「断章的なもの」、閉じられておらず閉じることが不可能なものを特に強調するのである（*SI2*, 392）。このように機知と反省とが密接に対応する概念であり、それゆえに構成的反省の示差的指示構造においては常に〈類似のものの能力〉が共震〈遊動〉しているならば、それだけなおさらロマン主義の詩的反省概念とは芸術作品の本質をパラレリズムにおいて措定する構造主義〈理論〉の先取りであるということがわかる。というのは、言語の詩的＝自己反省的「機能」における支配的特徴としてのヤコブソンの言う意味でのパラレリズムもまた、この両者をひとつにまとめているものだからである。首尾一貫した構造形式としてのヤコブソンのパラレリズムは、言語要素の否定的‐関係的な位置づけである差異原理という根本的な言語学的発見なしには考えられないものであり、しかも単なる相違性による示差構造とはその実定的‐関係的契機、すなわち「類似原理〔la ressemblance〕[38]によって一線を画している。ヤコブソンが責務を果たさなかった、そしてベンヤミンが幾度も試みたことのある[39]〈類似のものの理論〉は、ロマン主義者たちにしてもごく萌芽的にしか呈示し得なかった。だがとりわけ神話〔Mytologie〕の考え方の中に含まれており、A・W・シュレーゲルの言語哲学講義においてもっとも明確な定式化を受けているような[40]この理論の歴史的および歴史哲学的要素は、ベンヤミンの考察を大幅に先取りするものであった。類似のものの能力は言語形成と神話の基本条件の役割を担うのである。だが分析的‐合理的に支配された言語と文明の展開において、このような〈集合的〉意味惹起の可能性の条件はますます背景に退いていく、とロマン主義者は診断する。これを再びその感性的‐超感性的権利へ戻すのが「新しい神話」である。だが反省理論にとってより重要なのは、類似のものに関するロマン主義の〈理論〉における普遍的な記号存在論的要素である。同一性とそのもっとも高次の暗号である絶対者は、相互反射する類似物（シンメトリー、韻、イゾトピー列）の示差連鎖の付随効果と見なされる。同一性という現前形而上学的な概念は類似物の間の差延遊動にとって代わられる。操作的差延作用と類似のものの実践の二つの契機をもってはじめて、二重性、シンメトリー、韻、列といった反射現象の哲学的意義が理解される。つまりそれらが初期ロマン主義の文学批評の分析において示す、決して〈単に形式的〉なだけではない存在記号論的に基礎づけられた優勢が理解できるのである。

反省的「形成」としての小説《ロマン》——ひとつのジャンル概念の脱構築としてのロマン主義的レクチュール

これまで分析に付されてきたロマン主義の『マイスター』受容の諸要素は、いずれも詩的反省理論の要素である。不協和音的萌芽、二重中心、シンメトリー、韻、列の理論――これらすべてが『マイスター』受容において、まさしく典型的例証を見出している。このような所見を集めてみると、賞賛と酷評の間を揺れ動くフリードリヒ・シュレーゲルとノヴァーリスの『マイスター』受容の整然とした全容もあきらかになる。『マイスター』受容の両極をつなぎ合わせる蝶番は、外示的というよりもむしろ内示的に展開された理論的および実践的な反省体系、つまり形成と経済の双価性である。すでに叙述された――その叙述はもちろん完全なものではなく、そこで続きを予告しておいたのだが――シュレーゲルの『マイスター』書評はほとんどこの受容の〈肯定〉の極を標示するものである。だが、構造分析は詳細だが〈内容〉の解釈のためにはわずかな言明しかなされていないという、繰り返し告発される不均衡をそこで同時に解明するのもやはりこの双価性の論理なのである。[41]

シュレーゲルの書評のいちばん最初の文章は、この小説が発表されたときから『修業時代』の受容を支配している中心概念、すなわち「努力する精神の形成」に言及している――というよりむしろこれを引用している。その文章の全体とは次のようなものである。

> 努力する精神の形成が静かに展開し、その内部から生成する世界がひっそりと立ち上がるように、思い上がりも騒音もなく明澄な物語ははじまる。
> Ohne Anmaßung und ohne Geräusch, wie die Bildung eines strebenden Geistes sich still entfaltet, und wie die werdende Welt aus seinem Innern emporsteigt, beginnt die klare Geschichte.（S2, 126）

この文の文法は〈ひそかな〉意味論的合図を含んでいる。この美しい総合文から、ここではその対象が

「努力する精神の形成」である「明澄な物語」が問題なのだ[42]、といったことを読み取れるのは、非常に不正確な、つまり非文法的な読みだけだろう。実際の力点が置かれているのは、いかに物語がはじまるか、すなわち「思い上がりも騒音もなく」というところなのだ。このように前置されて強調された副詞句は、次の二つの従属文で、「努力する精神の形成が静かに展開し、その内部から生成する世界がひっそりと立ち上がるように」という様子と比較される。このようなはじまりの様子の比較から、比較の対象は同時に「明澄な物語」の〈本来の対象〉でもあると結論づけることは、決して比較法一般の論理から根拠づけられるものではない。これは完全にゲーテの小説に対する先入観に基づいた読みであり、これをシュレーゲルの精妙な脱構築はまさに切り崩そうとしているのである。正確に読み、それ以降の部分に関係づければ、このいちばん最初の文章でシュレーゲルは一種の文法的な罠を仕掛けていることがわかる。もっともらしい短絡へと誘惑する（がしかし自分自身ではそれを避ける）ことによって、彼はこの罠の中に（偏見に満ちた）読者を陥れ、それによってますます徹底的にこの短絡的解釈を否認する。〈弁証法的〉経験の教育的伝授である。

たしかに「努力する精神」は、最初の文章の比較の対象として、「彼の営為と本質はほとんど余すところなく努力と意志と感情で成り立っている」（S2, 129）という後のヴィルヘルムの性格描写と正確に対応している。だがシュレーゲルの解釈は、ゲーテの小説のテーマがこのような「努力する精神」の「形成」であるということを章を追うごとにはっきりと否定している。第一章の解釈は、最初の文の文法的〈トリック〉以外にさらに三つの契機によってこの認識を準備している。まず第一に、第一章全体は、すでに前述したように、一見〈印象主義的〉な内容描写の様態で「一種律動的‐音楽的構造へと」、つまり相互反射する「和音」と「不協和音」の「音楽」や「絵画」へと純化させられている[43]。これによってシュレーゲルは、主人公および主人公たちの「形成」から作品の形式的「形成」へと視点のずらしを行っている。第二点として、登場人物たちが「人間のように見える」——再び非常に本気で受けとめるべき「のように」である——のは「彼らの本性や形成のせいではなく」、作品の言語的練り上げ、つまり「表出方法」(S2, 127) によるものだということが、それどころかはっきりと述べられてさえいる。すでに『マイスター』批評の第一段階において登場人物の「形成」の役割に対して異議を唱えているこの言述は、言語的「文体」を小説の主役および「場」とする一連の言明に連なるものである。表出の構成的形式としての文体がロマン主義的な語義における「反省」と関係することを、ベンヤミンはすでに認識していた(44)「すぐれた小説の場とはその小説が書かれる言語である」(*LN* 405) というシュレーゲルの覚え書きは、イロニー的反省として「作品全体の上を漂っている」(S2, 137) ゲーテの小説の言語的「文体」に対する具体的な強調とともにこの方向を示すものである。あるいはノヴァーリスの、同じく『マイスター』に向けられた言葉を引用しておこう。「操作、外部的なものだけが——文体のメロディーだけが、われわれをレクチュールに誘う当のものである。[……] この朗読の魔術こそが [……] 書物の真の魂なのだ」(*N3*, 568f.)。

登場人物のレベルにおける形成モチーフに単に潜在的である以上の相対化を施した後で、小説の第一篇についてのシュレーゲルの叙述は、その開始部と同様に曖昧に、少なくとも誤解される可能性を残しながら終わる。つまり人生術の成熟としての形成小説という言説の引用で終わるのである。「他のもっと高貴な世界から現れ出たもののように」この第一篇にそびえ立つ見知らぬ男を、シュレーゲルは「作品がこれから登って行くことになっている高みの尺度、そこにおいてはおそらく芸術が学問に、生が芸術になるような高み」(S2, 128) として解釈している。だがこの文章を形成小説というジャンル概念の期待の地平と一致させることを禁じる一連の根拠がある。第一の根拠は、「高みの尺度」に即して登って行くのはヴィルヘルムではなくて「作品」であるということ。第二点として、この高みの第一規定として芸術の学問化が挙げられていること。第三に、第二規定である生が芸術になることとは決して一義的に人生術、すなわちより高次の生のあり方として理解されるものではなく、生を芸術に変換するという芸術哲学的な言説として理解することもできるということ。四番目の根拠としては、尺度自身がヴィルヘルムとは（今のところ）何の関係もなく、見知らぬものとして外部から来たものであること。最後に五番目の根拠として、小説の主人公が発展した人生術まで自己形成する道筋という、巷間に流布している言説としてだけシュレーゲルの文章を読もうとするいかに頑固で盲目的な読者であっても、少なくとも文中の「おそらく」という文言を見逃すことはないはずだということである。

シュレーゲルが第一篇の分析の開始部、結論部、展開部に組み込んだ期待の地平の屈折は、この書評全体の終焉部が近づくと、相互反射的に自己累乗化していく同質傾向の列の完結として直接的に概念化もされる。そこでは次のように言われる。「作品はいわば成熟し成年に達した」ようだし、最初の「高みの尺度」にその内的な練り上げによって接近したようである。だが主人公はそうではない。

> われわれはさらに、この修業時代が形成しようとし、また形成することができるのは、むしろヴィルヘルム以外の他の誰でもよいのだということを知る。特定の人間が［……］育て上げられるのではない。（S2, 143）

この明快な文が、シュレーゲルの批評文の解釈者たちのもとではいつも繰り返し謎として受けとめられてきた。もしヴィルヘルムの形成の話ではないのなら、いったい何の話なのか。このような問いが立てられるのと同じ頻度で、これに対する次の二つの疑似解答が提出される。なぜ疑似解答かといえば、これらはテクストの複雑性を部分にこだわって読まれた定式に還元してしまおうとするものだからである。シュレーゲルの思想の明快で一義的な先駆性を回避する第一の可能性とは、小説の最高の目的とは「生が芸術になること」であるとする先に引用した文に遡及することから得られる。この文章を、それ自身の意味に逆らって、「習慣と信仰、偶然の経験と恣意的な要求から組み合わされて成立したジャンル概念」(S2, 133) に完全に相応するものとして読むならば、明確さを欠いているというだけではなくて直接的に自己矛盾しているといってシュレーゲルを非難することさえできるだろう。つまり、一方では生が芸術になるような最高の形成を問題にしておきながら、他方において修業時代はその主人公をこのような高みに「形成」しようともしないし、またできないとは。このようなジレンマから抜け出るためには、ひとつの調和的な抜け道を必要とする。この道筋はたしかにシュレーゲルの提案によるものだが、シュレーゲルはそのイロニー的展開において同時にこれを凌駕もしている。それは、ヴィルヘルムの形成だけが問題なのではなくて、これは小説がくぐり抜けていく形成形態のアレゴリー的パノラマのひとつの側面――しかも決して最高のものではない――にすぎない、というものである。シュレーゲルが「特定の人間が育て上げられるのではない」、そうではなくて「形成それ自身が多種多様な例証において表出される」(S2, 143) のだと言うのはこのような意味でのことだ。こうなると、形成の「高み」、生が芸術になること、といったことはヴィルヘルム自身によって到達される必要はなくなる。むしろ塔の結社がこのような最終的な「偉大さ」の保証となる。実際シュレーゲルの批評は塔の結社の人々の礼賛で終わってもいるのである。「単に次元が拡大されただけではない。人間ももっと偉大な種類のものになる」(S2, 145)。これによって再び「人間」の「形成」という位相での解釈が可能になるように見える。だがこれはあくまでもそう「見える」だけなのだ。なぜならそのような解釈は、シュレーゲルの文章の反省的〈生〉において自己限定し自己超出するからである。

ひとまずヴィルヘルム・マイスターの〈形成〉という所見を再検討してみよう。これに対してはあきらかに否定的な結果が出る。「ヴィルヘルムに対しても結局は配慮がなされることになる。だが［……］彼の独立性はいきいきとした人々の社会から消え失せてしまい、彼は文字どおり自分の意志を持つことを断念するのである」(S2, 144)。「このようなすべての教育的措置」から最後に出て来るのはせいぜいのところ「控えめな愛らしさ」でしかないので、「この小説の読者は最後のところで騙されたような気がするかもしれない」(S2, 144)。この小説が「有能な芸術家、あるいは有能な男に形成しようとし、また形成することができるのは、［……］むしろヴィルヘルム以外の他の誰でもよい」のである。このヴィルヘルムの修業時代を、シュレーゲルは相当に持ち上げながら伯母の、「美しい魂」の修業時代と比べている。

ヴィルヘルムは［……］伯母と類縁性がないとは言えないかもしれない。伯母の告白がこの本全体と類縁性を持っているように。何も学ばれない、ただ生きながらえ、自分の固有の原則あるいは自分の変わらない本性にしたがって生きていくということしか学ばれないようなものも、やはり修業時代なのである。(S2, 141f.)

このような修業時代は高次の人生術に向かう（弁証法的）形成過程に対して正反対のものである。そこでは「何も学ばれない」――これにはひとつの文法的中間休止の後ではじめて控えめな限定が付加される。それは、あるがままに、偶有的な「固有の原則」、あるいは「変わらないもの」として受け入れられた「本性」にしたがって「生きながらえること」である。このような「生存」の概念は、ノヴァーリスの哲学的断章によれば、強調的な生概念に対立する〈単なる〉生、「高次の圏域」に関係を持たない〈単なる〉生存——「これこそが単なる存在だ」(N2, 106)——を意味している。「それに向かって作品が」——開始部の予言的批評に対応しつつ——「登って行くことになっている」(そして作品としては事実登っても行く)「高みの尺度」を考えてみると、これは実に破壊的な所見である。

ここで塔の結社の「偉大さ」に移ろう。これに対しては最高の賓辞こそがシュレーゲルにとってはまさに十分に「偉大」なもののように思われるようだ。「より崇高」、「より明澄で高次」、「純粋で心を奪う」、「完成している」がしかし「単純」、「無限に興味を喚起する」「建築術的な人間群像」(S2, 145f.)、それどころか最高の神学概念までもが動員される。「ここで至聖所の幕が開き、われわれは突然高みに引き上げられる。そこではすべてが神聖で静謐で清らかなのだ」(S2, 146)。最高の形成の完成、その肯定の真の旗印のもとで、シュレーゲルの批評は終わりまでいくというよりもむしろ文字どおり——「ミニョン、スペラータ、そしてアウグスティン」が塔の結社の団体内でそのように宿命づけられているように——破滅していくように見える。だが、概念が〈濃密〉になり肯定が硬直化すればするほど、それと同時にイロニーの落差も大きくなるものである。シュレーゲルの批評の帰結部を自己撤回へ、それ自身における逆転屈折へと相対化するいくつかの契機がある。まずは運命を演じる塔の結社の役割の結果としてシュレーゲルが認識し、「重要な」、「意義深い」、「必然的な」といった賓辞を付与した〈ロマン主義的な〉登場人物の「破滅」である。このような破滅に対する痛みは、再び音楽的隠喩法でその痛々しい直接性から小説の協奏曲の「気品ある」声へと折り曲げられる。まず「まるでこの痛みはわれわれの心性をすべての接合から引きはがそうとするかのようだ」と言われる。だが次にシュレーゲルはこの「かのように」ということを文字どおり受けとめて、この痛みから苛酷さの少ないより宥和的な側面を見つけ出すのである。

しかしこの痛みは神の悲嘆の形態と音調を帯び、それゆえその声はメロディーのうねりに乗って気品ある合唱の祈りのように響きわたるのである。（S2, 146）

この文章の〈偏向性〉はその比喩においてもっとも明らかである。「気品ある合唱」を歌えるのはミニョンやスペラータやアウグスティンといった〈ソリスト〉ではなく、塔の結社の男性チームだけなのだ。すなわちシュレーゲルの言語はその犠牲者たちに対する塔の結社の視点を採用しているのである。このような事情および「必然的」という賓辞は、ひとまず「破滅」の許容、もしくは正当化としてさえ読めるものである。「自然詩の聖家族」は塔の「至聖所」に場を明け渡さなければならない。形成小説が到達した「高み」の疑似賞賛が突如「ミニョンの必然的破滅」という表現で終わるのも、すでに文法的イロニーであろう。すなわち、肯定的な形成ではなくて破滅が文字どおり最後の言葉を語るのであり、シュレーゲルが破滅していった人々について述べたことを残響させるのだ。彼らは「作品全体にロマン的な魔力と音楽を付与する」（S2, 146）おぼろげな詩的添加物にすぎないのではなく、むしろ「この不思議な作品のもっとも奥底のばね」（S2, 130）なのである。この「奥底のばね」が最終的にぷつんと切れなければならないとき、破滅の必然性という診断に対して投げかけられるべき正当化の光はなかなか困難なものにもなる。というのは、そうなるとこの破滅が「重要」で「意義深い」のは、破滅していった人々自身と並んでもてはやされた塔の結社それ自身がとりわけ疑問に付されているからだ、ということにもなるからである。

このような暗示的批判は、塔の結社の明示的な性格付けの側から準備される。というのは、この団体の女たちに対してだけほとんど軽蔑的なイロニーが付与されている（S2, 144）のではなくて、シュレーゲルは「偉大な男たち」の神聖さも、〈偽善的〉とまでは言わないまでも、完全に散文的なものとして叙述しているからである。すなわち、「ヴィルヘルムだけでなく自分自身も馬鹿にしているが、最後には誠実で有益で経済的なものになる純粋悟性の結社」（S2, 145）として。この言述には、シュレーゲルとノヴァーリスが彼らの覚え書きの中でゲーテの小説に対して、単に経済的なものの勝利、すなわち財政学的に組織されていると同時に資本主義的な行動もとる塔の結社（「市民的で家庭的な物語」N3, 639）の勝利だとして、そしてそれゆえに異なった性質の経済、すなわち詩的生活の〈美しい〉経済の破滅および過誤であるとして非難したものがすべて含まれている。その限りでは覚え書きとここに展開された書評との間に断層はない。齟齬をきたすとすれば、それは書評と覚え書きの両者における異なった力点の置き方に存する二つの批評レベルの間に生じるものだろう。一方はどちらかと言えば内容の〈非文学的〉特徴に向けられており、そのイロニー的および論争的批判において結局は〈詩的〉な個人や出来事といった超越的な尺度を適用している。もう片方はそれに対して小説の構成的な形式、つまり内容の如何に関わらない〈詩的〉な形式に関係するもので、自己反省構造の内在批判の理念により厳密に対応している。それゆえ、その理念はここで展開された書評をほとんど全面的に支配している。シュレーゲルと同様ノヴァーリスも、この二つの契機をはっきりと分けている。

ゲーテは乗り越えられるだろうし、またそうあらねばならない。だがそれは［……］内容に関してのことであって、芸術家として乗り越えられるということではない。（N2, 642）

非常に多くの経済、散文的で月並みな素材で詩的効果が得られること。（N3, 639）

詩的な「文体の経済」（N3, 640）と小説の出来事を支配している散文的経済(45)との間の亀裂を前にして、ノヴァーリスは、ゲーテは「いずれにせよそぐわない素材を手がけたのだ」（N3, 346）と述べさえする。すなわちロマン主義者は、現代的な表現をすれば、（実定的）脱構築としてのレクチュールを行っているのだ。彼らは——おそらくゲーテが意図する意味でも——言語と構成の形式を〈構成されたもの〉自身に、考えられる限りの〈非ロマン的〉な権力関係をともなった小説の出来事の事実性に対立させる。だが彼らの視線がまっすぐに小説の流れに向かうとき、そこで行われるのは否定的解体である。（ところでこの場合、彼らはゲーテの表出自身が持っている批判的潜勢力に対して盲目なのである。）ここで展開された書評においてシュレーゲルは、覚え書きの場合とは違って、純粋に否定的な批判をできるだけ完全に、そして目立たないように実定的再構成の中に包み込もうと努力しているのだ。つまり超越的な批判に傾きがちな内容所見を視点の交替によって再び内在的形式分析に総合化しようと努めているのである。自己自身と他者を馬鹿にしている塔の結社の誠実と有用性という言述は、このことに対するひとつの好例であろう。それ自身をとってみれば、これは「自然詩の聖家族」の破滅の場合と同様、塔の結社の陰謀から距離を取ることをめざしている。[46] だがシュレーゲルはここですかさず形式理論への転回を図ることで、まったく違うポイントを見出している。

偶然自身がここではひとりの教養人となっていて、表出は他のすべてを大幅に取捨選択している以上、文学の伝統的自由とてこれを大幅に利用してはならないということにはならないだろう。（S2, 145）

塔の結社の〈内容的〉「恣意性」と暴力的「経済」は、このようにして詩的「表出」の構成的恣意性や暴力性へ、「ほとんどすべて」が許される（S2, 144）「詩的装置」（N3, 646）の「自由」へと解消される。

シュレーゲルが塔の結社に認めている「偉大さ」とは、本質的にはその表出の偉大さなのである。これは、すでに小説の第一篇の登場人物に関して彼らの「外観」は彼ら固有の「形成」によるものではなくて「表出の仕方」によるものだ、と言われていることにも当てはまる。シュレーゲルのテクスト自身の自己回帰する反省図式である。〈偉大〉という賓辞ははっきりと「小説の最終巻の、そしてそれとともに作品全体の性格として」導入されている（S2, 145）。このような観点に立てば、表出された形象の偉大さとは本質的に表出自身の機能であり、派生的契機になるのである。

しばしば突如として起こる照明の切り替えによって、シュレーゲルはもっとも肯定しかねるような内容的要素に対しても形式理論的肯定を認めることができるのだが、これはおそらく次の文章においてもっともあきらかな形を取るだろう。否定的概観から小説芸術の礼賛へと転回する文章である。

> この小説の読者は最後のところで騙されたような気がするかもしれない。これらすべての教育的措置から最後に出てくるのは控えめな愛らしさでしかなく、これらすべての不思議な偶然事、予言的合図、秘密に満ちた現象の陰に隠れているのは

この文章をここまで読んだ読者が次に続くものとして期待するのは、それまでの批判的予兆から、「悪趣味なからくり」や「運命をもてあそぶ塔の結社の非常に散文的な経済」といった類の言葉であろう。しかしそうではないのだ。シュレーゲルは文の途中であっと言わせるような方向転回を示すことで読者を驚愕させる。この方向転回はこの書評全体に構造原理として内接しているのである。文章の続きは「最も崇高なポエジーだけである」（S2, 144）というものであった。これ以上はっきりとこの離接を定式化するこ

とはできないだろう。小説の登場人物の人間形成は大幅に失敗する。しかしそれでも「形成小説」はその「表出の仕方」において、「内的完成の〔……〕形式」（*LN* 2029）において成功する。ゲーテの「散文は散文である」――（ジャンルの枠を破壊する）ジャンル特性と散文的内容の表出という二重の意味において――「が、それでもポエジーなのである」（S2, 133）。

つまりシュレーゲルの批評をすべてのその文法的信号とイロニー的自己相対化の含み――これが実際この批評を一種の芸術的テクストにしているのだが――とともに読むならば、登場人物において表出された実定的形成理念に対する非妥協的な態度は、ヴィルヘルムだけではなくてすべての、一見すると〔仮象的には〕尺度であり頂点であるとして賛美されているような塔の結社までを含むすべての登場人物にまで拡大されていくことになる。このような意味でシュレーゲルははっきりと確言している。この作品は「最高の諸概念にだけ関係させるべきなのであり、単に普通の社交生活の観点において普通そうされるように、登場人物と出来事がその最終目的であるような小説のように受け取ってはならないのである」（S2, 133）。だが「最高の諸概念」とは「自己表出する作品」の「形成」に関する概念以外のものではありえず、それゆえそれは詩的反省というロマン主義の理念の中に含まれる絶対者の哲学の総体――あるいはこのロマン主義の理念がこの哲学の批判的成就として考えられているといったほうがよいかもしれない(47)――ということになろう。これによって、すでに右において何度も〈主張〉された命題に対する否定的な検討もなされた。ロマン主義者が、不協和音の萌芽、二つの中心の二重性、シンメトリー、韻、平行列として、章全体、個々の筋の連続、登場人物の各レベルで叙述した数々の反射現象は、決してそれらに超越的な内容の処理のための〈単に形式的〉な道具〔Mittel〕ではない。そうではなくてそれは絶対者の媒質〔Medium〕、つまりまさしくこの反省媒質自身、すなわち〈事象それ自身〉以外の何物でもないような絶対者の媒質なのである。フリードリヒ・シュレーゲルは構成的な詩的反省構造の叙述としての自分の「批評の理想」に「『ヴィルヘルム・マイスター』書評において完全に対応している」（*I* 14）と言うヴァルター・ベンヤミンは正しかった。そして逆にシュレーゲルとノヴァーリスの文芸批評の実践というこの規範的な範例は、「絶対的」反省についてのロマン主義理論の思弁的な（再）構成を裏付けるのである。

パレクバーシス、脱自、混沌、無限の充実

詩的反省の潜在的には無限の遊動がロマン主義者の理論および文学批評の実践においてそれ自身芸術の〈絶対的〉〈内容〉へと進化するというこの所見は、それ自身としてはまだ絶対的反省連関がいかにして――ベンヤミンの言葉でいうところの――「世界」の集約的表出という意味における「充実化」と見なされ得るのか（*I* 35）という問いに答えてはいない。あるいは別の表現で言えば、自己反省の音楽的‐文法的遊動はいかにして自己の内在性にも関わらず、というかむしろその内在性がゆえに、〈空虚化〉したり、それと同時にこの〈空虚な自己照鏡〉を芸術の一にして全であると称したりすることなく、「無限の充実」（SI2, 377ff.）を自らの内に定着させることができるのか、という問題である。ロマン主義的イロニーには実体性が欠如しているというヘーゲルの批判以来、この問いはさまざまな形で――そしてしばしば否定的な答えを伴って――ロマン主義の反省理論に対して投げかけられてきた。だがロマン主義者自身も、その批判者たちにはほとんど気づかれることはなかったのだが、この問いを自分自身で立てていたのである。たとえばフィヒテを最終的に無限反省に対する批判に駆り立てたもの――個々の有限的反省による対象化に対応する自己自身における終わりのない循環による脱対象化の危険、そしてそれとともに「反省形式の

全体が絶対無」に解消するということまでを含んだ「実在の破壊」の危険[48]――を、シュレーゲルとノヴァーリスもはっきりと無限の自己反省の否定的限界形式として考察していた。たとえば『アテネーウム』断章の一一六番に見られる無限反省の礼賛――ロマン主義芸術は「詩的反省の翼に乗って［……］浮遊し、この反省を何度も繰り返し累乗化し、無限の鏡像列のように増殖する」ことができる――には、直接同じ術語で定式化された無限反省の否定的変奏が対置させられている。

> 自我の思想が世界概念と一致していないところでは、この自我の思想の純粋な思惟は永遠の自己照鏡に、すなわち常に同一のものにとどまり何も新しいものを含有しない無限の鏡像列に至るしかないと言ってよい。(S *12*, 351)

このような「無限の鏡像列」の欠陥の明示的な基準が、ひっくり返せば『アテネーウム』断章の一一六番にある「終わりのない鏡像列」の詩学的価値の暗示的基準となっている。それはすなわち内在的自己反省と「世界」の無限の「充実」との傾向的同延性である。ロマン主義的反省概念のほとんどすべての分化形態がそうであるように、自己反射のこの二つの形も『マイスター』批評の中に含まれている[49]。空虚な「自己照鏡」を代表するのは伯母、すなわち「美しき魂」である。

> 彼女の内部は舞台になっていて、そこで彼女は同時に役者と観客の両方であり、書き割りの中の筋書きの世話もしている。彼女は常に良心の鏡の前に立ち、自分の心情を磨きたて飾りたてるのである。［……］ここで彼女の内面はいわば自ら空洞化したのだ。(S2, 142)

だがこれに対して「充実した」鏡像列、「世界」表出を包含する鏡像列の側に立つのは、全体として自己自身を表出する作品である。作品の常なる「自己自身への回帰」（S2, 140）とは、やはり同様に永続的な自己超出の、すなわち新しく拡大する表出圏へ向けた開放の別の側面にすぎない。それゆえ充実した反省と空虚な反省を区別するためには、もうすでに何度も用いた二つの概念、すなわちひとつの対概念として相互補足する自己超出と自己回帰という二つの概念についてのもっと細かい省察が必要になるだろう。

とりわけシュレーゲルが酷使しているこの対概念を術語として初めて提示したのはやはりフィヒテである。シュレーゲルは確言する。「フィヒテの形式の良い点は自己超出と自己回帰であり、これは反省の形式なのである」（SI8, 476）。批判的に読むと、ここでこのようにフィヒテを引き合いに出すことで同時にフィヒテに対する用語法に絡めた攻撃がもくろまれているのがわかる。すなわち、シュレーゲルは反省の形式を自己超出と自己回帰の二つの方向の組み合わせとして理解しているのに対して、フィヒテは反省の概念を——その語源に即して——この二つの行為の一方にだけ、すなわち自己回帰に対してだけ用いているのである。非我の無限性に自我が超出していくことは、それに対して「傾向」や「志向」と呼ばれる。たしかに反省の行為は——非我（「障害」）において志向が屈折した結果として——フィヒテにおいても自己超出する志向の行為を前提としている。だがそれゆえに術語はこの行為をまだ包摂していないのである。ノヴァーリスは、フィヒテが言う「傾向」および「志向」そして「反省」といった術語を大部分においては踏襲していた。彼はシュレーゲルのように明示的にではなく単に暗示的にしか反省的自己回帰を自己自身の内部から反対方向を包括するものにまで拡大していない。ノヴァーリスは、——フィヒテにおいては自明のことであったが——反省は傾向と「分かち難く結びついた行為」である（N2, 217）ということを認識していたのである。そして「出ることと入ることがいかに相対的なものであるか」（N2, 430）というこの認識によって、反省はノヴァーリスにおいても傾向的に「世界」を自己自身の中に含む行為形式へと進化するのである。フィヒテの言う自我と非我の交互規定ということが、すでに「私は自己自身を規定することによって世界を規定し、［……］逆もまたそうなのである」（N3, 373）という形に定式化されている。このような相互関係の結果において、ノヴァーリスは反省を、シュレーゲルと同様、もはや自己回帰する「収縮」としてではなく、むしろそれ自身「拡大」として捉えており、その結果「最高の反省」は「世界」と同義になる（N3, 370）のである。あるいは次のように定式化することもできよう。

いきいきとした反省は、注意深く育成すれば、無限に展開した精神的宇宙へとひとりでに拡大していく。これはすべてを包括する組織化の核であり萌芽なのである。（N2, 525f.）

自己自身を鏡に移す『修業時代』の美しい魂とは違って、〈すべてを包括する〉反省の可能性は、本質的にすべての方向、すべての〈対象〉に向かって自己超出して、これらを超え出て、あるいはむしろこれらの姿で自己回帰できるかどうかという可能性にかかっている。ノヴァーリスにおいては暗示的、シュレーゲルにおいては明示的な、二つの方向の組み合わせに向けた反省概念の拡大は、それゆえフィヒテに対する位置ずらしとして――事態に即して言えばフィヒテ自身がこのような位置ずらしを準備していたのだが――、すでに用語法において無限の自己鏡像化というロマン主義の観念の〈客観的〉で〈有世界的〉な要求を示しているのである。自己回帰から自己超出へ、さらにこれらを反省というひとつの名称の下に統合化するということへと力点をずらしていくことは、反省を〈再〉として前提とされる〈前〉に向けて完結させるような反省の同一化モデルに対してロマン主義が方向転換を示さなければ不可能なことであろう。あるいは実定的に表現すれば、このような位置ずらしは反省の差延モデルの術語上の結果なのである。このモデルは反省を、〈前〉に基礎を持つのでもなければ追補的に〈前〉と〈再〉とを結び付けるのでもなく、むしろこの両者を根源的な「二重性」において産出し、不可避的に交差するが相互に還元不可能な二つの「中心」を持つ「曲線」として導開する「置き換え」や「屈折の行為」として捉えるのである。

これまで自己への回帰に限定されてきた反省概念に自己からの退出の契機を導入することは、ロマン主義の構想力概念との驚くべき類似を示している。というのは、構想力もまた二つの相反する方向へ、つまり中心化する「狭窄化」と脱中心化する「拡大」へと向かう行為の「能力」として規定されるからである。「構想力はそれ自身このような拡大と収縮の能力である。空想こそ思想を無限のものに、ひとつの世界へと拡大し、無限の多様性をひとつの概念へとまとめることができるものなのだ」。シュレーゲルによれば、このような収縮と拡大の二重性は「魂の呼吸と呼んで然るべきものである。なぜならこの二重性によって世界の無限の充実が交互に吸ったり吐いたりされるからである」(SI2, 360f.)。このような構想力の定義と自己離脱と自己回帰についての言述、特に「いきいきとした反省」の「収縮」と「拡大」に関するノヴァーリスの断章との親和性を読み取ることは難しくない。そしてさらに、ここにパラレリズム的反省構造のヘルダーにおける人間学的基礎づけとロマン主義者におけるその超越論哲学的‐記号存在論的な基礎づけの収斂点があるのだ。ヘルダーもまた「息」の吸入と排出、収縮‐拡大する「自然の脈動[50]」、「自然のリズム[51]」としての基本的な生命現象の二重性といったことがらとパラレリズムとを並べて考えていた。このような「生」と「呼吸」の記述によって、構想力と詩的反省の根源的二重性、つまりその自己離脱と自己回帰のシュレーゲルによる基礎づけにおいて、人間学的な、いや自然哲学的な次元が共振しはじめるのである。

だが自己超出の契機を反省概念の中に取り入れるだけでは、まだ「空虚な」鏡像列と「充実した」鏡像列を区別するには十分ではない。というのは、自分を鏡に写してみるためには、美しい魂とて自己から抜け出るか、あるいは少なくとも自分の隣に並んでみなければならないからである。いかなる自己反省的自我も、反省されたものとしての自己に自分を関係づけるためには、反省するものとして自己から抜け出なければならないものとして自己を構成する。「a＝aという命題における」aの自己自身の反省的賓辞化において、「同一的なものを表出するためにその同一的なものから立ち去らなければならない」（*N2*, 104）のである。このような、少なくとも〈始源的〉な分裂――だがこれを反省の同一化モデルは〈最後には〉消去しようとする――としては、自己超出はいかなる反省の論理にも属している。それゆえにロマン主義者、特にシュレーゲルは、「無限の統一」において「無限の充実」（*LN* 819；*SI2*, 377, 382 を参照）を保証する自己超出をできるだけ明確に、たとえば美しき魂の――そこにもやはり純粋に論理的に自己超出の契機が含まれている――空虚な自己照鏡とは区別しておこうとしたのである。このような概念的努力の主要名辞はギリシャ喜劇の記述から借用されている。パレクバーシスである。再び修辞的‐文彩的に用いられているこの概念は、すでに転置法や双曲線といった類似の概念を視座において叙述されてきたあの屈折や開きを精密に把握することを可能にする。

「パレクバーシス」とは、アリストファネスの喜劇の文脈では「劇の途中で合唱隊によって作者の名において観客に語りかけられる言葉である。つまりこれは劇の完全なる中断であり、破棄なのである［……］」。このような脱離（エクバーシス）ということからその名前も由来している」（*SI1*, 88）。作品がこのように自己自身から抜け出ること、つまり演劇的幻想の中断に対する「叱責」を、シュレーゲルは次のように退ける。

このような演劇的幻想の毀損は、不手際ではなくて思慮深い故意であり、沸き立つ生の充実なのである。［……］最高の生の活動性は作用しなければならない。破壊しなければならない。それがそういったことの対象を自己自身の他に見出さなければ、それは翻ってもっとも愛すべき対象、すなわち自己自身に、その作品に向かっていくのである［……］。（*SI*, 30）

シュレーゲルは「連関」の徹底的な「中断」を、すなわちパレクバーシスにおける文字どおり自己自身からの退出を、「翻って自己自身に向かっていくこと」、つまりいきいきとした反省として理解している。このような理解の仕方はパレクバーシス的な中断に類推的に考えられた生と反省の規定を考えてみれば驚くに値しない。「生」は「連続する［……］障害によって」初めて可能なもの（*SI8*, 419）であり、「いかなる反省も［……］屈折の行為」（*N3*, 213）なのだから。自己超出モデルとしてのパレクバーシスの特徴は、反省連関を粉砕ぎりぎりのところまで穴だらけにして、まさにそれによって最高の「生の充実」をその中に呪縛しようとするその徹底性にある。ここにおいてパレクバーシスはまさに〈唯我論的〉自我の空虚な自己照鏡の対極に位置するものとなる。このような自我の反省的自己超出はせいぜいのところ一歩しか延びないものなので、「常に同じものだけ、決して新しいものは」写さない（*SI2*, 351）のである。それゆえ、もしパレクバーシスが、ロマン主義者が反省の中に取り入れた契機である自己超出にまったく普遍的に与するものであるとしたら、これは「無限の充実」をめざすシュレーゲルの反省概念に対応するものになる。永続的な構造化したパレクバーシスを、シュレーゲルはやはり同様に自己に再帰的に関係して自己超出するイロニーの反省運動として理解しようとする。「イロニーは永続的パレクバーシスである」（*SI8*, 85）。そして小説は、自己反省的で同時に拡張的充実の萌芽を持つ芸術の総体であるため、演劇的パレクバーシスの〈本来の〉ロマン主義的範例へと進展することにもなるのである。

> 小説のパレクバーシスは隠されたものでなければならず、決して演劇の場合のようにあからさまなものであってはならない。（*LN* 395）
>
> パレクバーシスは［……］小説においては永続的なものでなければならない。（*LN* 461）
>
> いかなる小説にも（潜勢力として）必然的なパレクバーシスと合唱隊。（*LN* 1682）

自己表出する小説にとってパレクバーシスが必然的なのは、これがないと詩的反省の無限の反射列が「充実した」ものではなくて〈単なる〉自己照鏡になってしまうからである。小説の「永続的な」パレクバーシス性はアリストファネスの喜劇の場合と異なって「隠されたもの」でなければならない——ロマン主義者におけるイロニーと反省がもはや〈単なる〉個々の文言やテクストの一節だけを指すのではなく、表現されない構造としてテクスト全体を貫いているように——ということについては、これまでの分析からもはやここでわざわざ説明を加える必要もあるまい。「潜勢力として」という括弧に入った補足は、シュレーゲルがパレクバーシス的屈折と開きを反省的連関に対立するものとしてではなく、この連関の累乗化構造を、すなわち自己増進していく「充実」を可能にするものとして理解しているということをここで改めて証明している[52]。このようにパレクバーシスと接合することによって、ロマン主義的な語義における反省は——ここにおいてさらに伝統的な認識論的範例を打ち破ることにもなるのだが——、単に脱中心化された、つまり反省の主体である自我や先行する反省される対象[一二]（超越論的シニフィエ）への再帰的中心化を免れた形式というだけではなく、自己自身を永続的に中心脱離していく〔exzentrierend〕形式にもなるのだ。このことを別の表現で述べたのが、シュレーゲルが『ヴィルヘルム・マイスター』の各章に向けた発言である。それによれば、ある反省段階から次の反省段階への「移行」は、単なる連続的進行ではなくて「常にひとつの跳躍」である（*S2*, 139；さらに*S18*, 304も参照）という。ここにおいてパレクバーシスは、まさに連続性の障害であり屈折であるがために、〈高次の〉総合の総体としての役割を担う。というのは、ロマン主義者にとって「総合の操作とは跳躍」であり、芸術的天才とは「典型的跳躍者」（*N3*, 273）だったのだから。

パレクバーシス的に常に自己超出するものとして、「いかなる詩、いかなる小説」も「アリストファネスの喜劇」に似たものとなる。詩的反省の跳躍的な作業は自己自身を「祝祭的な蕩尽」において永続的に破り続け、累乗化しつつ破壊する（*LN* 1699）からである。その「沸き立つ生の充実」（*S1*, 30）は、本質的にこのような跳躍や断層の機能なのである。それどころかシュレーゲルは別の箇所で「蕩尽的充実の聖性」（*S8*, 49）について語っている。このような蕩尽的自己超出や沸き立つ充実といった意味機能によって、「情欲」との概念的相互関係が動機づけられる。

パレクバーシスはいわば情欲の形式を持っている。（*LN* 2173）

詩的反省にとって、このような所見は他にも術語上〈革命的〉な結果を惹起する。詩的反省は、エクバーシスの「情欲」との接合によって、一見すると反省概念のパラダイムにもっとも収まらないように見える資辞化を経験することになるのである。

詩的反省は脱自〔Ekstase〕であり、超越論的な意識である。(S19, 164)

ここでいうエクスターシスがエクバーシスの結果的な等価物を意味するものにすぎず、それと類推的に「超越論的」の強勢も「抜け出る」という意味に置かれている（カントにおいては、すべての個別的経験や認識から抜け出るという意味）ということを、このテクストの文脈は十分に示している。

超越論的なのは産出的反省、詩的思惟だけである。なぜならここにおいてのみわれわれは自己の意識から抜け出るからである［……］。

このような超越論的自己超出の語義（脱自、パレクバーシス）は、カントの言う超越論的反省におけるすべての個別性の捨象という意味にとどまるものではない。これは同時に意識哲学のパラダイム一般の解体を示している。これによって、産出的反省が反省主体の自我の意識への中心化の道筋から脱中心化、中心脱離化されていくという所見が再び確証化されるのだ。あるいは別の表現で言えば、ロマン主義者が「超越論的自己」(N2, 424) や自己意識について――自我、作品、あるいは宇宙といったものまでを視座に置いて――語るときは、この自己の脱自もしくは脱離的な超越化が常に考え合わせられているのである。そして脱自と超越論的意識との文法的短絡――「詩的反省は脱自であり、超越論的な意識である」――は、さらにもっと別のことを実現している。自己蕩尽する情欲（脱自）と合理的に自己浸透する意識という二つの極に向かって分岐するこれらの概念の伝統的な含意のため、この文章は「詩的反省」の二つの要素をいわば強制的に接合させているのだ。ベンヤミンはこれら二つの要素を「思慮深さ」という唯一の契機に還元している（*I* 104）。（「反省は脱自の対蹠物である」というベンヤミンの文言は、もちろん逆方向に向かうシュレーゲルの叙述に直接に競合するものではない。なぜなら、ベンヤミンがここで脱自として理解しているのは、演劇的‐文法的な意味におけるシュレーゲルの文彩ではなくて、「プラトンの言うマニア」、すなわち天才的態度の狂乱の意味だからである。）

産出的反省の作業における永続的パレクバーシスの可能性は、次のような単純な考察において示される。自己自身に回帰するためには、無限反省はいかなる反省段階にとっても常に自己超出したものでなければならない。反省が反省的なものとして自己の無限の鏡像列の個々の成分を措定できるのは、それらの成分の間にそのつどエクバーシス的な記号連鎖——その成分が再び他の記号において自己回帰できるような——を措定し、そこを通り抜けて行く限りにおいてのことなのだ。もっとも単純な脚韻の例で言えば、脚韻がシンメトリー的に脚韻としての自己に回帰するのは、本質的に韻を踏んでいない言葉をパレクバーシス的に通過すること、つまり自己自身からの脱自としてのことなのである。そしてこれは普遍的にすべてのパラレリズム形式に妥当する。平行列が平行列であり得るのは、その平行列の間のパレクバーシス的な跳躍によるものなのだ。ここで再び、反省的所産は「巨大な［……］破格構文である」[53]（*LN* 989）というシュレーゲルの言述が証明される。詩的反省構造の構成的な規則性はこの認識においてその限界を知ることになる。反省の作業には、そのいかなる箇所においても任意のパレクバーシス的な成分を通過して任意の回帰点に自己超出することが傾向的に開かれている。それゆえ韻、シンメトリー、変化列は、反省現象として決して連続的な秩序形式ではない。そうではなくて、これらは反省そのものである「屈折行為」によって、いかなるところでも跳躍や断層、「混沌〔Chaos〕」やパレクバーシス的な「反形式」（*LN* 395）を含んでいるのだ。それゆえ「シンメトリーと混沌は、完全に古代の修辞学にしたがえば」（*LN* 1951）、組み合わされることによってはじめて絶対的反省連関を記述できるのである。ロマン主義の合い言葉である「混沌」を精密に叙述していくと自然と反省概念に帰着するのと同じように、[54]その逆もまた真なのだ。ロマン主義的反省形式の首尾一貫した分析は、内在的に「混沌」を内部に引き入れるものなのである。

比較的まれな否定的な意味合いを別にすれば、特に二つの意味が「混沌」という言葉において区別できるだろう。狭いほうの意味はロマン主義芸術に固有な特徴に関係するものである。狭義の意味における逸脱とアラベスク、「人工的に秩序づけられた美しい混乱」（S2 318）、ロマン的なテクストの「魅力的な無秩序」――「狭義の意味におけるすべてのロマン主義的ポエジーは混沌的である」（*LN* 2079）。この種の定式は――たしかに〈古典主義的〉秩序に対して自己超出の契機、閉域体系の裂開を示すものではあるが――、この時代に典型的なすでに馴化された（「人工的に秩序づけられた」）混沌の唯美化であり、むしろ情事の閨房の〈ロマンティックな〉無秩序とかロマン的な社交生活における無規律的な「機知」を彷彿とさせるものであって、決して人知のおよばない古代の混沌観念を想起させるものではない。だが、より基本的な混沌の第二の意味は、世界を混沌から生起したものとし、それゆえに混沌にその基礎づけを持っていると見なす神秘主義的で自然哲学的な伝統につながりを持っている。カントはこのようなものとしての混沌を悟性形式の妥当領域においてまったく認めなかったし、フィヒテはこれを非我という名において定立する自我の機能に貶めているのに対して、ロマン主義者はこれを芸術と学問の総合契機へと価値づけている。「混沌がなければ［……］芸術はないし学問もない」（*S18*, 252）。混沌が潜在力、充実、無限性を保証するのであり、それゆえ混沌からの形成――ロマン主義者にとって「混沌こそ無の唯一の実在概念」であり（*S18*, 77f.）、「充実した混沌」（*S18*, 461）はそれゆえ「無と全」の弁証法（*LN* 1503）に関与していることから、これは「無からの創造」に相応するものである――とは、決して混沌から抜け出る形成や混沌に対する隔離という意味ではない。そうではなくてそれは、逆に形成したものをすべて混沌の中に再統合しなければならないのだ。だからこそ体系の統一と閉鎖性に対するロマン主義者の反対もあったのである。学問とポエジーにおける反省連関は、「絶対的」であるためには、あえて体系の閉鎖的統一を作り上げてはならないのだ。それをすれば反省連関は混沌の充実に対して自己を密閉することになり、かえって部分的な、相対的なものになってしまうからである。「体系になってしまえば、それはもはや絶対的ではない」（*SI*2, 5)。もしそれでも体系ということにこだわるなら、絶対者は「諸体系の混沌」（*SI*2, 5）としてだけ、あるいはノヴァーリスの有名な定式が言うように、「ひとつの体系にもたらされた非体系性」（*N*2, 289）としてだけ考えられるものなのである。

ロマン主義の反省形式の自己超出と自己回帰は、まさにこのような求心力および遠心力の二つの傾向の交差を織りなしている。この交差において、まさに体系にもたらされた非体系性という要請が典型的に満たされているのが看取される。というのは、シンメトリーと対照法、すなわち詩的反省の実定的および否定的平行構造がロマン主義者にとって〈空虚〉なものとなるのは、その閉鎖性の永続的かつ脱自的（パレクバーシス的）破壊がないとき、そしてその固有の形式によってすでに反省に内在する混沌の「充実」へのあの再統合がない場合だからである。このように考えてはじめて、詩的反省構造の総体としての小説がなぜシュレーゲルにとっては同時にひとつの混沌の形式でもあったのかということが理解できるのだ。「小説における本質的なものとは混沌の形式である」（*LN* 1804)。詩的反省が秩序と混沌の混交であるのは、その累乗化において反省の主体と客体の〈極〉が混乱し解消してしまう（*I* 31）からだけではなく、反省の形式がその固有の連関に永続的に跳躍、パレクバーシス、「反形式」を組み込んでいるからなのである。構造主義が自己関係性とパラレリズムに関するその理論あるいはその〈実践的〉分析において把握しなかったもの、そしておそらく把握し得なかったものとは、反省的〈秩序〉の内面にありその原動力となっているこのような無秩序な脱中心化であり脱自的な開放なのである。デリダは言う。「私が構造というものにおいて決して理解できないのは、構造が閉じていないのは何によるものなのかということである」(*SD* 245)。

ロマン主義的な意味における反省の進行は、決して単に規定性を増加させるばかりではなくて、漠然性をも増大させる。漠然的なものの反省的規定は常に再‐混沌化へ、「漠然としたものへの規定的なものの回帰」[55](*SI2*, 13)へと切り替わるのだ。もちろん混沌という言葉自身が漠然としたものを規定形式へともたらす反省概念であることからわかるように、「ポエジー＝混沌」という等式(*SI8*, 71)にもかかわらず、作品の反省構造には決して混沌〈そのもの〉は存在しない。そうではなくて、それは常にその反対傾向との総合的結びつきにおいて現れるのである。人工的に秩序づけられた混沌、体系にもたらされた非体系性、「形成された混沌」(*SI8*, 326)――これらの定式はすべて、あの人知のおよばない混沌に対する反省形式の産出的優勢をはっきりと示している。あの混沌ですら「充実」を保証する「反形式」としてすでに形式の結果なのである。シュレーゲルがパレクバーシス的な反形式を反省形式を破壊するものではなく、この形式自身の契機として理解していたということを示す二つの覚え書きがある。この中でパレクバーシス的混沌は、準絶対的なものとして認められているのではなくて、包括的な反省構造との一致可能性に限定づけられているのだ。

> 韻はできるだけ混沌と、だがシンメトリーをともなって混沌としていなければならない。(*LN* 1881)

それ自身シンメトリーであるような混沌は、すでに反省形式の支配下に立っている。次の文章のポイントも似たようなところにある。

すぐれた小説の場とはそれが書かれている言語である。まったく個別的で本質的にパレクバーシスであるような局在性はまったく役に立たない。（*LN* 405）

ロマン主義者にとって言語は記号の自己自身との構成的遊戯であるなら、「すぐれた小説の場」――「それが書かれている言語」の結果であって、何か前提とされている模写ではない――は、それ自身絶対的反省構造の契機となる。「まったく個別的」であり、純粋に経験的な基準として内在的連関から突き出ているような局在性は、それに対して〈悪しき〉パレクバーシスになる。つまり、これと同時にシュレーゲルがすべての小説に対して永続的パレクバーシスが不可欠であると主張しているとすれば、それは反省の遊動を可能にするもの、それの機能として言っているのであって、決してその絶対的他者として言っているのではない。それゆえ、ベンヤミンにとって未知のものであったパレクバーシスの理論は、単に彼が「芸術作品の理論」と「作品に固有の反省」の理論とを同一視していた（*I* 73）ということと齟齬を来さないだけではない。これは同時に、ベンヤミンが初期ロマン主義の思惟における「公理的前提」（*I* 31）および「形而上学的信条」（*I* 62）としてしか主張できなかったあの反省連関の「充実」や「充実性」の可能性にとっての、反省の論理自身の中に根付いた根拠を呈示しているのである。

V　ロマン主義の絶対的自己反省理論のシステム理論と歴史哲学における消尽点

〈充実〉した自己関係性についてのロマン主義とシステム理論における思惟

「自己」の永続的超越化としての自己準拠——無限鏡像列の「連関」には「非連関」、秩序には「混沌」と「攪乱」と「断層」を組み込む初期ロマン主義における反省概念の開放作用は、このような定式に回収されることになるだろう。そして（詩的）自己関係性は、外見上は閉じた自己自身における循環のように見えるものにこのように内在的に侵入することによって、はじめて自己自身の傾向から「世界」へと拡大していく、すなわち世界を自己の中に組み込み、そこから世界を作り出すことができるのである。「世界」という概念がこのように抽象的なのは、自己反省の永続的パレクバーシスが「世界内存在」というもっとも生気を欠いた基本状態に導くだけのものだからという理由からではない。そうではなくてむしろ逆に、個々において「世界」と呼ばれるものの具体化には何の制限も置かれていないのだ。ここでの抽象性とは、対象ではなくて理論的取り組みの抽象性である。なぜなら、問題になっているのは経験から抜け出る思考運動、すなわち初期ロマン主義理論における自己関係性現象の普遍的および思弁的な基礎づけだからである。第二の反省を経てはじめてこの思考運動は再び経験に通じる。このような抽象性レベル、および主要概念とその結合によって、ロマン主義哲学は、その形式や自己理解が決して〈ロマンティック〉とは呼べない最近の理論潮流と驚くばかりの類縁性を示すことになる。その理論とはシステム理論である。システム理論との比較は、構造主義詩学やポスト構造主義の記号存在論との比較と並ぶ恣意的な第三のロマン主義の現働化の提案をここに付け加えるものではない。そうではなくてむしろ、システム理論がこれまで叙述されてきたシュレーゲルやノヴァーリスの〈学説〉と接触するのは、システム理論の側で——部分的には意図せざる結果として——構造主義やポスト構造主義の基本認識を固有のものにしてきたからである。ここで比較の対象として選ばれたのは、ニクラース・ルーマンのシステム理論研究の集大成、すなわち『社会システム——一般理論の概要』である。特にこれを選択することになった理由は、ルーマン自身がシステム理論の基礎問題や基礎概念の哲学的伝統や内含をこの書物においてはっきりとした形で考察に加えているからである。

「自己準拠〔Selbstreferenz〕」や「オートポイエーシス〔一〕」といった名前で、自己関係性の問題がシステム理論の考察の中心に置かれている。個人、行政組織、あるいはもっと大きな諸秩序であっても、システムをシステムとして成り立たせているのは、それらが自己自身において組織化されているということである。システムの「要素は、それを単位として用いるシステムにとってだけ要素なのであり、しかもこのシステムによってのみ要素となる」（SS 43）。自己準拠的分化のパースペクティヴからシステム理論は「創発的秩序レベルの自律性を措定し、しかもそれは〈下からの〉可能化と〈上からの〉条件付けの双方についての自律性なのである」（SS 171）。システムの自律性と自己準拠は、それゆえ相関概念である。ロマン主義者が自律芸術作品を「自己自身を形成し」、「自己自身を判断する」作品として特徴づけているように、ルーマンも「浮遊しながら固まった実在であり、自己自身を創出しようとする企図」（SS 173）としてのシステムについて語っているが、これはほとんどロマン主義の定式といってもよい。これに続けてルーマンは言う。このような浮遊的自己創出性は「この理論に固有の気分内容と特別な色彩を与える。この理論は、社会秩序の維持可能性の基礎を、自然にも、ア・プリオリに妥当とされる規範や価値にも基づかせることができない」（SS 173）。これは浮遊的‐自己反省的な作品のロマン主義理論が、自然模倣からも規範詩学からも解放されているのとまったく同じである。システム理論による自己準拠性の定式化に含まれる哲学的内含をルーマンははっきりと明言している。

第一点。自己準拠問題は意識（自我の自己意識）への中心化から決定的に剝離させられる。自己意識の哲学をそれとなく示唆しながらルーマンは言う。「あなどり難い伝統が自己準拠を〈主観〉の意識に（すなわち決して客体にではなく！）割り当ててきた」（SS 593）。システム理論はこれに対して「主観（あるいはある種の複数主観）への中心化」を粉砕する（SS 596）ものである。システム理論の基本装置のひとつに、「自己準拠とは意識の特質ではなくて、経験世界に現れるものである」（SS 596）という発見がある。その機能が言語主体に〈付着〉していない差異的自己関係性としてのソシュールの言語システムの記述は、この発見にとってひとつの範例となるものにすぎない。オートポイエーシスのシステムは、ルーマンにとって基本的に「主観から自由〔subjektfrei〕」（SS 167）なものである。これは、絶対的自己反省の「自我から自由〔ichfrei〕」な媒質（*I* 40）という、ロマン主義哲学に関するベンヤミンの言説で作り出された、同様に論争的な定式とよく似ている。

第二点。システム理論においては、特権的な意味構成的実体としての主観への中心化が他の自己準拠的構造の担い手にとって代わられるということはない。むしろルーマンはそのような「担い手」を捜すことを「まったくの過ち」（SS 141）と見なしている。というのは、「自己自身を創出しようとする企図」としてのシステムは、非中心的および脱中心的な方法でそれ自身の産出と再生を可能にしているからである。

システムは、担い手と担われたもの、主体と客体といった形而上学的な区別立てを非‐差異化〔無作用化〕し、その限りにおいて「今日の諸科学の非中心的な世界像によりよく合致する）（SS 596）のである。（ルーマンは、フランスから輸入された「脱中心化」と「脱組成」という術語も自明のものとして用いている。）自我から自由な反省構造というベンヤミンの叙述に対する異議申し立て――「反省理論であるからには〔……〕反省の担い手に関係づけられてはじめてその意義が保持され得るものである」[1]といった――は、それゆえそのままシステム理論の自己準拠性の概念に対する批判としても読むことができる。いずれの場合にも批判が依拠しているのは、ロマン主義とシステム理論の両者が、単に意図せざる結果としてではなくて意図を持って立ち向かった思考図式である。なぜなら、ポスト構造主義的記号存在論と同様、ロマン主義とシステム理論の両者が主体への中心化とともに引導を渡したのは、自己準拠システムに先行する担い手ばかりではないからである。そうではなくて、すべての「最終的再保険概念」（SS 172）から、すなわち自己準拠の遊動から離れ、あるいはこれを外部から超越論的に基礎づける明証性あるいは「同一性」（SS 111）からこの両者は離反したのである。それゆえルーマンは、他にはデリダにしか認められないような人目を引く表現で、第一哲学という「旧来のヨーロッパの伝統」の徹底的な克服を主張する（SS 108ff.）。「有意味的‐自己準拠的なシステム理論は、すべての古典的様式の形而上学の秩序領域の外部に、そしてまた同様に近代の主観形而上学の秩序領域の外部にある」（SS 145）。システム理論は必然的に「すべての存在論的形而上学および超越論から離反することになる。反省が組み込まれたシステムは、絶対的所与を放棄せざるを得ないのだ」（SS 656）。システム理論とデリダのポスト構造主義のモチーフや理論様式は実に異なったものだが、両者の戦略的力点、および実定的な基本装置にまで、あまり注目されることのない、しかし単なる偶然以上の共通点が見受けられる。これらの共通点の一つとして、中心化する担い手や先行するシニフィエの彼方に自由に浮遊する自己準拠性というものを、ルーマンもまた「反映」とか「相互作用」といった伝統的な理解からはっきりと分けて考えていた（SS 154）ということがある。「この種の反省関係は［……］古典的な主観‐客観‐認識論を転倒させる」（SS 20）ものなのだ。これをベンヤミンの再びロマン主義者を念頭に置いた言葉で言えば、絶対的反省構造の自我から自由な媒質においては「主観‐客観‐相関関係は破棄される」（*I* 56）ということになる。そしてこれとともに破棄されるのは、自己自身を基礎づける指示連関の内部で反省する極と反省される極をはっきりと区別する可能性であろう。ベンヤミンがロマン主義の反省媒質において個々の反省要素が位置によって曖昧になるということを診断した（*I* 31）ように、ルーマンもまた非中心的〔azentrisch〕な自己準拠の「反ヒエラルヒー的」な性格について語っている（SS 27）。非中心的な自己準拠とは「主題的集束、ヒエラルヒー化、いわんや世界プロセスの実践的‐目的論的な結果がなくとも可能なもの」（SS 106）なのである。

　第三点。担い手および特権的主体や存在に代わって、「理論形成の指導原理」としての、いやそれどころか個々のシステム事象の客観的「世界中心」としての地位を占めるのは、「差異」の「操作」（SS 27, 284）であると言われる。ここで言う差異とは、すでにシステムの内部で固定化された差異だけではなくて、むしろシステムとシステムの差異、あるいはもっと一般化して言えば、システムとそのシステムそれ自身ではないところのもの（ルーマンはこれをシステムの「環境世界」〔Umwelt〕と呼んでいる）との差異のことである。システムが非‐トートロジー的に機能するのは、それが常に自己自身に対する差異に向かって自己を超え出て、この差異を再び「差異の組み合わせ」の形に加工し――「差異を作る差異(二)」（SS 112）――、そしてそれによって初めはシステムに疎遠だった事象をシステムに有意味的なものにして、その自己準拠に〈組み込む〉ことによる。ルーマンは言う。「初めにあるのはすなわち同一ではなくて差異である。このような洞察の源流のひとつは、周知のようにソシュールである」（SS 112）。

だが自己準拠的システムを差異の操作に非中心的に基礎づけるルーマンは、これをソシュールの差異原理の再受容にはとどめ置かなかった。ルーマンはむしろ、ポスト構造主義によるソシュール自身に敵対するソシュールの読みを彷彿とさせるようなやり方でこれを徹底化したのである。ソシュールにおいては否定的な差異のシステムは基本的に安定的なものであり、通時態の次元においてのみ変容を受けるのだが、システムはこれを再び自己の自己関係性に統合化する。これに対してルーマンは、特権的担い手や最終基礎づけを同時に放棄する「差異への」非中心的「中心化」（SS 284）において、システムの基本的不安定性を認識している。オートポイエティック・システムは、まさに「不安定性」の上に基礎づけられるのである（SS 167）。このようなシステムの自己閉鎖性は、この閉鎖の永続的破壊として、つまり開放としてのみ機能する。ロマン主義者なら、自己超出なしに自己回帰はない、と言うところだろう。あるいは再びルーマンの言葉を引用してみよう。「自己準拠的秩序の閉鎖性は世界の無限の開放性と同義になり得る」（SS 96）。なぜならシステムとは、まさに「他者に向けた指示を自己自身に向けた指示の道筋として取り入れる」（SS 142）ものであり、自己準拠とはすべて「自己をそこに再び見出すために、ある超出へと自己投射しなければならない」（SS 130）ものであるから、そして「自己は自己準拠を自己の内部に取り入れるために、これを超越化しなければならない」（SS 605）からである。

自己準拠の原動力としての差異という徹底化された思惟によって、ルーマンは「『閉鎖』システムと『開放』システムという（すでに古典的なものになった）区別」に代えて、「自己準拠的閉鎖性は開放性を産出する」ことができるという理論（SS 25）を提起するのである。このような「自己準拠的システムの理論は閉鎖システムと開放システムの差異を揚棄する」。なぜなら、この理論において閉鎖性と自己反射性は、この理論の対蹠物ではなくて、まさに「開放性の可能性の条件なのだから。すべての開放性は閉鎖性に依拠している。そしてこれは、自己準拠的活動が［……］締めくくるもの、つまり終焉へと導くものではなくて、まさに開くものであるからこそ可能なのだ」（SS 605f.）。だがもし自己準拠が固有の形式によって自己超過、自己超出に向かう素地を内包しているのだとしたら、これはもはや自己循環する秩序としては考えられなくなり、本質的に無秩序、攪乱、中断を自らの中に取り入れてしまう。ロマン主義者が自己反省の媒質に「混沌」、「反形式」、「跳躍」といったものが組み込まれているのを看取し、これを強調的な「連関」と連関の「断層」、「体系」と「非体系性」としての同時性において捉えていたように、ルーマンもまた自己準拠的システムを「秩序と無秩序の連結」（SS 291）、「秩序と攪乱の」（SS 122）連結として記述している。シュレーゲルにとって（反省の）生が「連続して何度も反復する攪乱によってのみ可能」（S18, 419）であったように、ルーマンにとって社会システムの自己準拠は「無秩序から養分を取って、ノイズに担われている」（SS 123）。このことはすでにハインツ・フォン・フェルスターによって、一般システム理論の「ノイズからの秩序の原理」として展開されている（SS 150）。もちろんこれはルーマンのヴァージョンではその安定化に向かう力点は失われており、そのため同じ権利をもって〈秩序によるノイズの原理〉、すなわち自己準拠的秩序の自己からの永続的な離脱として定式化することも可能であろう。

ロマン主義者の場合と同様に、ルーマンにおいても自己超越、自己超出、閉鎖性攪乱といった定理が、自己準拠的構造の〈有世界的充実〉の論拠となっている。問題が類縁的なら解答も類縁的である。ロマン主義的自己照鏡の〈唯我論〉に対する批判と、世界と歴史に対する自己準拠的システムの密閉という推定に対する批判が、部分的にはその定式化に至るまで同じであるということも、それゆえ驚くには値しない。ルーマンは「唯我論」および実在性の気化といった嫌疑に対して、シュレーゲルやノヴァーリスがかつてしたように、しかも類縁的な論拠によって、弁明しなければならなかった。自己超過、攪乱、無秩序といったものに対して自己準拠が内在的に依存しているという論を展開し、それによって「まさに自己準拠的活動だからこそ唯我論の前提のもとでは動かない」（SS 25）ということを示したのである。これは結局のところ、すでに差異原理の首尾一貫した考察から生じたものなのだ。というのは、自己準拠の「自己」もまた――たとえ担い手や超越論的シニフィエではなくて、全体としての非中心的システムであっても――それ自身区別によって導入されなければならない」（SS 25）ので、それはすでに自己以外の何か他者を内含しているからである。だが逆にこの「他者」は決して完全に無関係な他者として、すなわち単なる「外部からの影響」として自己準拠の遊動に入り込むのではない。そうではなくてこれがシステムの内部で再び「自己規定のための規定」として作用するからこそ、そしてその限りにおいて、自己準拠の遊動に入り込むのだ。だがこの他者はこれをすることによって「単なる自己の自己自身への参照指示ということに付加的な意味を付与して拡大」し、それによって「単なるトートロジー的な循環の打破という問題」を解決するのである。それゆえ自己準拠的システムが非‐唯我論的で非‐トートロジー的なものになるのは、ルーマンにとっても連続的秩序の打破の傾向によるもの、ロマン主義の術語でいえば、永続的パレクバーシス（エクスターシス〔脱自〕）によるものなのである。

システム理論の自己準拠理解と「絶対的」自己反省のロマン主義理論の諸要素は、それぞれの文脈を捨象すると、それゆえあきらかに大幅な合同関係にまで重ね合わせることができる。だがこのような概念操作は何をもたらすのだろう。それは偶然に似かよったマークによる人目をひく遊戯以上のものであり得るのだろうか。この比較の限界は明らかである。この両者はお互いに何かを学び合うといったことはほとんどできないのだ。システム理論の自己準拠理解が初期ロマン主義理論の哲学的基礎づけのレベルや詩学的精密性にまで到達することはないし、両者ともそれぞれの異なった〈対象〉のための記述装置を交互的に先鋭化することができるようにも思えない。そういった意味では、この比較は、構造主義の詩学とポスト構造主義の記号存在論の比較の場合とは異なって、むしろ非生産的な概念音楽に帰着するものだろう。だがそれでもこれを統合的に〈発展〉させようという要求から切り離せば、少なくとも類型論的な有意性は残る。問題設定、理論言語、そして〈解答例〉の類似性を示すことはできるのである。この類型論的な類似性は直接の影響関係とは一切無関係だが、それでも不可思議というわけではない。なぜなら、両者とも巨大な哲学的伝統に属する同一の諸問題や諸概念と〈摩擦〉を起こしており、両者ともこの伝統と、まさにその基本前提の否定において、結びついているのだから。

反省理論と歴史哲学

本書の叙述では「絶対的自己鏡像化」に関するロマン主義の諸定式は、自己自身において基礎づけることができない「信条」――ベンヤミンが言うところの（*I* 62）――という状態にはとどめおかれずに、ロマン主義の言語論や表出理論のはっきりと動機づけられた図式において根拠づけられた。さらに無限の自己反省の〈充実〉という問題は、単なる「公理上の前提」（*I* 31）として要求されるのではなくて、「自己自身の肩に跳び乗る」という形式的構造自身からその可能性が基礎づけられた。こうして本書の叙述は、ある最終的基礎づけの選択と対立するものになってしまった。ベンヤミン自身がそれと気づかないままにひとつの地平として示唆し、またロマン主義のテクストによってもあきらかに裏付けられているひとつの選択、それは歴史哲学である。自分の仕事において「基礎づけられない」すべてのものに対する「観点」

は、――とベンヤミンは二つの意義深い脚注の中で語っている――「ロマン主義のメシアニズムの中に捜し求められるものではないだろうか」（*I* 12, 92）。そしてこれに続けて彼は有名な『アテネーウム』断章の二二二を引用する。「神の国を実現しようとする革命的な願いは発展的形成の弾性点であり、近代史のはじまりである。神の国と一切無関係なものは、この歴史においては副次的な問題にすぎない」。ベンヤミンの乏しい示唆からその先を紡ぎ出すのはそう難しいことではない。それは二つの方向に紡ぎ出せるだろう。もし「美学がひとつの中心を持っているなら」、そして「黄金時代がこの中心の中心であるなら」（*LN* 1382）、「ポエジーの完成は必然的なものであろう。ポエジーの完成＝メシアの来臨」（*LN* 2090）。これを詩的反省に関係させて言えば、その潜在的無限性、その続行する反省や屈折や自己超過「発展的形成」へ向かう傾向は、まさに未完成の様態としてユートピア的な「完成」との「関係」に立つものである。このような完成において芸術は「攪乱も欠乏も知らず――完全で自己充足した」（*SL*, 287）ものになり、まさに完成したパルーシア〔来臨、顕在〕となる。これによって歴史の「完成可能性」という仮定（*SL*, 263）が詩的反省の開放活動に入り込み、これを「未来から不可分のもの」（*SI8*, 346）にするのである。屈折、攪乱、遅延といった絶対的媒質の各構造は、このような歴史神学的なパースペクティヴによって時間的に相対的な構造に移行する。これらは自己自身ではない他の何かを指し示し、そこから初めて自己自身の認定を受けるのである。これによって反省の理論的な諸問題は時間におけるひとつの前進へと委ねられ、この前進が最後にはこれらを消去してしまうことになる。このような予兆のもとにあるので、反省の諸問題は自己自身の位相ではまったく解決する必要がないものになるのである。

だがこのような考えに対して、ロマン主義歴史哲学のもうひとつの傾向が対立する。すでにロマン主義の「完成可能性」の理論からして、メシアニズムの完成図式にすっぽりと収まりきれるものではないのだ。

というのは、首尾一貫して考えれば、「無限の完全化」の理念はいかなる最終目的や救済のフィナーレをも時間的成就構造から取り去るからである。さもなければこの理念は決して無限ではありえないだろう。詩的反省の屈折構造と永続的自己超過構造は、これによってユートピア自身の契機のひとつとなる。だがロマン主義の思惟にとってより特徴的なのは、この命題の逆転である。歴史神学的なユートピアは、表面上は欠陥があるように見える反射屈折のあの遊動状態に入るのである。一見するとこの遊動は完成した現在であるような未来としてまさにこのユートピアを補完するように見える。これはそれ自身が補完されるものの位置にある補完であり、同時に自己自身の補完でもあるような補完されるものなのである。すなわちロマン主義的な意味における成就するユートピアとは、最後の増進においてその土台を超越化するような完全な他者として反省に付加されるものではない。むしろ逆で、「黄金時代はポエジーにおいて永遠に現前する」（S18, 339）のである。そしてこれは決して単に欠けているものとして、欠落として現前するというのではなくて、まさにポエジーにおいてすでに実現されたパルーシアとしての現前という意味である。「あるべきであるように、あるようになるように、そのようにある」とノヴァーリスは言い、「黄金時代は単純に現前的な実現の観点からの「人間の目標ではない」（N2, 269）ものとされる。むしろ「われわれはいかなる瞬間にもこれに到達しなければならない」（N2, 288）。ノヴァーリスはそれどころかこの議論をもっと徹底化させる。黄金時代が単にユートピア的な目標として未来に委ねられる限り、われわれは決してこれに「到達することができない」（N2, 288）のである。なぜなら黄金時代のユートピアとは、まさに時間における成就に対する差異から糧を得ているものなのだから。「なぜわれわれは理想に到達できないか。その理想が自己自身を破壊してしまうからである。理想の作用を行使するために、理想は低次元の実在の圏域にとどまってはならないのだ」（N2, 259）。つまり時間的前進による「実現の不可能性」——

これはノヴァーリスにとっては同時に反省の特性でもあるのだが――には、超歴史的実現という主張が「いかなる瞬間においても」付き添っているのである。(2)

それゆえベンヤミンは、ロマン主義のメシアニズムを単なる時間の中の前進からはっきりと一線を引いて考えており(*I* 92)、次のシャルロッテ・パングーの説を肯定的に引用している。「無限性において自己実現する完全な人間性の理想といった考えは拒否され、むしろ今この時間の中にある地上の〈神の国〉が要請される。現存在のすべての点における完全性、生のすべての段階において実現される理想、シュレーゲルの新しい宗教が生まれ出てくるのはこのような定言的な要請からなのだ」(*I* 13)。このような診断が必然的不完全性や発展可能性といったロマン主義の公理となかなか合致させられないものだとしても、ここにはあきらかに事の本質が存在する。少なくともポエジーは――シュレーゲルとノヴァーリスにとっては――その成就を単純に未来に委ねるべきものではない。そうではなくて、それをすでに自己自身の中に含み入れなければならないものなのだ。だがこれは同時に、自律的な作品の反省的な自己自身との遊動は、その正当性の負荷を自ら担わなければならず、決して単純にユートピア的な未来に委ねてしまうわけにはいかないものなのだということでもある。なぜなら絶対的反省の成就という問題は、歴史哲学的な位相においては、超越的に解決されるというよりは内在的に反復されるものだからである。少なくともそれは、救済劇のイメージとの漠然とした類縁性からは、それ自身反省の渦の中に巻き込まれていないような自律的な基礎づけの可能性を一切引き出すことができないのである。まさしく美学の「中心の中心」として、黄金時代は――その言語的な分節化を視座に置いても――反省的自己二重化の渦巻きの中に消え去って、この二重化の目的や基礎づける地点にはなれないのである。

ロマン主義歴史哲学の双価性――一方では完成と成就を未来すなわちメシアの来臨に委ね、他方においいてこれをすでにポエジーにおいて現前するものとして要請する――は、作品の自己反省的構成の分析から自然に判明するあの二重性との驚くほどの類縁性を示している。つまり、一方では自己を永続的に開いて突破し、他方では自己を自己自身において完結して楕円的に〈完成〉させるという、あの二重性と。さらにこの類縁性によって同時に、なぜ本書が最後の基礎づけを歴史哲学に求めないのか、なぜ歴史哲学に対して全般的に無関心で部分的にはその解体を行うようなロマン主義反省理論の〈現働化〉しか呈示しなかったのか、ということに関して、もっとも徹底的な根拠を呈示してくれるような思弁が喚起される。その思弁は絶対的反省理論と歴史哲学の系譜関係の逆転に回収されるものである。それは次のような問いの形で提起されるだろう。ロマン主義の歴史哲学とは――先に述べたように反省理論との関係において記述されると――、ひょっとしたらそれ自身がすでに反省詩学の効果であり二次的な〈上部構造〉であって、その源泉や最終基礎づけの審級ではないのではないか。歴史的には作用美学、道徳的基準、規則詩学、〈無規則的〉天才美学等の克服として登場した自己反省詩学は、いわば自分自身で固有の歴史哲学を〈孵化〉させたのではないだろうか。このような問いはもちろん、これが依拠する思弁的な仮説が直接の立証や論破を受け付けないように、単純に肯定されたり否定されたりするものではない。だがこれは問いとして少なくともひとつの可能性を表すものであり、システム理論による歴史哲学の〈導出〉においてそのひとつの実定的なモデルが示されている。ルーマンによれば、歴史哲学的宇宙論や主観哲学が生じるのは（および存立するのは）、自己指示的システムの非中心的で主観から自由な機能方法が「優先されたもの（有意味的なもの）」に向けて再特定化され、「特権化された実在」や「特権化された表象」に中心化されることによる。自己指示自身がすでに複雑性の縮減を行うなら、歴史哲学的「再特定化」もまたシステムに固有な複雑性を自明性や公準へと縮減する。これらの自明性や公準は、実際はむしろ（持ちこたえられなかった）複雑性を局部的に偏向化する再解釈なのだが、「秩序を保証しなければならなかった」ので、それゆえ全体性要求を担わされたのである。

本書における歴史哲学の溶暗は、もちろん溶暗される歴史哲学のそのように徹底的な〈短命化〉を自己の正当化のために必要とはしない。なぜなら事象的および方法論的にもっと〈柔らか〉で控えめな切り口の基礎づけがあるからだ。まず第一に、初期ロマン主義の時代にはまだ美学の歴史哲学化に敵対する隠れた潮流はほとんどなかったからである。たしかに十八世紀の後半に見られる〈近代〉美学の形成は、本質的に規範美学や作用美学からの離脱を示す歴史哲学的転回がもたらしたものと考えられるだろう。ペーター・ションディはこれに膨大な叙述を与えている。(3) そしてまさにフリードリヒ・シュレーゲルの『ギリシャ文学研究論文』こそ、このような展開の主要証拠となるものだ。だが美学の歴史哲学化とは、それ自身一般芸術理論や詩学の諸要素を下地としている。このような諸要素とその導入の歴史哲学的な文脈との結び付きは、二度と（再び）切れないほど密接なものである。たぶんこう言ってもよいだろう。近代詩学は歴史哲学を通して発展を遂げ、その助けを借りて旧詩学から離れることができたが、その後再び歴史哲学を放逐したのだと。〈脱構築〉的な読みをすれば、詩学と歴史哲学が相互侵入した合接の様子を大きな連関で示すことができるだろう。このことはそれどころかロマン主義者においては特に明確である。詩学的な思弁を内容とする断章や覚え書きは、その普遍性傾向と超時代的例証によって（もちろんそこに存在する）歴史哲学的な経緯度網と位置表示による相対化をあきらかに打ち破っているのだ。非常に高度の普遍性要求を持った文章――そして本書で引用したものの大部分はこれに属する――は歴史哲学の領野を超え出ている。おそらく歴史哲学の領野は、これらの文章においてその否定的な限界のみならず、制限された肯定的な可能性も見出すことになるだろう。少なくとも詩学のディスクールがこのように混じり合った集合状態であった以上、初期ロマン主義の反省詩学を前からも後からも歴史哲学の図式に挟み込まずにその図式から解き放ち、これに対して境界を引いておくような読みが認められるはずである。

このような境界付けの第三の理由、そして順番からいえばもっとも控えめな理由とは次のようなものだろう。それは、たとえ初期ロマン主義の絶対的自己反省理論が〈根源的〉にはある種の歴史哲学的な〈上部構造〉に合わせて作られたものだったとしても、ここで手術を、切開を試みるのはいっこうにかまわないはずだ、ということである。あるテクスト体に対する問題志向型の興味、このテクスト体への介入のパースペクティヴは、すでに事象そのものの中に予示されていない選択も意味あるものとして正当化する。そして少なくとも次のことはあきらかであると言ってもよいだろう。メシアニズムや黄金時代といったロマン主義の理念は、文学理論および文芸学に関係づけても今日ほとんど何も益することはないのだと。ロマン主義詩学に関する問いはこれらの理念とは無関係なところにある。歴史哲学的ユートピアが理論的にもっとも耐久力のないものであることを露呈したのは、一度限りのことではない。今日の歴史哲学の危機とユートピア的エネルギーの枯渇は、この方向に対する懐疑を裏付けている。これはたしかに時代に限定された現象かもしれないが、それでも単なる一次的な流行以上のものである。少なくともこのような状況に照らし合わせてみれば、ロマン主義のユートピアとは今日〈歴史的なもの〉としてしか読むことが許されないものだろう。だがそれに対して、狭い意味での初期ロマン主義の言語論、表出論、反省理論等の諸問題とその〈解答〉は、今も衰えることなく理論的注目に値し続けている。いや、このような注目喚起性はおそらく構造主義とポスト構造主義の発展によって〈目覚め〉、増大したのである。

このような注目喚起性を準備することで計り知れない業績を残したベンヤミンは、ロマン主義の歴史性のユートピアを事実上自分の反省理論の叙述には含めてはおらず、その限りではやはりこの両者の間に切れ目を入れている。だが彼は反省理論の基礎づけの負荷を完全にこの切り離されている歴史哲学に委ねており、それによって明白な無根拠性、公然の欠陥を指摘されることになった。だが彼にとってはあきらかに絶対的自己反省の詩学の叙述のほうがその基礎と思われたものよりもすでに重要になっていたのである。このように〈基礎〉ではなくて〈帰結〉へ向かう態度は、アカデミズム的自己限定と関係があるのかもしれない。だが後期の著作の観点から見ると、もっと他の動機もあるようだ。ロマン主義のユートピアの成就のイメージは、ベンヤミン自身のメシアニズムとは一致しないのである。ベンヤミンが理解した限りでは、ロマン主義の絶対者は――いきいきとした形式の反射連続として――連続した発展においてその完成に向かって増進し続ける。成就のプロセスはいわば途切れることなく、その累乗化構造への信頼によってすでに個々の反省段階においても、自己を黄金時代の潜在的な臨在〔パルーシア〕だと告知するのである。たしかにロマン主義者も、メシアニズムの成就プロセスを平板な〈進歩イデオロギー〉と同一視したことがあった（*I* 93）。そしてメシアニズムと進歩批判のこのような総合において、ロマン主義とベンヤミンの歴史哲学は類似している。だがベンヤミンは、連続ではなくて非連続的なものへ、永続的に高みへ引き上げるものではなくて干渉し邪魔をするものへ、いきいきとした発展の（準公準的な）確信ではなくて徹底的な成就の危機へと力点をずらしたのだ。作品の「生き延び」とは彼にとって増進よりはむしろ「収縮」の法則にしたがうものであり、批評による成就とは彼にとって、賦活化というよりは「作品の壊死［……］なのである。つまり――ロマン主義で言うような――生きた作品の中に意識を覚醒させるのではなくて、知を死した作品の中に移すことである」（*I* 357）。これに呼応するように、ベンヤミンは内在的批評――ロマン主義者にとっては絶対的反省構造のメシアニズム的成就の媒質――を決定的に外部から来る批評によって限定している。「内在的批評は、その尺度を作品内部で作り出す批評として、個々の成功例に導くことがあるだろう。だがこれよりも必然的なのは、批評の根底にあるプログラムである」（*VI* 166）。あるいは別の言葉で言えば、「とらわれのない趣味判断による正直な批評は面白くなく、根本において対象がない。批評活動にとって決定的なのは、自己固有の論理と自己固有の誠実さを自ら持ちあわせる事象的な概要がその根底に置かれているかどうかということだろう」（*VI* 161）。

ベンヤミンは「作品内の隠された諸関係そのものに突き当たらないような分析は［……］、その本来の対象を通り過ぎることになる」という「格率」（*VI* 178）に忠実ではあったが、同時に政治化した「文学闘争の戦略家」でもあった。彼は内在的な「連関」を「破壊的に」こじ開けて（*II* 363）跳躍を（時間の）連続体の中に生み出そうとする超越的な動機づけをもった操作のために、批評と引用のメシアニズム的な潜勢力を投入する。だがロマン主義のメシアニズムに対するこのような人目を引く戦線形成――反省連続体の永続的累乗化ではなくて非連続性の生成による成就――というものが、そもそも〈ことがら〉に妥当であるかどうかは疑問である。というのは、ロマン主義の反省遊動は、それ自身の所与によって亀裂のない連続体という観念に抵抗しているからだ。すでにベンヤミン自身が反省連関における跳躍ということを言っているし（*I* 27）、本書のこれまでの叙述も「屈折の行為」としての反省がいかに自己自身をパレクバーシス的（脱自〔エクスターシス〕的）に非連続化するものかを示してきた。ベンヤミン自身も自分の極端な二項対立形成を相対化していたということを示す書簡の文言もある。つまり批評による成就というロマン主義的な様態に対してはじめて距離を置こうとする定式化が見られる『哀悼劇論』自身が、「できる限りロマン主義の文献学概念で私を呈示させる」（*B* 342）ものだというのである。

それにたとえベンヤミンの戦線形成を無条件で認めたとしても、これがあてはまるのはメシア的成就の審級としての批評と引用における作品の「生き延び」に対してだけなのである。これによって作品自身についての、つまり作品の「客観的構造」（*I* 13）についての変更された理論がそれ自身まだ与えられたわけではない。なにしろロマン主義の自己反省的作品に関する理論――少なくともベンヤミンの博士論文を基礎にした――は、まず第一にその想定された基底であるロマン主義的な歴史ユートピアが切り離され、次にそれがロマン主義の批評概念――ロマン主義的メシアニズムの中心的な成就幇助手段としての――とともに徹底的に批判されることになると、まったく根拠のない「無責任」（*I* 336）なものへと転じてしまうからだ。ベンヤミンの博士論文やその継続に見られるこのような自己撤回、いや自己解体の傾向は、ロマン主義の自己反省的作品の理論をロマン主義のメシアニズムやこれと関連した批評概念にはもはや委ねないようにしようとする試みにとって、一種の否定的動機となっている。メシアニズムと批評概念の両者とも、今日ではこれら自身が基礎づけるはずのものよりもずっと救い難いものになっている。これらに依拠することが最終的には理論的な充足能力を失うことにつながる。ベンヤミンはおそらくそのような結論に到達したのだ。伝統的な美学の用語と問題は、彼にとって結局のところ「ことごとく時代遅れのもの」に思えたのだから。それらは「いかなる潜在的な〈発展〉によってもかつての地位を占めることはもはやない」（*VI* 166）ものとされたのである。このような「洞察」には数多くの根拠がある。本書もまたこれを完全に反駁しようという意図はない。そのような試みは、今日ではほとんど不可避的にベンヤミンの診断の正しさを知らず知らずのうちに確証化することになってしまうだろう。本書が意図したのはただ、初期ロマン主義の自己反省詩学の問題状況と用語法をできるだけ強力に整備しなおし、それによって同時に現代詩学と言語論のいくつかの要請に対して純粋にロマン主義的な提案をすることなのである。それはすなわち、同時代の主唱者たちがそれを理解していたよりも――たぶん――もっとすぐれた自己の理解という意味でロマン主義的な提案[三]なのである。

あとがき

ロマン主義的詩的反省理論の文学史および社会史的指標について

文学史的観点から見ると、ロマン主義的反省詩学は非常に錯綜した複合前線を戦っていることがわかる。先行するほとんどすべての詩学的ディスクール――規則詩学、天才美学、作用美学――に敵としての烙印を押しただけではなく、次の段階にはこれらの敵の遺産継承を図り、それを批判的に完成させようとするのである。解体と撤去の戦略はいたるところで救済的吸収の選択をともなって進められ、否定的な距離をとる身振りは肯定的な凌駕および領有の身振りと合体する。伝統的な規則詩学は限定的で外的なものとして批判されるが、これが占めていた地位に着くのは〈天才的〉無規則性の賛美ではなくて、内的自己法則性、および何といっても技術的〈正確〉の概念をめざす一種の高次の規則詩学であった。このような変化は、階級制－貴族制の〈秩序〉から市民社会的〈秩序〉への変貌、限定的で官房主導型の経済から自発的創造的で市場内原理にしたがう「自由」な経済への変貌に酷似している。作用美学に対置されるのは「客観的」所与による芸術理論である。だがこの客観的反省詩学は、一方ではカント的な段階における主観－作用美学の批判的継承者として自己理解し、他方では批評によって作品が生き延びたり不滅のものになったりするという理論に移行することで、一種の修正された作用美学に転じるのである。伝統的な作用美学の領域である修辞学の価値付けは、このときさらに押し進められたのであった。ある種の文体レベルや作用意図の言語的産出の理論から作品の言語性一般の理論へと修辞学は進化したのだ。ロマン主義の自己反省的作品の理論は、さらに天才美学のディスクールとも同じように錯綜したアンビヴァレントな関係に立っている。この両者の類似性と距離の複雑な組み立ては、文学史および社会史的観点から見ると特に啓発的なものになる。

「ポエジーにおける構成的な力」や「絶対的な定立能力」として、ロマン主義者もまた「天才」を信奉していた（*LN* 416）。彼らは十八世紀の天才美学にいくつかの含意に富む定式を与えているし、作用史的にみると「ロマン主義的」ということの理解はしばしば「天才」の理解と不可分に交差していた（ロマン主義的天才）のである。だがこれを細かく吟味してみると、ロマン主義者はロマン主義以前の天才美学の転倒の様態でしか「天才」という語の意味を用いていないということがわかる。天才美学とロマン主義の反省詩学に共通するのは、まずはミメシス原理からの離脱であり、芸術的ポイエイン〔作ること、詩作〕の原初的産出性の徹底的な強調であろう。天才概念において作者の主観性は始原的な措定審級に、すなわち世界の創造者になる。このような美学の社会的経験内容としてG・ペータースが下した診断は、形而上学的存在と封建的ヒエラルヒーが市民経済の自己創造的傾向の中に解消していくということであった。「〈よい生活〉が可能であるような世界を共同体自身が働きながら作り出さなければならない、ということが主要認識であるような共同体に芸術的主観性がその尺度や似姿として対応できるようになるためには、芸術家が自己を創造的なもの、自分の作品を自律的な世界と解釈しなければならない[(1)]」。市民経済の自己創造的傾向は単に天才の自己創造に重複しているだけではない。というのは、天才とは――シュレーゲルの言葉でいえば――「不可分の一者」だからであり（*S*78, 112）、疎外された労働の分割領域においては自己を天才として実現できないからである。天才美学は自己の社会的経験内容をそれ自身のユートピアの分だけ凌駕するといってもよいだろう。天才美学は市民的な自己創造の限定性を〈真の〉本質が透けて見えるまで超越し、これをいわば批判の対象の固有原理を徹底化することによって批判するのである。

ロマン主義の絶対反省理論、すなわち「無からの創造」として自己形成する作品の理論は、ミメシス原理との疎遠化をさらに押し進めることになる。詩的経済と市民経済に関するシュレーゲルとノヴァーリスの発言は、彼らが天才美学に単に潜在的に内在するだけの社会的指標を明確に意識化していたことを証明している。だがその発言は、天才美学とのこのような一致にいくつかの差異を導入することになった。その差異の中でもっとも重要なのは、自己創出の定理を創出者からシステムへ位置ずらししたことであろう。

自己自身を形成する芸術作品に関するロマン主義の諸定理は天才的産出力を脱中心化する。つまり、それらによって作者個人は中心主義‐流出論的な全能の地位から押し退けられ、われわれの視線は、芸術作品がすでに自律的な表出論理により言語媒質の所与をもって展開する反省的自己創出の力動へ向けられるのである。芸術の一種のシステム固有性としての産出的自己関係性を発見したことによって、特個的‐著者的な創造力の賛美は色あせたものになった。言語的経済にとっても市民経済にとっても、この発見はロマン主義以前の天才美学の創出者パースペクティヴよりも意にかなったものであった。著者は企業家と同様、自分たちのパースペクティヴからは本質的に独立していて、その志向や行為に還元することができないような自己反省的なシステムの代理人になるのだ。このような意味もまた、ロマン主義において見られる著者と企業家の並列化や〈自由〉経済に関する言述に含まれている。このような経済における自由とは決して純粋な〈自己〉定立の自由ではなく、常に反省された定立であると同時にシステムの側から定立された定立でもある。そしてこのことは、芸術哲学や素材美学の認識を超えて、かつての天才美学の創造パトスに対するイデオロギー批判をかなり含んでいる。ロマン主義の絶対的反省理論においてこのような創造パトスは自らの限界を知り、脱中心化され、それによって――社会的な尺度においても――自己の全能要求を制限することになる。こういった意味では、反省〔Reflexion〕の Re- はまさに自己賛美的な著者の産出力〔Produktionskraft〕における Pro- の対極をなすものであり、こう言ってよければ〈リアリスティック〉な解毒剤なのだ。この〈リアリスティック〉な解毒剤にロマン主義者が到達できたのは、構造やシステムの固有性に対する彼らのまさに秘教的な感覚のおかげなのである。だがそれでも絶対的反省の理論は、単に天才美学のユートピア的な内容を切り詰めるものではない。むしろこれは、作品が自己自身に関して展開する批判的プロセスや繰り返されるレクチュールにおけるその継続にそれを委ねるものなのである。

だが創出者中心化した自己創造のロマン主義による転倒は、〈本来の〉天才美学によってすでに下準備がなされていたのだ。というのは、そこにおいても天才の自己創造力は一種の弁証法にもつれ込んでおり、それがこの創造力自身を〈変化〉させていたからである。つまり天才の産出的主観性は、最終審級ではなくて一種の媒質として理解され、そこで「自然」が顕現すると考えられたことがしばしばあったのである。天才としての著者が作品を産出するのではなく、熱狂させる自然――および「神」――が彼において彼を通して生み出すのだ(2)。著者中心的創造美学のこのような屈折は、形而上学的な自然概念と神秘主義的な着想概念と結びついている。そういった意味では、真の自然の構築をあきらめ、著者中心主義的主観性の脱中心化を言語と芸術のシステム固有性に委ねることで、ロマン主義者はロマン主義以前の創造美学の自己相対化傾向を徹底化したにすぎないのかもしれない。

初期ロマン主義の絶対的詩的反省は――規則詩学および天才詩学と比較をしてみるとよくわかるが――、すべての理論がそうであるように、ある時代史的な特徴を含んでいる。この理論がいかに時代史的な状況との直接の接触を避け、すでにその固有の〈デザイン〉から政治と社会史に対して無関係であろうとしても、少なくとも理論としていったん成立してしまうと、政治と社会史に再び結び付けられることになるのだ。そもそも〈発展的〉初期ロマン主義者にとって、この非常に形式的な理論の有効性を彼らの発展的形成の理念と調和させることは何の問題もなかったのである。たしかにロマン主義的反省理論の特殊形而上学的な力点は、主観‐客観哲学を含めた形而上学的諸条件や所与の撤去とそれにともなう文学という一種ポスト形而上学的なゼロ地点の開拓といったことに限定されるのだが、この極端に精妙であると同時に、言語の側から考えられたので非常に具体的な文学概念には、やはり――微弱なものではあるが――歴史的な負荷がかけられている。というのは、反省の形式的な基本性格とは連関を作り出し、同時にこれに混沌と跳躍を組み込むということだが、これには同時に文学政策的で歴史的な上音部が不可欠なものだからである。ここで言う連関とは『ギリシャ文学研究論文』のシュレーゲルが近代的形成の混乱の中には存在しないと言うところのものである。国家と経済における単に機械的なだけの秩序は、ロマン主義者が市民的近代の〈根源〉において証明したあの意味欠乏において窒息しないためにも混沌と充実を必要とする。この両者をポスト形而上学的な形式レベルにおいて成し遂げるのが、詩的自己反省の脱自的連関である。そう言った意味でこの連関は、〈実体的〉シニフィアンを気化させながらも一種の記号論的救済地点を具現化するものであって、決して現実性や歴史からの疎遠化を体現するものではない。

ロマン主義反省理論のこのような（文学）政治的攻撃力は、その後史においてしばしば失われがちである。たとえば初期のベンヤミンはこのことを知ってはいたが、彼自身があの秘教的な博士論文テーマに取り組んだのは第一次世界大戦という現実性から目を逸らすためだったというのがかなり大きな動機となっている。ちょうど同じ頃、ベンヤミンはいかなる形態の文学的実践主義も、それどころか「いかなる今日の政治傾向」さえも拒絶していたのだが（*B* 217）、自分のロマン主義研究についてある書簡で次のように書いている。「先述したように、それ以来僕は博士論文のための読書しかしていない。この論文をこの時期に書き上げなければならないということは、救済的で唯一可能な精神の固定化だ」[3]（*B* 204）。第一次大戦の末期やロシア革命の数カ月後だったなら、疑いもなくベンヤミンは〈真の〉現実性という自分の概念をロマン主義研究にも関係させたであろう。だが後期の、断固として政治的なベンヤミンは、ほとんど初期のロマン主義研究に立ち返ることはなかった。すでに『哀悼劇論』を書いた〈中期〉のベンヤミンが、ロマン主義の批評概念からはっきりと距離を取っていたからである。知的伝記という側面から言えば、これは博士論文のテーマ選択において現実性からの疎遠化という契機が働いていたことを否定的に証明するものである。初期のベンヤミンは、「発展的」反省というロマン主義の理念を記述する際に、自分自身はその勢いに参加しなかった。たぶん彼はそれをむしろ挫折の観点から記述したのだろう。それでも彼が動かしているテクスト基底は、ロマン主義者にとって――ベンヤミンとは違って――非常に具体的な文学政治的な意味があったあの連関の記号学的メシアニズムの淡い輝きを彼に伝えていたのである。

自己自身を表出する作品という初期ロマン主義の理論に立ち戻ることがどのような時代史的、あるいはそれどころか政治的な特徴を持ち得るのか、あるいは持ち得ないのか、ということは今日ではもはや見きわめられないことである。最近二五年間のドイツ文学の専門書を見る限り、いまだに楽天的な歴史哲学的上部構造を指し示すのが常である。見たところ、それが不毛で恣意的なものであればあるほどこの図式が好まれるようだ。初期ロマン主義の理論図式に（潜在的）に立ち戻るデリダの理論は、単なる時代史的な事実から離れれば離れるほど革命的で発展的なものになる。それは初期ロマン主義のディスクール自身に非常によく似た混合体である。してみればロマン主義の秘義を歴史や政治などとの誤った結合のない結晶形式として受け入れるいささか保守的な色合いの受容であっても、決してチャンスがないわけではないかもしれない。これはロマン主義の反省理論の無限の変形可能性と順応可能性ではなく、何か別のものを示している。反省理論は、不毛で恣意的なものに変質しない限り純粋な形ではほとんど存立できないのである。初期ロマン主義者のもとにあっても、この理論が芸術哲学のディスクール全般を決して言い尽くすなどということはなかった。むしろこの理論はさまざまな色が織り込まれた織物の一本の糸にすぎない。他のコンテクストに引用されたり取り込まれたりすることは、それゆえこの理論にとってその真正性の危機を意味するものではなくて、むしろその生産性の条件となっている。これはまた生き延びというロマン主義の理念にも相応している。そしてさらにこれは絶対的反省形式自身の中心的な一契機——絶対的反省形式に当てはまるということは、その周囲に形成される理論にも当てはまる——にも相応しているのだ。すなわち、自己自身であるためには常に自己を超え出て行かなければならないというあの契機に。

原注／訳注

〔原注は（1）（2）…で、訳注は（一）（二）…で示した〕

解題

（1）Roman Jakobson, Linguisitik und Poetik, in ders., Poetik. Ausgewählte Aufsätze 1921-1971, hg. von Elmar Holenstein und Tarcisius Schelbert, Frankfurt a. M. 1979, S.107.

（一）日本聖書教会口語訳聖書による。

I　パラレリズム、韻、詩的反省

（1）J. G. Herder, Sämtliche Werke, hg. Bernhard Suphan, Berlin 1877ff. Bd.11, S.235.

（2）F. G. Klopstock, Ausgewählte Werke, hg. von Karl Augst Schleiden, München ⁴1981, S.137.

（3）Herder, Sämtliche Werke, Bd.18, S.42ff.

（4）Herder, Sämtliche Werke, Bd.6, S.39.

（5）Herder, Sämtliche Werke, Bd.11, S.238.

（6）Herder, Sämtliche Werke, Bd.6, S.40. ヘルダーがここで言及しているのはあきらかにリチャード・ラウス（Richard Lowth）〔『エンサイクロペディア・アメリカーナ』にはリチャードではなくロバートとあった――訳者〕の多くの版を重ねた次の著作であろう。De sacra poësia Hebraeorum, Oxford 1753（さらに Göttingen 1758-61, 1768-69）。

（7）同書四〇頁。

（8）同書四二頁以下。

（9）Herder, Sämtliche Werke, Bd.11, S.235.

（10）同書二三六頁。

(11) Herder, Sämtliche Werke, Bd.6, S.236.
(12) Peter Rühmkorf, agar agar – zauzaurim. Zur Naturgeschichte des Reims und der menschlichen Anklangsnerven, Reinbek 1981, S.61f.
(13) Roman Jakobson, Der grammatische Parallelismus und seine russische Spielart, in: ders., Poetik〔邦訳、『文法的平行性とそのロシア語における面』、川本茂雄編、ローマン・ヤーコブソン選集3『詩学』一〇一―一四七頁、大修館〕。
(14) Roman Jakobson/Krystina Pomorska, Poesie und Grammatik. Dialoge, Frankfurt a.M. 1982, S.91.
(15) Jakobson, Die neueste russische Poesie, in: Texte der russischen Formalisten, hg. von Wolf-Dieter Stempel, München 1972, S.31.
(16) 同書一一三頁。
(17) 同書一一五頁。
(18) Claude Lévi-Strauss, Mytologica, Bd. 1: Das Rohe und das Gekochte, Frankfurt a.M. 1971, S.435f.〔独訳名、仏語原典は Le cru et le cuit, Paris 1964〕。
(19) Lévi-Strauss, Strukturale Anthologie, Frankfurt a.M. 1967, S.253.
(20) Lévi-Strauss, Das Rohe und das Gekochte, S.437.
(21) 同書二三頁以下および四三六頁。
(22) 同書九五頁。
(23) Roland Posner, Strukturalismus in der Gedichtinterpretation, in: Literaturwissenschaft und Linguistik, Bd.1, hg. von Jens Ihwe, Frankfurt a.M. 1972, S.154 を参照。
(24) Jakobson, Poesie und Grammatik, S.92。さらにヤコブソンのもっとも有名な論文 Linguistik und Poetik, in: Poetik, S. 83-121〔邦訳、『言語学と詩学』、川本茂雄監修『一般言語学』、みすず書房〕においてヤコブソンが何度もホプキンズに言及していることに注目。
(25) ヤコブソンの Linguistik und Poetik, S.107 による引用。

（26） Jakobson, Linguistik und Poetik, S.110.

（27） Ferdinand de Saussure, Grundfragen der allgemeinen Sprachwissenschaft, Berlin 1967, S.143〔仏語原典：Cours de la linguistique générale, Paris 1922². 邦訳、『一般言語学』、小林英夫訳、岩波書店〕。

（28） 同、S.141の次の箇所を参照：「恣意的と差異的とは二つの相関的性質である」〔邦訳一六五頁〕。

（29） Jakobson, Zur Struktur des Phonems, in: ders., Selected Writings I（Phonological Studies), The Hague/Paris ²1971, S.294.

（30） Jakobson, Zeichen und System der Sprache, in: ders., Selected Writings II（Word and Language), The Hague/Paris 1971, S.273〔邦訳、『言語の記号と体系』、ロマーン・ヤーコブソン選集3『言語と言語科学』、大修館〕。

（31） Jakobson, Die Linguistik und ihr Verhältnis zu anderen Wissenschaften, in: ders., Aufsätze zur Linguistik und Poetik, hg. von Wolfgang Raible, München 1974, S.160〔邦訳、『言語の科学と他の諸科学との関係』、ロマーン・ヤーコブソン選集3『言語と言語科学』、大修館〕。

（32） Jakobson, Linguistik und Poetik, S.31 および Die neueste russische Poesie, S. 29 を参照。

（33） Die neueste russische Poesie, S.31.

（34） Linguistik und Poetik, S.92.

（35） 同書九四頁。

（36） Jakobson, Poesie und Grammatik, S.92.

（37） 同書九三頁。さらに多くの労力を傾けたすべての詩の分析──それはすべて実定的および否定的な平行構造の微視的な叙述であるが──もまた、その精髄として挙げるのは、分析される当の詩が統一的であるにもかかわらず多様であるとか、あるいは多様であるにもかかわらず統一的であるといった何度も繰り返し持ち出される認識である場合が少なくない。

（38） Form und Sinn, Sprachwissenschaftliche Betrachtungen, hg. von Eugenio Coseriu, München 1974 に付されたヤコブソンの「あとがき」、S.176f.

（39） 本書二四九頁を参照。

(40) いわゆる〈本来的〉な語義の訴求に対しては距離を置きつつも、ベンヤミンは、デリダが「引用の継ぎ穂の[……]可能性」(Signatur Ereignis Kontext, in: ders., Randgänge der Philosophie, Berlin 1976, S.141) から導いた解釈学的結論とは異なって、〈真正の〉解釈という理念を一度も完全に放棄したことはなかった。〔デリダの仏語原典は、Signature événement Contexte, in: Marges de la philosophie, Paris 1972〕。

(一) このヘルダーをはじめとして歴史的人名がこれからいくつか登場するが、いずれも文学史の索引や辞典類で簡単に調べがつくものなので、本書では訳注でのこれらの説明を割愛させていただく。なお本文中で「ロマン主義者」とあるのはほとんどノヴァーリスとフリードリヒ・シュレーゲルだけを指していると思ってよい。

(二) 総合文〔Periode〕とは、複合文、双対文等ともいい、句点法、句、節を巧妙に駆使して終止符を打たないようにして作られた長大な文であり、美文体に多い。日本語では読解の可能性を犠牲にしなければ不可能な技法なので、翻訳ではいくつかに区切らざるを得なかった。

(三) ギリシャ悲劇の合唱隊(コロス)の歌は、ストローペ、アンチストローペ、エポードスの三連構成で成り立っていた。

(四) この言葉をメニングハウスは意識して多用しているようだ。原語は in zweiter Reflexion すなわち直訳すれば「第二の反省〔反射〕において」という意味で、思惟およびその対象の反省的脱自性をもとに脱構築するのである。翻訳においては必ずしも一致した訳語をあてたわけではない。これはノヴァーリスの逆転秩序論の定式に着想を得たものと思われる。本書の次章の当該箇所を参照。

(五) 訳語として「効果」と「結果」という二つの日本語はどちらも多少意味範囲が狭すぎるのだが、「宣伝効果」といったような場合に生じる意図性の共示作用を避ける意味でここは「結果」としておく。これももちろんデリダの主要な思惟図式のひとつ。

(六) 原語は plier。もちろん「折り曲げる」という原義がある。他の多くのデリダのメタファーと同様、襞もまた折り曲げるものと曲げられたものの——普遍化して言えば何らかの根源を前提とする現在分詞と過去分詞の——差異の論理とは異質なところに、決して始源の無垢な純白(空白)がありえない形で襞化する。

(七) differenziell, Differenzialität の訳語としては「差異的」、「差異性」の他に「示差的」、「示差性」が浮かぶが、本書では両者を併用した。必ずしも訳語の差異が常にことがらに適切かどうか自信がないが、実定極の消滅に向かう関数的なものが問題になっている場合には「示差」、および——基本的にはこれも同じことなのだが——否定的関係性が問題の場合は「差異」としたつもりである。

（八）本書のもっとも重要な概念のひとつであるReflexionおよびその周囲に形成されるシニフィアン群の翻訳に、実はもっとも本質的な問題が残る。「反省」という日本語にはどこを探しても「反射」の意味がないし（むしろそれは「省察」であり、日常語としては「改心」というまったく関係ない意味まで共示する）、場合によって訳し分けるにしても、常に鏡像の意味共起を必要とする場合がほとんどなのである。ということでしばしば「反省〔反射〕」もしくは「反射〔反省〕」とし、ときには「反映」も用いることとした。〔 〕の補足がない場合も「レフレクシオン」という振りがなが常についているものとしてお読み願いたい。この箇所では、他性を招来する自己（内在的）鏡像化による二重化や累乗化としての意味である。

II ヴァルター・ベンヤミンによるロマン主義反省理論の叙述

（1）J. G. Fichte, Versuch einer neuen Darstellung der Wissenschaftslehre, in: ders., Sämtliche Werke in 9 Bänden, hg. von I. H. Fichte, Berlin 1845–1846, Bd.1, S.512ff.

（2）J. G. Fichte, Ueber den Begriff der Wissenschaftslehre, in: Sämtliche Werke, Bd.1, S.67（Anm.）.

（3）同書五一頁以下および七一頁。

（4）同書七二頁。

（5）同書四七頁以下。

（6）J. G. Fichte, Grundlage der gesamten Wissenschaftslehre（以下の引用においては Grundlage と短縮する), in: Sämtliche Werke, Bd.1, S.91.

（7）同書一二三頁。

（8）Fichte, Die Wissenschaftslehre（1812), in: ders., Nachgelassene Werke, hg. von I. H. Fichte, 3 Bde., Bonn 1834–35, Bd.2, S.325, und ders., Bericht über den Begriff der Wissenschaftslehre und die bisherigen Schicksale derselben

(1806), in: Nachgelassene Werke, Bd.2, S.364.

（9） Wolfgang Janke, Fichte. Sein und Reflexion—Grundlage der kritischen Vernunft, Berlin 1970, S.36 を参照。

（10） 続けて同時期に公刊された二つの著作、Zweite Einleitung in die Wissenschaftslehre と Versuch einer neuen Darstellung der Wissenschaftslehre を参照。両書とも Sämtliche Werke, Bd.1 に収録。特に四五九頁以下、五二一頁以下、および五三〇頁を参照のこと。

（11） Fichte, Grundlage, S.295.

（12） Fichte, Versuch einer neuen Darstellung der Wissenschaftslehre, S.526. 厳密に言えば、知的直観における直接的自己意識とは決して「意識ではないし、いわんや自己意識などではありえない」（Zweite Einleitung in die Wissenschaftslehre, S.159）。なぜなら、意識ということについて語るとなると伝統的語義においては必ず「～の」（何かの意識）という意味を共起させ、それによって、知的直観による「実在的自己意識」というフィヒテの定式がまさに克服しようとしている（反省的）意識の主観と客観への分裂も内含されてしまうからである。

（13） Fichte, Grundlage, S.244.

（14） 同書二一七頁。

（15） 同書九一頁。

（16） Paul Lerch, Friedrich Schlegels philosophische Anschauungen in ihrer Entwicklung und systematischen Ausgestaltung, Berlin 1905, S.41f.

（17） Fichte, Grundlage, S.244.

（18） 同書二三二頁以下。

（19） Manfred Frank, Die Philosophie des sogenannten 〈magischen Idealismus〉, in: Euphorion 63（1969）, S.95.

（20） フィヒテが第二序文（Zweite Einleitung in die Wissenschaftslehre）においてこれを解明している当該箇所は四五九－四六五頁および四七一－四七七頁であり、特に四七二頁を参照のこと。

（21） 批判版シュレーゲル全集一九巻（S 19）の一六一頁を参照せよ。シュレーゲルはそこで「批判的」な哲学は「実体概念を破棄しなければならない」とはっきりと要求している。シュレーゲルは定立の概念を暗に実体概念に相関させているので、この文言は間接的には定立に対する判定と解することもできる。

(22) Fichte, Grundlage, S.273f.

(23) Theodor Haering, Novalis als Philosoph, Stuttgart 1954; Manfred Dick, Die Entwicklung des Gedankens der Poesie in den Fragmenten des Novalis, Bonn 1967（以下の引用においてはDick, Novalisと略する）。

(24) Dick, Novalis, S.23-27およびS.122-124を参照。

(25) 叙述のはじめのほうの文章ではベンヤミンもこの〈弁証法〉に言及している。絶対的反省は「原反省」（*I* 31）の展開にすぎない、とそこでは言われる。ただしここの箇所においては、「第一の反省段階」がそれ自身「無から」生じるという仮定はまだ立てられていない。

(26) Fichte, Grundlage, S.301.

(27) 同箇所。

(28) 本書一〇四頁を参照。

(29) フィヒテはまさに「感情」を「そこで自我が［……］自己自身の意識を持たない」行為として規定している（Grundlage, S.297）。

(30) Ricarda Huch, Blütezeit der Romantik, Leipzig ^{6}1916, S.107にこうある。「〈ロマン化する〔romantisieren〕〉という言葉は［……］ある時は〈意識する〉および〈意識化する〉、またある時は〈無意識になる〉および〈無意識化する〉という言葉で翻訳できる」。

(31) 本書二五一—二五七頁、特に二五五—二五六頁を参照。

(32) Fichte, Grundlage, S.225 und S.230.

(33) F. W. J. Schelling, System des transzendentalen Idealismus, in: ders., Schriften von 1794-1798, Darmstadt 1980, S.337.

(34) 同書三三八頁。

(35) F. W. J. Schelling, System des transzendentalen Idealismus, in: ders., Schriften von 1794-1801, Darmstadt 1975, S.600.

（36） A. a. O., S.338.

（37） この点に関しては、あまり説得力のない根拠を挙げてまったく正反対の解釈を示しているクラウス・ペーターと意見を異にしている。彼によれば、「ベンヤミンはそのシュレーゲル解釈においてシュレーゲルよりはむしろシェリングを記述している」という。Idealismus als Kritik. Friedrich Schlegels Philosophie der unvollendeten Welt, Stuttgart/Berlin/Köln/Mainz 1973, S.26を参照。同様の記述は、Klaus Peter, Friedrich Schlegels ästhetischer Intellektualismus. Studien über die paradoxe Einheit von Philosophie und Kunst in den Jahren vor 1800, Diss. Frankfurt a. M. 1966, S.27にも見られる。

（38） Haering, Novalis als Philosoph, S.610f.

（39） Dick, Novalis の三二八—三三〇頁および四〇〇—四〇三頁を参照。

（40） 「反省媒質」という概念が解釈の言葉にのみ属するものであって、決して解釈の対象それ自身に属するものではないことをベンヤミンははっきりと標示している（*I* 36）。

（41） Fichte, Grundlage, S.199 und 204.

（42） このフィヒテ解釈において私は、ノヴァーリス研究においても広くその基礎にもなっているどちらかといえば伝統的な解釈に従っている。だがアレクシス・フィロネンコ〔Alexis Philonenko〕はその著書 La liberté humaine dans la philosophie de Fichte（Paris 1966）でこのような解釈の修正を求める数多くの論拠を提出している。彼によれば、絶対我とは（カントの言う意味での）超越論的仮象なのであり、フィヒテがこれを築き上げた（および形式論理学の内含としてとりあげた）のは、単にこれを（それとともに形式論理学も）仮象として解体するためだったのだという。そしてこれは構想力に着眼してのことである。こうなれば構想力は絶対我に乗り越えられないばかりか、逆にこれに制限を想起させることになるのだ。このような観点から見れば、構想力における絶対者と（浮遊する）交互性との体系関係はフィヒテとノヴァーリスにおいて類縁的なものとなるだろう。だがこのように考えると、なぜフィヒテが絶対我の仮象性格を交互性の彼方にそのように弱くしるしづけ、このような自分にとって不利な解釈に回路を開けておいたのかということの理由が謎として残るのである。

（43） 本書一〇七頁以下を参照。

(44) 本書一四〇頁以下を参照。

(45) 客体の自己認識に対して認識主体の活動性を無視するこのような解釈変更（ベンヤミン自身も他のいくつかの箇所でこれに対立するようなことを言ってバランスを取ってはいるのだが）に対して、ペーター・ゲープハルト〔Peter Gebhardt〕は次の論文で批判を加えている。Über einige Voraussetzungen der Literaturkritik Benjamins, in: Gebhardt u. a., Walter Benjamin—Zeitgenosse der Moderne, Kronberg 1976, S.72-74.

(46) *LN* 1565 および *S* 19, 164 を参照。

(47) Götz Braun, Norm und Geschichtlichkeit der Dichtung. Klassisch-romantische Ästhetik und moderne Literatur, Berlin/New York 1983, S.139.

(48) Fichte, Grundlage, S.219-222.

(49) Jakobson, Linguistik und Poetik, S.110f.

(50) 同書九二頁以下。

(51) 同書一一一頁。

(52) Heinz-Dieter Weber, Friedrich Schlegels „Transzendentalpoesie". Untersuchungen zum Funktionswandel der Literaturkritik im 18. Jahrhundert, München 1973, S.110f.

(53) Friedrich Schlegel, Von der Schönheit in der Dichtkunst, in: ders., Neue philosophische Schriften, erläutert und mit einer Einleitung versehen von Josef Körner, Frankfurt a. M. 1935, S.379.

(54) *S* 2, 103, 169 und 201; S18, 20, 49, 114 und 169.

(55) ベンヤミンはシュレーゲルの言う意味での特性描写〔Charakteristik〕を、まさにこれには「高次なところに導かれていく」という契機が欠けていることによって批評〔Kritik〕と区別していた。累乗化しない批評としての特性描写は「一方では凡庸な作品にこそふさわしいものであり、〔……〕他方マイスター批評に続くものとしては非詩的な批評家の仕事ということになるのである」（*I* 69）。おそらくルドルフ・ハイムから受け継がれたと思われる（Die Romantische Schule. Ein Beitrag zur Geschichte des deutschen Geistes, Berlin ³1914, S.261 を参照）この解釈を支持するようなシュレーゲルの文言は非常に少ない。そのようなもののひとつで有名なものは『マイスター』批評からのものである

(S 2, 140)。だがむしろこれに対立するような価値評価のほうが優勢である。「特性描写は批評の芸術作品である」(S 2, 253)。つまり「選りすぐりの古典中の古典」を基礎づける批評の最高の形式であって、決して凡庸な作品にこそふさわしいものなどではなく、「芸術作品」としてそれ自身詩的な批評の要請に合致するものであって、決して非詩的な批評家の仕事などではないのである。それゆえベンヤミンの特性描写と批評の区別に対しては、すでにルネ・ヴェレックが批判を加えている。(The Early literary criticism of Walter Benjamin, in : Rice University Studies 57 (1971) 4, S.127).

(一) 「詩的」とは poetisch であるが、もちろんロマン主義の文脈でこの概念が現れるところでは常に「ポイエーシス〔創出〕」の共示作用があると考えたほうがよい。反省/反射/反映/鏡像化の意味ポテンシャルと考え合わせると、ひとまず「詩的反省」と訳出した概念の内含は、再-屈折〔反射〕という追補性にそれ自身創出的なものとしての根源性が認められるということにもなる。

(二) シュレーゲルの未完の小説の題名。一七九九年に第一巻だけ出版された。ルツィンデとは主人公の女性の名前である。この小説でシュレーゲルはポエジー、愛、生の統合という一種のロマン主義的ユートピアを表出しようとしたが、性描写が(当時の感覚では)露骨だと批判された。「作品」としてもそのあまりの無定形性ゆえに、普通の基準に照らし合わせればとうてい成功したものとは言えない。

(三) 批判版全集の第一六巻に収められており、一九八一年に『文学ノート』の編者であるアイヒナーによって編まれた。内容は『文学ノート』をすべて包含しており、頁対照表もついている。

(四) 「媒質」とはベンヤミンの初期言語論の重要概念である。思念の伝達の道具といった旧来の言語観を根底から覆すベンヤミンの媒質理論において、表出の二次性は一を欠く二となり、表出と存在の二項対立は解体される。

(五) このように微妙なパラレリズムにおいて強調箇所を変えて指示機能を酷使したエクリチュールを理解できるように外国語に翻訳するのはほとんど不可能かもしれない。再屈折という語源的な意味から反省には何か先行する存在、「時間的・論理的」順位から反省が定立することのできない存在が考えられる。だが屈折させるもの〔das Flektierende〕——規定を探すという意味で——は存在を定立するのではなくて、存在の規定を定立するだけである。存在は——シェリングや実存哲学を考えてもらうとよいかもしれない——このような規定で割りきれるものではなくて、むしろ常に捉えそこなわれるものである。存在と定立とのアポリア的な関係が反省〔反射〕において止揚されるというのは、再帰性によって定立の絶対的自発性から、屈折的‐規定的な性格によって存在の規定先行性から、それぞれ反省は離れることができ、存在と定立のいずれに対しても否定的な関係を持っているからである。

（六）語義を考えれば、いかなる差異もまだ生起しない地点と考えられることもできるだろう。

（七）Erfüllung のもとになった動詞 erfüllen には「満たす」という原義があり、これが質料的充実として果たすべきものを果たすという意味につながる。今後「成就」という訳語には常に「充実」が共鳴していることとする。

（八）Progressive Universalpoesie であるから首尾一貫性を持たせるなら「文学」ではなくて「ポエジー」とすべきだったかもしれない。ただしこの箇所は非常に有名な箇所で、この術語の日本語訳もほぼ固まっているのではないかと思われたのであえてこのようにした。『アテネーウム』のこの断章はロマン主義小説〔ロマン〕の規定としても読める。

（九）シェリングの歴史概念から自然の展開は除外されている。つまり時間的構造化を許す対象として考えられているのではなくて、絶対的生成の相のもとにある存在として考えられている。その意味では Naturgeschichte の時間化を図ったカント以前の伝統に従って「史」ではなくて「誌」の字をあてるほうがまだましのような気がする。

（一〇）原語はロマン〔Roman〕。語源的にはラテン語ではないロマンス語系諸語で書かれた叙事文学を意味したが（ロマン主義 Romantik とはそれゆえ語源が同じ）、ロマン主義者はこれにジャンル統一および超出の完成体としての地位を与え、まさしく総合文学〔Universalpoesie〕として世界のロマン化〔Romantisierung〕の枢軸となるものとしたのである。

III　産出および絶対的総合としての反省

——非再現前化主義的な自己二重化モデルの根本規定（記号、言語、表出）

（1）Schelling, Vom Ich als Prinzip der Philosophie oder über das Unbedingte im menschlichen Wesen, in: Schriften von 1794-1798, S.42.

（2）同書四三頁。

（3）同書四六頁。

（4）同書四七頁。

(5) 同書六四頁。
(6) 同書四三および四七頁。
(7) 同書六〇頁。
(8) Schelling, System des transzendentalen Idealismus, S.600.
(9) Schelling, Ideen zu einer Philosophie der Natur, S.337ff.
(10) 同書三三八頁。
(11) 同書同頁。
(12) Schelling, Vom Ich als Prinzip der Philosophie, S.56.
(13) 同書九七頁。
(14) 同書七八頁。
(15) Schelling, Abhandlungen zur Erläuterung des Idealismus der Wissenschaftslehre, in : Schriften von 1794-1798, S.292.
(16) Schelling, Vom Ich als Prinzip der Philosophie, S.57.
(17) Manfred Frank/Gerhard Kurz, Ordo inversus. Zu einer Reflexionsfigur bei Novalis, Hölderlin, Kleist und Kafka, in : Geist und Zeichen. Festschrift für Arthur Henkel, Heidelberg 1977, S.76-80 を参照。
(18) Fichte, Grundlage, S. 301.
(19) ノヴァーリスとフリードリヒ・シュレーゲルの言語哲学に関しては次の論文を参照。Eva Friesel, Die Sprachphilosophie der deutschen Romantik, Tübingen 1927 ; Heinrich Fauteck, Die Sprachtheorie Fr. v. Hardenbergs (Novalis), Berlin 1940 ; Friedrich Kainz, Friedrich Schlegels Sprachphilosophie, in : Zeitschrift für Deutsche Geisteswissenschaft 3/1940, S.263-282 ; Heinrich Nüsse, Die Sprachtheorie Friedrich Schlegels, Heidelberg 1962 ; Helmut Koch, Der philosophische Stil des Novalis, Diss. Münster 1972, S.483-513 ; Karl Grob, Ursprung und Utopie. Versuche zu Herder und Novalis, Bonn 1976 ; Heinrich Reichardt, Integrale Sprachtheorie. Zur Aktualität der Sprachphilosophie von Novalis und Friedrich Schlegel, München 1976 ; Norbert W. Bolz, Der Geist und die

Buchstaben. Friedrich Schlegels hermeneutische Postulate, in : U. Nassen（Hg.）, Texthermeneutik—Aktualität, Geschichte, Kritik, Paderborn/München/Wien/Zürich 1979, S.79-112 ; Wolfgang Janke, Enttönter Gesang—Sprache und Wahrheit in den “Fichte-Studien” des Novalis, in : Erneuerung der Transzendentalphilosophie im Anschluß an Kant und Fichte. Reinhardt Lauth zum 60. Geburtstag, hg. von Klaus Hammacher und Albert Mues, Stuttgart 1979, S.168-203.

（20） Immanuel Kant, Kritik der Urteilskraft, in : Kants gesammelte Schriften, hg. von der Königlichen Akademie der Wissenschaften, Berlin 1908-1913, Bd.5, S.351f.〔邦訳、『判断力批判』、原佑訳、カント全集第八巻、理想社〕。

（21） Fichte, Ueber Geist und Buchstabe in der Philosophie, in : Sämtliche Werke, Bd.8, S.294ff.

（22） Brief an Schiller Ende Juni/Anfang Juli 1795, in : J. G. Fichte-Gesamtausgabe, hg. von Reinhard Lauth und Hans Gliwitzki, Bd.1,6, Stuttgart-Bad Cannstatt 1981, S.320.

（23） Fichte, Ueber Geist und Buchstabe in der Philosophie, S.292-295.

（24） ゲルハルト・クルツ〔Gerhard Kurz〕はカントおよびフィヒテとシュレーゲルおよびノヴァーリスの間にある表出概念の意味の区切れを完全に曖昧にしている（Mittelbarkeit und Vereinigung. Zum Verhältnis von Poesie, Reflexion und Revolution bei Hölderlin, Stuttgart 1975, S.91）。

（25） たとえばクロップシュトック〔Klopstock〕の対話 Von der Darstellung を参照。Ausgewählte Werke, S.1031-1038.

（26） Striedter, Die Fragmente des Novalis als Präfigurationen seiner Dichtung, Diss. Heidelberg 1953, S.207ff.（in der Neuausgabe von 1984 : S.198ff.）.

（27） Schelling, Abhandlung zur Erläuterung des Idealismus der Wissenschaftslehre, S.227.

（28） この新概念を私はヴェルナー・ハーマッハー〔Werner Hamacher〕がデリダの影響のもとで書いた次の著作から借用する。pleroma—zu Genesis und Struktur einer dialektischen Hermeneutik bei Hegel, in : G. W. F. Hegel, Der Geist des Christentums. Schriften 1796-1801, hg. und eingeleitet von Werner Hamacher, Berlin 1978, S.262.

（29） シュテファン・ズメラー〔Stefan Summerer, Wirkliche Sittlichkeit und ästhetische Illusion. Die Fichterezeption in den Fragmenten und Aufzeichnungen Friedrich Schlegels und Hardenbergs, Bonn 1974〕は、ノヴァーリスにおける感情と反省に関する彼の解釈においてまったく逆の側面を強調している。感情を統御不可能なもの、絶対的超越として反省に対して仕切りをつけているあの箇所に関係させながら、彼はノヴァーリスが主張するこの両者の根源的統一の問題には向かわない（Summerer, S.100ff.）。この解釈の尺度を与えているのは自己意識に関するディーター・ヘンリッヒ〔Dieter Henrich〕の諸著作、特に『フィヒテの根源的洞察』〔Fichtes ursprüngliche Einsicht, Frankfurt a. M. 1967、邦訳、座古田／小松訳、法政大学出版局〕である。この本でヘンリッヒは、フィヒテの知的直観の概念に即してすべての交互性の彼方にある直接的でいかなる反省によっても統御不可能な自己直観の理論を展開している。反省概念のいかなる意味のずれにも背を向けて、ズメラーは自己の解釈の方向づけの枠組みとして以下のことを宣告する。

反省的対象化――すなわち間接的な方法――によっては自己意識を獲得することはできない。自己意識は直接的にのみ瞥見されるのである。行為者は、その行為において行為者としての自己自身の意識であるように自己の行為を意識化できなければならない。そのためには自我の自己回帰する活動――直観――を直観せねばならないが、このような直観こそ知的直観なのである（S.56）。

このような（十年ほど前にハイデルベルクで通用していた）絶対的な前‐および非‐反省的な「直接的自己把捉」の尺度でシュレーゲルとノヴァーリスの文言は〈判断〉されてしまう。たとえばノヴァーリスが哲学を「一義的に交互活動に限定している」ところでは、ズメラーはそれにすぐさま付け加えて、哲学は実際は差異の戯れに「限定されてはいない」のであり、すべての交互性の彼方にこの交互性の基礎として絶対的統一が想定されなければならないと言うのである（S.165）。というのは――ここで非常に特徴的な信条が示される――「交互規定に尽きるような哲学は［……］非本質的なものにとどまるものであり、量化の操作を超え出ることができないからである」（S.101f.）。すなわちテクスト層が保証できるほど「統一的ではない」（S.165）すべての箇所でズメラーに一義的な強勢を置かせているのは、差異の彼方にある最終的なものへ向かおうとする明確な使命なのである。だがそれでもズメラーは、初期ロマン主義者の言説が反省概念についての多くの新しい、そしてまったく肯定的な理解を導開しているということを認めていると言う。

反省が構成的契機として知的直観において与えられる絶対者の根源的統一の中に組み入れられるとき、反省の本質に関する問いは新しく立てられなければならない。なぜならこの第一の反省には、意識の場合のようにある高次の審級から質料が届けられるというわけにはいかないものだからである（S.102)。もうひとつ別の箇所でも同様に妨害的な考えがズメラーを執拗に責め苛んでいるようだ。それは彼が正当にも「実体の自己自身からの離反ではなくて絶対者自身、すなわち自己反省性〔In-sich-Reflektiertheit〕としての反省」(S.160)という思惟を考察している箇所である。だが彼がここでこのようなことを書いたのは、単にこれを実行不可能な主張として打ち捨てるためか、あるいは自分の構想にもっとよく合致するような文章へ移行するためでしかない。このような選択と強勢の配置がたとえロマン主義者の叙述において正当なものであったとしても、フィヒテやシェリングとは一線を画してまったく逆の強勢配置をねらったベンヤミンが残したロマン主義反省概念に関する仕事のすべてに対して、一切言及もしなければ明確な批判もしないというのは驚くべきことである。

(30) Fichte, Zweite Einleitung in die Wissenschaftslehre, S.458f.
(31) 同書一四頁。
(32) Fichte, Darstellung der Wissenschaftslehre. Aus dem Jahre 1801（以下においてはWissenschaftslehre 1801と略述する), in : Sämtliche Werke, Bd.2, S.38.
(33) 同書三三頁。
(34) 同書三四頁。
(35) 同書四一頁。
(36) 同書同頁。
(37) 同書一〇頁。
(38) 同書二〇頁。
(39) 同書三七頁。
(40) 同書二四頁。
(41) 同書一七頁。
(42) 同書同頁。
(43) 同書一〇頁。

(44) Schelling, Vom Ich als Prinzip der Philosophie, S.42.
(45) 本書七三頁以下を参照。
(46) Dick, Novalis, S.37f. を参照。
(47) Schelling, Vom Ich als Prinzip der Philosophie, S.59. もちろんフィヒテに関しては交互性と絶対者の関係についてまったく別の解釈が可能である（原注IIの(42)を参照）。
(48) Schelling, System des transzendentalen Idealismus, S.455.
(49) 同書五〇五頁。
(50) *S* 2, 320, *S* 3, 665 および Friedrich Schlegels Briefe an seinen Bruder August Wilhelm, S.111 を参照。
ここでマンフレート・ディック〔Manfred Dick〕の膨大なノヴァーリス研究の――より欠陥の目立つ――第二部に若干のコメントを加えてみることにしよう。その主なテーゼとは次のようなものであった。ノヴァーリスは後期の覚え書きにおいてあらゆる「連関」の理念から離反しており、芸術と現実の両者を無秩序な、そしてまさにそれゆえに「偶然」の「不思議〔wunderbar〕」な所業とみなし、この理由から小説ではなくてメルヒェンを「ポエジーの規範」として称揚したのだ、と。確かにこのような傾向の文言はノヴァーリスにおいて数多く、しかも一貫性をもって見られるものである。だが、パラフレーズ的引用に準拠するディックの態度が〈適切〉な読みにふさわしいものかどうかということになると少々疑わしいものがある。なぜなら彼が引用している（437）連関のない「偶然の産出」（*N* 3, 451）に関する中心的な言説こそ、まさにそれ自身として、自己の弁証法的な脱構築を喚起してしまうからである。

> メルヒェンはいわばポエジーの規範である。すべてのポエジー的なものはメルヒェン的であらねばならない。詩人は偶然を称揚する。（*N* 3, 454；Dick, S.407）

> メルヒェンとは本質的に夢の形象のようなもので、連関がなく、不思議な事物や出来事のアンサンブルである。たとえば音楽的なファンタジー、風の竪琴が掻き鳴らす調和の音色、自然自身なのである。（*N* 3, 454；Dick, S.407）

> 真のメルヒェンにおいてはすべてが不思議で、秘密に満ちて連関のないものでなければならない。（*N* 3, 280；Dick, S.408）

ここで〈通常の〉連関と〈高次の〉連関との間のシュレーゲルの区別（*S* 2, 134f.）を考えずに、これらの文言を文字どおりに受け取るわけにはいかない。メルヒェンの不思議な展開と跳躍が偶然で連関のないものと呼ばれるのは、第一の省察においてだけのことである。より高次の形式理論的な反省を施してみると、むしろまさにメルヒェンの不思議な偶然こそが、アンドレ・ヨレス〔André Jolles オランダの文芸学者――訳者〕が明確に呈示したように、必然的で連関しているものであることがわかる。すなわち、形式の内部で厳格に（「後ろから」）動機づけられた行為形成の要素として（André Jolles, Einfache Formen, Tübingen 1930, S.234-246 を参照）。二つの理由から、ディックはノヴァーリスの非連関に関する言述を狭く理解するべきではなかったのだ。第一点。ディックはメルヒェンの名において反省的連関の理念が打ち捨てられていると考えているようだが、まさにこれこそが構造主義的分析のプロトタイプ的な対象――そしてそれとともに高次の内的結合〔Kohärenz〕を持つ対象として（Vladimir Propp, Morphologie des Märchens, Frankfurt a. M. 1975 を参照）――となったものなのだ。第二点。ノヴァーリス自身が挙げている「夢の形象」や「風の竪琴が掻き鳴らす調和の音色」といった比喩自身が、自らが名付けようとしている「連関のない」という賓辞に修正を施しているのである。フロイトを待つまでもなく、すでに夢の形象の顕在的無秩序の中にひとつの固有〈論理〉を看取していたのはロマン主義者自身なのである。そしてより決定的に諸刃の剣となる例証は、「風の竪琴が掻き鳴らす調和の音色」であろう。「調和の」という付加形容詞によって、これには秩序と連関の契機を与えられている。すなわちここに挙げた非連関の三つの例――メルヒェン、夢の形象、風の竪琴――には、シュレーゲルが「マイスター批評」において反省的連関の〈高次の〉概念を開陳している次の言説が該当するのである。

> 統一と連関に対する通常の期待をこの小説は〔……〕しばしば裏切る。だが真の体系的な本能〔……〕を持っている者は、探究すればするほど内的関係や親和性、そして精神的な連関をそこに発見するのである〔……〕。（*S*2, 134）

だが「偶然」と非連関に関するディックの理解を疑問に付すためには、何もシュレーゲルをもってノヴァーリスを解釈するまでのこともない。ノヴァーリス自身が偶然に対して一種の論理および連関を認めているからである。「偶然もまた固有の規則性を持っている」（*N*3, 414）。それどころか彼は「偶然の法則」について語っており、それとともに偶然の非連関を「法則列」や「法則計算」に従属させている（*N*3, 425）。ということは、（反省的）連関の理念は打ち捨てられているどころかむしろ拡張され拡大されているとさえ言えるのである。すなわち、その外観および存在にまで「無秩序」のはっきりとした特徴が内含されているような現象への拡大である（Karl Grob, Ursprung und Utopie, S. 71ff.

を参照)。最後にもうひとつ、ディックの論拠に対する批判を付け加えておこう。ノヴァーリス自身のメルヒェンもまた、「不思議な無秩序の」産物(属格「の」の二重の意味において)ではあるものの、その内部において高い鏡像性〔反省性〕をもった非常に練り上げられた芸術作品であり、それゆえ内部において「連関を持って」もいるのである。

(51) Haering, Novalis als Philosoph, S.173.

(52) Dick, Novalis, S.94-99.

(53) 同書九五頁。

(54) Manfred Frank, Das Problem der Zeit in der deutschen Romantik, München 1972 および Gerhard Kurz, Mittelbarkeit und Vereinigung, S.105f. を参照。

(55) Gerhard Kurz, Mittelbarkeit und Vereinigung, S.89.

(56) Dieter Henrich, Fichtes ursprüngliche Einsicht, in: Subjektivität und Metaphysik. Festschrift für Wolfgang Cramer, hg. von Dieter Henrich und Hans Wagner, Frankfurt a. M. 1966, S.188-232.

(57) フィヒテもまた、われわれ自身の知的直観と他の意識行為との差異をはっきりと示している。『知識学の第二序論』では、この自己自身の知的直観とは——これが何かの意識ではなくてその何か自身である以上——、「意識ではなく自己意識ですらないもの」(S.495) とまで言われる。だがそのすぐ後で、今度は非‐定立的な意味における意識として、知的直観とは「私が行為しているという直接的意識である」(S.463) とフィヒテは言うのだ。すなわちフィヒテは、ヘルダーリンとは違って、自分自身も認めた知的直観と意識の統合不可能性の所見を再度の省察において永遠に撤回したのである。このようにしてはじめて彼は、自分にとって中心的な自我の賓辞である対自性を最高の統一行為に対しても守ることができたのである。

(58) 一七九五年一月二六日のヘーゲル宛の書簡、in: Hölderlin, Sämtliche Werke, hg. von Friedrich Beissner, Bd.6, Stuttgart 1953, S.155.

(59) フィヒテの自己意識問題の〈解決〉、すなわち知的直観の理論は、一七九七年以降になってから——ということは一部は本文中に引用されたヘルダーリンの理論的言説の後で——祖述されたような形式で発表されたのである。この二人の思想家を体系的に対置してみようとする試みにとってこれは取るに足らない問題であろう。同様に、ヘルダーリンがフィヒテの知的直観理論を発表前に口頭で、つまりフィヒテの講義を通して知っていたかどうかという問題もあまり意味のあるものではない。

(60) Fichte, Zweite Einleitung in die Wissenschaftslehre, S.459-465 および S.471-477 を参照。知的直観を実体化しようとする誤解に対して呈示されたフィヒテの包括的定式は、興味深いことに防御的な自己正当化の立場からまとめられていた。つまり、体系的解題の中にひとつの双価性が存在し、これが、そこで絶対的に自己把捉する意識の行為形式としての知的直観が存在の同一的主観‐客観性の構造自身としての意味も持っているという読みの可能性を決して排除していないのである。この結論は、知的直観の行為それ自身がすでにそれが把捉しようとするものの生成と存在として定義されていることからして当然の結果であった。これによってフィヒテの〈行為〉理論は、意識および知識の存在に関するテーゼを――シェリングやヘルダーリンのように存在一般をではないにせよ――内包することになるのである。一八〇一年の知識学においてこの曖昧性はさらに増加する。

(61) 一七九五年九月四日のシラー宛の書簡。Sämtliche Werke, Bd.6, S.181.

(62) だが数ヵ月後ニートハマー〔Niethamer〕に宛てられた書簡は、「知的直観」を再び理論的〔theoretisch〕なものとして要請している。しかしここで理論的という言葉に込められているのは、理論哲学という肯定的な普通の意味ではなく、むしろ実践からの距離であり無関係性といった否定的な意味、すなわち「われわれの実践理性が助勢に来る必要がない」という意味なのである。だがヘルダーリンは、これが美学においても理論においても文字どおり所与のものであると考えていた。すると要請された理論的な知的直観は一瞬にして本質的に美的〔感性的〕なものとしての姿を現すのである。「われわれはそれに対して美的感覚を必要とする。私の哲学書簡を〈人類の新美的教育書簡〉と名付けよう」(一七九六年二月二四日のニートハマー宛ての手紙、Sämtliche Werke, Bd.6, S.203)。

(63) 詩学的覚え書きとは違って、ヘルダーリンの書簡には、知的直観を〈頂点〉に据えようという当時流行していたパラダイムとの類似点が認められる。そこでヘルダーリンは特にシェリングとシラーの対応する統一図式の要素を組み合わせているが、彼らの総合的な構想を継承しているわけではない。右に引用したニートハマー宛ての書簡を参照。

(64) 他の二回は *H* 253f.(Anm.)と *H* 258 である。

(65) In : Sämtliche Werke, Bd.6, S.516.

(66) Lawrence J. Ryan, Hölderlins Lehre vom Wechsel der Töne, Stuttgart 1960, S.82f., 94f.

(67) Kurz, Mittelbarkeit und Vereinigung, S. 82f., 103 ; Walter Hof, Hölderlins Stil als Ausdruck seiner geistigen Welt, Meisenheim am Glan 1954, S.23, 39 および Lawrence J. Ryan, Hölderlins Lehre vom Wechsel der Töne, S. 23, 94f. を参照。

(68) Sämtliche Werke, Bd.3, S.81. を参照。

(69) Kurz, Mittelbarkeit und Vereinigung, S.81.

(70) 前掲のクルツ〔Kurz〕とライアン〔Ryan〕の著作を参照。

(71) Hof, Hölderlins Stil als Ausdruck seiner geistigen Welt, S.37, 39.

(72) Saussure, Grundfragen der allgemeinen Sprachwissenschaft, S.134.

(73) 同書一四三頁にこうある。「言語は言語システムに先行して存在するような表象も音声も持たない」。

(74) 同書一三九頁以下。

(75) Lévi-Strauss, Das Rohe und das Gekochte, S.25f.

(76) Jacques Lacan, Schriften II, hg. von Norbert Haas, Olten 1973, S. 23, 46, 116. 〔仏語原典 : Écrits, Paris 1966. 邦訳、『エクリI/II』、佐々木孝次他訳、弘文堂〕。

(77) *SD* 440 も参照。

(78) Lacan, Schriften II, hg. von Norbert Haas, Olten 1975, S.27.

(79) Lacan, Schriften I, S.117.

(80) Lacan, Schriften II, S.22.

(81) 同書一九五頁。

(82) 同書二一八頁。

(83) Saussure, Grundfragen der allgemeinen Sprachwissenschaft, S.8.

(84) デリダの Signatur Ereignis Kontext, S.154f. を参照。

(85) これはデリダ自身の文言ではなく、引用されたフィリップ・ソレルス〔Philippe Sollers〕のものである。

(86) 似たような思考図式はジル・ドゥルーズ〔Gilles Deleuze, Différence et répétition, Paris 1968〕にも見られる。

(87) これに関しては本書の完成後に発表されたロードルフ・ガシェーの次の研究を参照：Rodolphe Gasché, The tain of the mirror. Derrida and the philosophy of reflection, Cambridge 1986.

(88) Henrich, Fichtes Ursprüngliche Einsicht, S.192.

(89) 同書一九三頁。

(90) 同書二一二頁。

(91) 同書一九四頁。

(92) 同書一九七頁。

(93) 同書二〇五頁。

(94) 同書同頁。

(95) 同書二一三頁。

(96) 同書同頁。

(97) 同書一九七頁。

(98) 同書二〇五頁。

(99) 同書二一一頁以下。

(100) 本書一〇四頁以下を参照。

(101) Henrich, Fichtes ursprüngliche Einsicht, S.206.

(102) 同書二二六頁。

(103) 同書二二六頁の注。

(104) マンフレート・フランクが彼の著作（Manfred Frank, Was ist Neostrukturalismus?, Frankfurt a. M. 1983）で繰り返す反省〔反射〕批判とここに挙げた反省〔反射〕概念とはおよそ嚙み合わないものである。フランクは反省という項をほとんど例外なくデリダとシュレーゲルが克服しているあの旧来の図式に結び付けている。すなわち、現前の前提、鏡像反射の自己帰還、自己の他者としての他者における同一性の表出という閉じた円環である。そしてフランクがデリダにおいてまったく異なった反省〔反射〕概念に即した肯定的な方向性の要素を認めるときでも——だが私には彼の叙述がこのような論点に十分に取り組めるものであるようには思えない——、そのような要素は自己存在の基礎づけに対する反省〔反射〕の不適格性という全般的な裁断に委ねられてしまうのである。フランクは旧来の反省モデルの弱点を非常に巧みにえぐり出しているが、これを別の反省モデルではなく非‐反省のモデルへ超え出たものとして考えようとしている。これを彼は、一方では前‐および非‐反省〔反射〕的で前差異的な（自己の）自己自身の精通性、他方ではある種の超越的な存在からの反省的には解消不可能な従属性の「感情」を必然的に思惟すべきものとして規定することによって主張しているのである。そこで挙げられる根拠には、一方では大部分においてフィヒテの知的直観の導入との、他方ではシェリングの不如意な超越的存在の実定哲学との収束が見られる。直接の後見はここでもディーター・ヘンリッヒである。ノヴァーリスとシュレーゲルを視野に入れつつ、ベンヤミンがその素材の〈切り出し方〉において対決を図ったあの言述がここで再び強調される。このことに関しては、シュテファン・ズメラーによるノヴァーリスの反省概念の叙述における類似の特徴に対する批判（原注Ⅲの(29)）も参照。

フランクは反省〔反射〕の批判とデリダの差延概念の批判を結び付け、同時に反省〔反射〕にも差延作用にもまずは唯一の負荷可能な基礎を割り当てようとしているが、私にはここでいくつかのものが混乱に陥っているように思える。

1、反省に対するフランクの主要な論理は、ディーター・ヘンリッヒの『フィヒテの根源的洞察』から、歴史的にも体系的にも異なった連関にあまりにも断層のない形で適用されている。その論証とは次のようなものである。「もし自己意識の経験が自己反省の結果ならば、次のようなプロセスが生起してしまうことになるでしょう。自己自身を知らない自我が表象しつつ自己自身に向かって自己を折り戻し、そこで自己を見出すという。しかし自我がそれ以前に自己自身についての概念を持っていなかったとしたら、自我はどのようにしてこの洞察を果たすことができるのでしょう」(S. 251)。このような類の論理——ディーター・ヘンリッヒ自身も、これはフィヒテ自身の論証であると申し立てることはできないとはっきりと言いきっている（Fichtes ursprüngliche Einsicht, S.211）——に対して、確かにフランクの主要土台であるシェリングとシュライアーマッハーにおいてはいくつかの裏付けとなるものがある。だが「初期ロマン主義」(S. 251）がこれを保証するということは決してない。フィヒテの反省批判もその前提化構造に対するものというよりは、反省に固有な分裂、およびそれにともなって反省が把捉するものすべてを「破壊」してしまうことに対して持ち上がってきたものである。そしてこれはさらに「知的直観」の導入に際した、およびその後からのものなのである。反省批判と知的直観の構想のこのような時間的連関は決して偶然のものではない。そうではなくてそれは〈本質的〉な連関なのである。というのは、直接的な「自己自身の精通性」を想定することにおいて、フランクの論証は（その基礎づけの仕方の違いにもかかわらず）「われわれ自身の直接意識」としての知的直観の想定と重なり合うのである。だがそれに反してもっとも初期のフィヒテ、およびシュレーゲルとノヴァーリスはまったく、少なくともフランクが説明するような論理ではまったく反省を無力化してはいないのだ。そしておそらく、それと同じようなやり方で知的直観を頂点に据えようとする試みを示していないのもそれゆえであろう（本書四六―五一頁参照）。旧来の反省モデルに対するデリダの批判に向けられた論理はさらに超越化する。「そのような反射〔反省〕の遮断された進行」というメタファーをフランクはヘンリッヒの論理に完全に対応したものとして理解している。「このメタファーが言い表そうとしているのは、鏡に向けられた視線と鏡の中から目の中に飛び込んでくる鏡像との同一を保証するような基準はないということです」（S.304）。だが実際は、デリダのメタファーはこのような問題設定を超越している。そのポイントはオリジナル、つまり鏡像になる前の自己現前の破棄であり、それと同時にオリジナルから鏡像への道およびその逆の道筋の考えの放棄なのである。だが差異的な鏡像化に先行する〈自己〉がなくなれば、それぞれ別々に存在する量を欠けている基準にしたがって比較するという問題もなくなってしまうのだ。

2、このようにして本来デリダのものではないものがデリダの論理とされるがゆえに、逆にその論理自身をデリダ批判のために用いることもできるのである。フランクによれば、デリダの差延概念はその反射〔反省〕モデルの批判にも関わらず相変わらずこのモデルにしがみついているものとされる。これは、新しく〈マークされた〉反省概念の意味でならまったく正しい指摘である。だがフランクは旧来の「鏡像反射」（S.302）の考えと結びついた反省モデルに固執し、反省モデルからの脱却における首尾一貫性の不足をデリダに対して非難できると信じている。意味や自己を差延作用の「結果〔Effekt〕」とするデリダの規定が意味しているのは、「意識はその意味を記号の反映から学ぶ」（S.294）ことだとされるのだ。このことによってデリダの理論は、ヘンリッヒやフランク――そしてデリダ自身も誤ってその仲間に加えられている――が旧来の反省モデルに対して行う批判に委ねられる。すなわち、もし自己がすでにはじめから自己を自己として知っているのでないならば、いったいいかなる基準が「意識」に差延作用の「結果」を自己自身として認識させるのか、という批判的問いである。これに対しては二つのことを言っておかなければならない。

a、フランクによって追求された自己意識理論の問題をデリダはそのようなものとしてはまったく設定したことがない。差延作用における個々の自己現前の根源的分裂の理論にしても、分裂した自己が自己意識であるという意味はない。産出的照鏡の構造も、たとえば鏡像列としてのテクストがいかなる理由もなく自己をこの鏡像列として知っているという意味にはやはりならない。これと同様にさらに、自己自身を表出するテクストという初期ロマン主義のさまざまな言い回しも、実際にテクスト自身が（そしてもし誰か人間だとしても、その作者や読者や批評家だけではなく）自分が自己表出しているということを知っている、という意味には決してならないのである。その限りでは自己意識の問題とは外部から移植されてきた問題なのであり、自我から自由な反省の理論（ベンヤミン）においては必ずしも論じなければならない問題というわけではないし、いわんや〈解決〉されなければならないということはない。本書が伝統的な自己意識哲学の問題設定から大きく離れているのはそのためなのである。外部から移植されたように見えるのは他にもある。それはフランクが「根源的」差延作用の理論から主観性と自己意識の概念のために導き出した結論である。すなわち、デリダはこれらを——それ自身神秘的な自動作用〔Automatismus〕と見なされた——差延作用の結果と規定しているというのである（S.358）。この種の陳述にはデリダに帰することのできない意味含意が共鳴しているように思われる。確かにデリダは、差延作用の考えは「主観のカテゴリー」にとって決定的な結果をもつものであり、そこにおいて「現前が——特に意識、意識の自己保有性が——もはや存在の絶対的母胎形式ではなくて〈規定〉であり〈結果〉として措定される」（*D*23）ということについて語っている。だがこれは決して、神秘的な自律性を持つ差延から派生的な「自己自身の意識」への下降運動が主張されているということではない。なぜなら差延作用の〈論理〉がまさに単純な根源から二次性を派生させるということを困難にし、混乱させてしまうからである。「結果」とは差延作用においては「原因なき結果」（*D*10）なのである。また一方で「根源的」差延作用の概念とはまさしくあらゆる根源を消し去り、ひとつの「非‐根源」にずらし、それどころか「（根源という）その名を解体する」（G108）ものだからである。すなわち追補性と根源性はデリダの規定では分離不可能なほど交差しており、まさにこれこそがそこのところのポイントなのである。この問題をあとづけることがそもそも可能なのかどうかということはともかくとしても、フランクの問題はまったくこのような意味レベルで設定されたものではない。

b、これと関連して、フランクはデリダの理論の内的結論をその理論自身に対する異議としてだけ、この理論についてのメタ批判的な解明としてだけ紹介することができると信じている。すなわち、デリダの批判の意図とは唯一次のものに向けられているのだ、と。いかなる存在、意味、自己といったものも常に根源的に差異の戯れに、そしてそれとともに他性との関係にもつれ込んでいる。差延作用の彼方にある単純な現前というものは存在しない。すべての〈超越性〉の否定としての差延作用とはそれ自身超越論的だということになる。それではデリダはこのような差延作用を、自己繁殖する神秘として空から落ちて来たものだと考えているのだろうか。確かにデリダは差延作用の〈形而上学〉を語る言説に関しては非常に自制的である。だがそれでも彼はこれを定義づけている。特に「力と意味」（*SD*9ff.）と題された論文でこれははっきりと「分節化」の「力」として定義されている。すなわち言語「遊戯」の「意味」と形式を産出する「力」として。もちろんここでデリダが付け加えているように、この力もまた超越論的な自己現前としてそこから導入される差異の戯れに先行することにはならないのである。このような規定はあきらかにフンボルトの（個人の）言語形成力の概念やこれに類したロマン主義者の概念を想起させるものだ。これらの諸概念そのものが前‐記号学的で前‐批判的な主観性および個体性の観念の記号学的変形なのである。それゆえ、まず差延作用を——空から落ちて来たものとして——自律的にすべての意味と自己性を措定する不可思議な自動作用として解釈し、それからそれを意味措定、主観性、個体性の形式および存在形式として定める解決を提供しようとするのは、ひとつの——もちろんデリダの文体的身振りに喚起されたものではあるのだが——人工的な問題設定と言ってよい。（もちろん差延作用において、およびそれとして、いかなる主観性も個体性も、すでにフンボルトの言う言語形成するエネルゲイアが先行する言語のエルゴン性格において根本的に〈他化している〉ように、その「根源」において解消不可能な他性に書き込まれているのだ。）ところでフランクは、差延作用の非‐神秘主義的な理解のために提案している〈解決〉によってデリダの理論に向けた自分の異議を取り下げてしまっている。というのは、この〈解決〉の基礎には、もはやあの絶対的な——フランク自身によってデリダに提出された——問題、すなわち、いかにして自己がすでに「先行的に」差延作用の回路に「つぎ込まれる」ことなくして差延作用の追補的な「結果」になり得るのか（S.294）という問題が存在しないからである。あるものが不断にそして先行的に自己自身に精通していないのにどのようにして差異的媒質においてそれ自身を再認できるのか、というフランクの根源的な問いは、これによってその〈レベル〉において解決されるのではなくて、むしろ問いの形の問いとして立てられるのである。フランクが説明するところとは違って、この問いは自己意識という特殊例だけではなく、何かについての意識というもの一般に関係づけることができるのではないだろうか。つまり、もし私が反省においてひとつの対象を――それが私自身であろうと何か別のものであろうと――この対象自身として把捉しようと試みる場合、この私の反省の対象が即自的にそれ自身であるところのものとしての私の自己や机であるということを私に保証してくれるものとは一体何なのか、という問いである。その解答とはおそらく、そのような超越的な基準は存在しないしまた存在する必要もない、というものだろう。つまり、それぞれの反省〔反射〕的対象化はそのつどさらなる反省〔反射〕によって、どこか最終的な反省において起源を設定させられることなく永続的に変化させられ修正されていくものだということを認めさえすればよいのである。決して最終的なものにはならない解釈の戯れ、これは滑走していく対象化作用の変化に最終的な停止を命じる超越的な基準の請求よりも人間の意識の現実にむしろ合致するものではないだろうか。

3、デリダは一種の神秘的自動作用として差延作用を実体化したとフランクは主張しているが、このことはさらにフランクが展開するもうひとつ別の問題とも深く結びついている。もし差延作用が絶対的なものであるなら、「われわれの世界観」および「自己意識の統一」は理論的にはもはや考えられないものになる（S.334）とフランクは結論づける。そのとき根源的分裂としての差延作用の考えは、「われわれ自身の自己精通のようなものの存在を否定するような不条理に行き着かざるを得ない」（S.358）。だがこの自己精通には事実的明証性によって「絶対的実体性と同一性」の性格があるものとされる。このような精通性は経験として否定不可能な存在である以上（だが私はこのような形での明証性要求をまったく疑問に思う）、それは――いかなる反対論証にも関わらず――理論においても考えることが可能でなければならないはずであり、このような考えはまさに差延作用の彼方においてしか可能ではないのだ、とフランクは主張する。この考えに対しては、デリダとともに二重の解答を与えることができよう。第一点：同一性と差異についての十分に複雑な概念を前提とすれば、差延作用の戯れの中に漠然とした「われわれの世界観の統一」とかわれわれ自身の意識のようなものが存在するということの可能性をデリダは決して除外していない。第二点：だがそれに対して統一と自己現前が差延作用の彼方にある実定的なものとして考えられる場合、まさにそのような場合に限って、デリダの理論は（自己意識の）そのような統一の可能性の反駁を含意しているのである。そしてまさにこのような場合に限って――すなわち自己性と統一の非常に特殊な意味において——、デリダがまさに克服した伝統的な結論がつきまとうのである。その結論とはすなわち、フランクのように差延作用の戯れの上位に「根源的で戯れからは無関係な意識の自己精通性を据える」（S.358）ことである。このような「前‐差異的もしくは前‐記号学的な意識」は、「認識」にとってだけ不可避的なのであって存在にとっては決して不可避的なものではない差延作用の「実在‐根拠」とされる（S.359）。だが請願された「われわれの自己精通」の統一や絶対的実定性は、その中に定義上一切の規定性がない——もしそのようなものがあればすぐさま差異的なものになってしまうだろう——場合、一体どこに成り立ち得るのだろう。そしてたとえそのような〈純粋〉で完全に前‐差異的および非‐反省〔反射〕的な自己意識をすべての規定の根拠として考えてみたいという欲望があったとしても、この「精通」の対象のほうが差異的反省の無限に迂回される対象よりも「自己」とか「自身」とかといった名称に値するということを保証するものは一体何なのか。一旦絶対的統一や純粋な自己の思惟可能性——これは自己意識の理論において非常に疑わしいものである——のためにもはや純粋に論理的な論証がなされなくなり、論理的な図式がただ心理的な含意や結論に向けて参照されることになると、フィヒテ‐ヘンリッヒ‐フランクの論証はがたがたに揺らぎはじめる。心理学が自己誤解を読み取ることを教えたのは、まさにあらゆる先行的で非反省〔反射〕的な自己精通性の中なのだ。〈われわれ〉が精通しているものは、いちばん最初のではなくていちばん最後のわれわれの真の「自己」なのである。すなわち前‐差異的な自己知は、もしそういうものがあったとしても、それが論理的‐哲学的な観点からそうあるべきであるもの、すなわち純粋な自己知および純粋な自己精通には実際はなり得ないのである。あるいはこれを別の観点から言えば、心理学は自我と意識の形成と構成を、差異のないすべての交互性に先行する絶対者を前提とせずに思惟することをとっくに学んでいるのである。

心理学やフロイトと同様、フランクは批判的現象学の代表者も自分の思弁的な仮説の主要証人として援用することはできないだろう。ハイデガーも「自己自身との先行的既知性の考えを採用しなかった」（S.365）と彼ははっきりと言及し、さらにラカン（S.396）とドゥルーズ（S.477）においてもフランクは先行的原像を持たない根源的鏡像化のモデルを認めている。〈保証人〉としてフランクが動員するのはやはり一番にはヘンリッヒであり、歴史的偉人としては——彼の著作においては常にそうだが——シュライアーマッハーおよび「初期ロマン主義者」である。彼らとともに完全に非‐措定的で非‐定立的な自己意識を想定することができるはずであり（S.252f., 257）、この意識こそ——それ自身無規定なものでありそれゆえ前‐差異的なものとして——定立する意識のすべての差異化に先行する根拠となる、とフランクは言う。ノヴァーリスの感情と反省、非‐定立と定立の第一哲学も、フランクはこのような意味で読めるものと考えた。だがこれはたとえば「反省が見出すものはすでにそこに存在するように見える」というノヴァーリスの文章で傍点が付された「見える」という部分を完全に隠蔽し、この文章を追補的に定立する反省に先立つ非‐措定的な感情の絶対的先行性についての平板な事実陳述〔Ist-Aussage〕として読む（S.251f.）ことによってはじめて可能になることなのである。だが実はノヴァーリスは、本書の叙述が示すように（九六頁から一〇七頁）、感情と反省、非‐定立と定立の両極を動かしているのであり、その運動は相互に対する根源的で不可避的な外化（交互遊動）の方向に向かうのである。

4、前および非‐反省〔反射〕的な、端的に無規定的な「自己精通性」を差延作用の基礎であり原動力として土台とすることで、フランクはまさしく第一のものと第二のもの、基礎と基礎づけられるもの、現前と再現前化〔表象〕といったあの形而上学的な論理に再び逆戻りしているようだ。これはまさにデリダが克服しようとしたものである。その限りでは、フランクの自己意識理論は自らが主張するものを成し遂げてはいないことになる。つまりフランクはデリダの構想にデリダ自身において与えられているよりももっと負荷能力の高い基礎を作り上げようとしているのだが、その理論はデリダの構想の批判的な支柱から離れてしまっているのだ。だがこの事実をフランクは次のような傾向の注解を繰り返すことで否認しようとしている。すなわち、絶対的に実定的で同時に反省的には意のままにならない自己精通とは、実体的自己現前でもなければ単なる不在でもなく、同一でも差異でもない、むしろそれはこれらすべての区別のそれ自身非弁別的な基礎なのである、といった。だがこの精妙に組み立てられた概念的不条理の証明は、単に事実的に与えられていないだけではなくて、まさに必然的に与えようのないものなのだ。というのは、完全に前‐差異的で非‐措定的で、それゆえにすべての規定性の彼方にある「絶対的に実定的」なるものは、それでは一体どのようにして実定的に規定されるのか、という問題が残るからである。フランクの論証はやはり完全に否定的で論理中心的なものであった。つまり、差延作用の前に非‐差異を位置づけなければ差延作用を考えることはできない、あるいは、差延作用の基礎を得るためには何かの非‐差異を考えなければならない、というものである。この両者とも、これまでの考察から考えると、非常に疑わしいものだ。だがそれに対して、やはりフランクは——彼の予防的留保にも関わらず——現前性の形而上学の思考図式に逆戻りしてしまっているという解釈を支持する理由は数多く存在するのである。

5、一旦差延作用（と絶対的反省）の「根源的」構成性が否定されてしまうと、観念論との対立の文脈でよく知られたもうひとつ別の方向の批判が現れる。思惟と反省の自己基礎づけ要求に対する批判である。フランクはロマン主義者が反省〔反射〕に対して、デリダが差延作用およびその同義語に対して援用している根源的非根源性の図式を観念論に見られる存在の思惟〔反省〕への解消（S.353ff.）や、実在根拠と理念根拠および存在根拠と認識根拠の境界消滅（S.360）と対比させている。存在を気化させてしまう観念論に対する批判は――そのようなモデルとしてフランクは繰り返しシェリングに（マルクスをその後継者としつつ）言及している――、すべての反省の意のままにならない基礎としての完全な「超反省的存在」、「存在の台座」のテーゼに行き着く（S.354）。この自己に先立つ「記憶のおよばない存在」（S.259）を考えることで、思惟主体は「自己自身の存続の根拠にはならないものとして」（S.249）、「自己自身の創始者ではないもの」（S.361）として、そしてそれゆえにすべての意味の絶対的源泉ではなくて依存したものとして自己を経験する。多少マルクス的に定式化されて、このどちらかといえば控えめな認識は次のように言われる。「考え得る限りのあらゆる規定性の先行的存在への依存性は実在的である」（S.361）。ここでこのような形の伝統的な観念論批判がフィヒテの自我やヘーゲルの論理学に対してさえ説得力のあるものなのかどうか、そこではたして適切な抵抗に出合うかどうかということがもうすでに疑わしい。というのは、意識が「――その裸の存在の外に――一連の対象を前提とし、それなしでは意識が自己自身であるところのものとして自己を規定し把握できない」限りにおいて「自己自身の創始者ではない」（S.361）等ということを誰も真面目に否認しようとは思わないからである。すべての自己の依存性に関するこのような〈公理〉が語るのはせいぜいのところ日常的な経験の決まり文句でしかない。そして絶対的思惟というあまりにもばかげた「観念論」から脱却して〈健全な人間悟性〉に到達するまでに哲学が払わなければならない努力と概念の膨大さを目のあたりにして、誰もが驚きを禁じ得ないのである。ましてやデリダは有限性と非‐同一と他性の哲学者である。決してフランクが言ったような意味で存在を反省に解消してしまうわけがない。だがおそらくデリダは、彼のいう意味での差延作用と反省〔反射〕において、差異的な諸関係の彼方に関係項を持たない存在があるとか、そのような存在をあまつさえ差延作用の基礎として考えなければならない等といった事態に対しては、はっきりとした論拠でこれを否認するだろう。デリダの理論は古典的観念論批判の新版に対して不都合な関係に立っていないだけではない。

それはさらに――言語の中にも根を下ろした〈論理的〉図式の解体にもかかわらず、というかむしろそれゆえに――意識とは自己原因〔causa sui〕ではなく、依存したものだという日常的経験および実証科学的経験とも両立できるものであるように私には思える。

（一）ここで原語のカタカナ表記――翻訳の敗北――を採用したのは、いかなる訳語もここでは不可能だからである。そもそもノヴァーリスはここで何らかのシニフィエの側からこの語を鋳造したのではなく、本文中にもあるように「対象〔Gegensatz〕」を前後それぞれのマーク的切断によって否定しているだけなのである。だが Zustand も Gegensatz も語彙としてすでに登録済みのマークであり、その語義の中にここで使えるものはない。「対象」の静止性に対する「ザッツ」の運動性――フィヒテの定立〔Setzen〕を換骨奪胎したものとして――とか、「対象」の敵対的対置性〔Gegen〕に対する好意的志向および「自分の側にふさわしくある〔zu mir stehen〕」といった事態を漢字の操作で作り上げたとしても、やはり統御不可能な散種作用を発動させてしまう。

（二）「仮象〔Schein〕」とは英語やフランス語には翻訳不可能な言葉である。ザインとシャインというシニフィアンのパラレリズムを契機として、ドイツ語圏の哲学ディスクールにおいてこの概念は独特の発展を遂げた。それは存在〔Sein〕の顕現であると同時に虚像であり、輝きであると同時に幻でもある。この言葉の意味領域を表すためには、illusion, apparence, apparition; semblance, appearance, shine, brilliance など英仏のさまざまな語を動員しても足りない。さらにこれはキリスト教的な意味でのパルーシア〔Parusie, parousie〕、すなわち臨在、再臨の意味作用にも関わる。アドルノの美学においてもこれは非常に重要な概念となっている。

（三）ライプニッツは悟性の正しい使用と発展のためには国語の整備が不可欠と考え、皇帝に国語協会の設置を進言している。その考えの基本にあったのは算術と言語の並置であった。算術において計算の途中ではそれぞれの数の量を直観に結び付けることはまったく不要であり、計算の迅速な進行にとって有害ですらあるのと同じように、悟性的思惟においても結論に到達するまで直観的表象作用は必要とされないというかむしろ邪魔なものと考えられた（言語の根源的比喩性ということを考えれば、これがいかに厄介な事態を引き起こすかということは説明を要さないであろう）。事象の直観性は悟性にとって把握しにくい形式であり、さらに思惟の連続にとって邪魔になる表象共示を発動させてしまい、これを統制するには悟性に多大な負担をかけてしまうからである。言語はそれ自身として脱直観化された記号として揺るぎない論理性を保証すべく――すなわち閉じた構造として秩序づけられて――整備されるべきだとライプニッツは考えたのである。

（四）　これはメニングハウスによって特殊な使われ方をしているEntlassenであり、これ以後しばしば登場する。辞書に採用されている普通一般の語義なら、退院、釈放、解雇といったところだが、「他者」に向けてそれがなされるということはどういうことだろう。反省における表出は他者への外化として疎外と考えられるかもしれないが、それはむしろ純粋で自己からの離接のない状態――身動きのとれない牢獄として――からの解放として肯定的にも考えることができる。ここでこの言葉が意味しているのは、そのような外化にともなう必然的疎外の契機の価値逆転である。

（五）　原語はUrteilungすなわち対象化による主客分離の始源的形式としての原〔Ur〕分割〔Teilung〕である。この始源性は分離そのものの始源性を言い当てており、その意味で存在の先行性の否定の契機を含む。

（六）〔　〕に入れて執拗に訳しなおした語はvorstellenである。ラカンのシニフィアン概念における表象〔représentation〕にはフロイトにおけるVorstellungの意味、つまり主観の「前」に主観の側からの統御を受けずに代補的に「置かれる」という意味があり、この「前置」された表象が言語的に構造化されて語表象連鎖となる可能性を備えることこそ「記号化」としてのシニフィアンだと言われる。もっともこれはシニフィアン理解の第一歩であって、「意味するもの」としてのシニフィアンと「記号化するもの」としてのシニフィアン、およびエスとの関わりなどは相当に難解な話である。（石澤誠一『翻訳としての人間II』、大阪女子大学外国文学篇第三九号一〇二頁以下を参照。なお前後してそれぞれI、IIIも発表されており、ニーチェ―フロイト―ラカンの記号問題についてきわめて精緻な叙述がなされている。）いずれにせよここでメニングハウスが（　）に入れていつでも削除できる状態で残したこの箇所は、デリダの根源をたどれない痕跡の連鎖としてのシニフィアン性とラカンのシニフィアン連鎖〔la chaîne signifiante〕の概念を同置する意図でなされた引用だが、その正当性についての判断はここでは保留せざるを得ない。

（七）　プラトンの洞窟の比喩は「国家」にある。洞窟の中にしつらえた影絵の装置によって、物の真実の姿ではなくて影絵だけを見ることに慣れさせられた人々、暗さになれて真理の明るさを恐れる人々の話で、イデアを考えようとしない者たちをなぞらえている。これを逆転するのがここで提唱される「鏡の国」としての洞窟である。

IV　初期ロマン主義の超越論哲学、神秘主義、幾何学、修辞学、テクスト理論、文芸批評の収斂点および消尽点としての反省的「屈折」の脱自的「遊動」

（1）Schelling, Ideen zu einer Philosophie der Natur, S.337. だが別の意味、別の文脈ではシェリングも反省を「いきいきとしたもの」と呼ぶこともある。それはすなわち、反省が知的直観の「絶対的休止」と統一に失われてしまうことなく「単に客体に向けられた活動であるとき」である。知的直観はこのような観点、すなわち弁別性の欠如ということから見れば「死の状態に似ている」が、同時にこれは「存在の最高の瞬間」でもある（Philosophiesche Briefe über Dogmatismus und Kriticismus, in : Schriften von 1794-1798, S.204f.）。

（2）ロマン主義者は「直接性」と「直観的思惟」の「保証」を反省の中に見出していたとベンヤミンが考えていたのに対して、ベルンハルト・リップは直接性を破壊するものとしての反省という理解にとどまっていた。反省によって「感性の直接性」は失われるものであり、「生」は反省に対して「身を閉ざす」ものとされたのである。Vgl., Lypp, Ästhetischer Absolutismus und politische Vernunft, S.30, 34,46, 57.

（3）Fichte, Grundlage, S.213.

（4）同書二二五頁以下。

（5）同書二一七頁。

（6）特に第二点と第三点においてディックに直接にディックに関係させている。ディックの七三頁、一〇一頁、一〇九頁を特に参照。

（7）Fichte, Grundlage, S.227.

（8）同書同頁。

（9）同書二一七頁。

（10）同書二四四頁。

（11）Walter Schulz, Metaphysik des Schwebens. Untersuchungen zur Geschichte der Ästhetik, Pfullingen 1985, S.311.

(12) Fichte, Grundlage, S.230.

(13) ベンヤミンは構想力の形式をいかなるところでも避けているので、中心的だとされるこのシュレーゲルの断章の解釈においても「浮遊」という言葉に深入りしていないのは当然である。

(14) フィヒテ自身反省と浮遊的‐産出的構想力の行為形式を対置させているが、それでもロマン主義者は、その固有の形式においては本質的に反省によって刻印されたフィヒテ哲学をそれ自身浮遊と名付けることに何の抵抗も感じなかった。「フィヒテの循環、彼の用語法の浮遊性は〔……〕非常に批判的なものである」（S18, 32）。だがそのわずか後にシュレーゲルはこの特性描写を撤回し、フィヒテが構想力との対置において反省に対して否認したものをフィヒテ哲学自身に対して否認している。「フィヒテの様式はまるで浮遊的ではない。彼が愛するものは固定的なものにおける変化にすぎない」（S18, 36）。

(15) Schulz, Metaphysik des Schwebens.

(16) 同書四一六頁。シュルツ〔Schulz〕は彼の『浮遊の形而上学』においてフィヒテ、キェルケゴール、ハイデガーのそれぞれの浮遊概念の規定を区別している。だがシュレーゲルとノヴァーリスには彼はあまり深入りせず、フィヒテの叙述（これ自身やはり非常にあわただしいものだが）の枠組みの中の短い言及（S.310f.）にとどまっている。

(17) このシュレーゲルの文言の引用は次のものによる：Karl Konrad Pohlheim, Friedrich Schlegeles 〈Lucinde〉, in: Zeitschrift für deutsche Philologie 88 (1969), S.77.

(18) Lacan, Schriften II, S.85, 176f.

(19) Paul Valéry, Über Kunst, Frankfurt a. M. 1959, S.143.

(20) Saussure, Grundfragen der allgemeinen Sprachwissenschaft, S.104f.「チェスの試合はいわば言語が自然の形式において示すものを人工的に実現したものである。」

(21) アレクシス・フィロネンコ〔Alexis Philonenko〕の解釈によれば、フィヒテ自身がすでに、a＝aの論理〈命題〉を単なる仮象として取りあげ、その叙述の仮定でこれを仮象として解体することによってこれと同じことをしていたという。原注Ｉの(42)を参照。

(22) Striedter, Die Fragmente des Novalis, S.126ff.（in der Neuausgabe von 1984 : S.122ff.）

（23） 同書一三八頁（新版一三四頁）。

（24） F. N. Mennemeier, Friedrich Schlegels Poesiebegriff. Dargestellt anhand der literaturkritischen Schriften. Die romantische Konzeption einer objektiven Poesie, München 1971, S.244.

（25） Fichte, Grundlage, S.274.

（26） シュレーゲルの一部は明白で一部は暗黙の「楕円」の閉鎖性の〈破壊〉については次のものを参照： Werner Hamacher, Der Satz der Gattung: Friedrich Schlegels poetologische Umsetzung von Fichtes unbedingtem Grundsatz, in: MLN 95（1980）, S.1172f.

（27） Immerwahr, Die symbolische Form des „Briefes über den Roman“, in: Zeitschrift für deutsche Philologie 88（1969）, S.42.

（28） In: *S*16, 580.『文学ノート』の最初の編集時（Literary Notebooks, London 1957 = *LN*）にはアイヒナー（Eichner）も「テクスト上の記号」を「放物線」と説明していた（Anm. zu *LN* 2060, S.301）。インマーヴァール（Immerwahr）の解釈はその限りではアイヒナーの初期の解釈のほとんど引き写しであるといえよう。後に一九八二年の批判版全集においてアイヒナーは理由を挙げずにこの見解を修正している。

（29） Walter Benjamin, Drei Lebensläufe, in: Zur Aktualität Walter Benjamins, hg. von Siegfried Unseld, Frankfurt a. M. 1972, S.46.

（30） レイモンド・インマーヴァールはそのすぐれた論文（Structural symmetry in the episodic narratives of Don Quichote, part one, in: Comparative Literature 10（1958）, S. 121-135）でセルバンテスの「シンメトリーと韻律」に関するシュレーゲルの注釈を範例的に使用している。

（31） Michel, Ästhetische Hermeneutik und frühromantische Kritik, S.273ff.

（32） A. J. Greimas, Strukturale Semantik, Braunschweig 1971, S.24ff.〔仏語原典：Sémantique structurale, Paris 1966. 邦訳、『構造意味論』、田島／鳥居訳、紀伊國屋書店〕。

（33） 同書七八―九二頁。

（34） 同書八八―九二頁。

(35) 同書八六頁。

(36) 同書八三頁。

(37) 同書八七頁以下。

(38) Jakobson, Zeichen und System der Sprache, S.273. ソシュールが示差的分節の産物としての境界画定された記号に認めている実定性（Grundfragen..., S.144f.）が意味しているのは、せいぜいのところこの記号の事実的存在なのであり、決して実定的な本質規定といったものではない。あるいは別の表現を用いれば、ソシュールの言説が示しているのは否定的‐相対的なものの実定性にすぎないのであって、決して実定的‐相対的なもの、すなわち類似性の実定性ではないのである。

(39) II 140-157 und 204-213 および Winfried Menninghaus, Walter Benjamins Theorie der Sprachmagie, Frankfurt a. M. 1980, S.9-77 を参照。

(40) A. W. Schlegel, Kritische Schriften und Briefe II (Die Kunstlehre), hg. von Edgar Lohner, Stuttgart 1963, S.225ff. und 282ff.

(41) 原注IVの(47)を参照。

(42) そのような読みの典型的な例はメリッタ・ゲルハルトの次の論文であろう：Melitta Gerhard, Goethe's 〈Geprägte Form〉 im romantischen Spiegel. Zu Friedrich Schlegels Aufsatz 〈Über Goethe's Meister〉, in: On Romanticism and the Art of Translation. Studies in Honor of Edward H. Zeydel, Princeton 1956, S.29-46. 特にシュレーゲルの導入部分に関するゲルハルトの解釈に関しては三八頁を参照。

(43) Mennemeier, Friedrich Schlegels Poesiebegriff, S.236.

(44) この言述がここで要求しているのは小説の第一章に出てくる特別な登場人物に対する妥当性にすぎない。他の登場人物の「形成」、特に塔の結社のそれについては後ではっきりと違うことが言われる。だが本書の中であきらかにされるように（二三九頁以下）、第二の反省においてこの第一段落の言述は塔の結社に対しても当てはまるものであることがわかるのである。

(45) ノヴァーリスの『ヴィルヘルム・マイスター』受容における二重で双価的な経済概念については次の論文を参照。

Hans-Joachim Mähl, Goethes Urteil über Novalis, Ein Beitrag zur Geschichte der Kritik an der deutschen Romantik, in: Jahrbuch des Freien Deutschen Hochstifts, 1970, S.130-270, insbesondere S.235; Hans-Joachim Beck, Friedrich von Hardenberg. „Oeconomie des Styls". Die „Wilhelm Meister"-Rezeption im „Heinrich von Ofterdingen", Bonn 1976; Rolf Peter Janz, Autonomie und soziale Funktion der Kunst. Studien zur Ästhetik von Schiller und Novalis, Stuttgart 1973, S.98ff.

（46） 塔の結社が自分自身も馬鹿にしていること――彼らの普遍的な権力シニシズムの一形式にほかならない――をメネマイアーのように彼らの「形式」のイロニー的頂点として理解し、彼らの「偉大さ」という一見間断なく肯定的だった最終イメージに組み込んでいこうとする（Mennemeier, Friedrich Schlegels Poesiebegriff, S.258）のは無理がある。さらに次のメネマイアーの実に冒険的な解釈もまたあまり説得力がない。つまり、シュレーゲルはゲーテの小説の肯定的な形成理念がヴィルヘルムの無限ではあるが〈内的〉なものでしかない努力においても、塔の結社の有限ではあるが外部に作用している悟性的な性格においても実現されてはおらず、それらの「総合」の指示において成就するものだと考えている、という解釈である。このような〈ひねり〉は、『修業時代』から肯定的な形成理念を読み取るのがいかに難しいかということを再び示すものであるのみならず、はからずもシュレーゲルの批評の傾向を、それがまさしく逃れ出た道筋に再び曲げてしまうものでもある。

（47） クレメンス・ヘーゼルハウスは、ベンヤミンの構想に立脚するロマン主義者の『マイスター』批評に関する自分の著作で、少なくともこの認識を示唆している。「修業時代の象徴作用の法則は［……］鏡像化の法則である。登場人物は登場人物の中に、出来事は出来事の中に、そして生活圏は生活圏の中にそれぞれ反映し合っている。もしそのような鏡像化が形成の理念によらなければ説明のつかないものであるとしたら、この小説の芸術法則は侵害されることになろう」（Die Wilhelm-Meister-Kritik der Romantiker, S.114）。だがヘーゼルハウスはシュレーゲルの書評に一頁あまりしか割いていないので、この発言はシュレーゲルのテクストの微視的な世界と関係づけられることもなく抽象的なままにとどまる。

断固として発展展開の図式に方向を定めることによってシュレーゲル批評のポイントを見誤る解釈者たちは、しばしば自分の不能を〈解釈対象〉の欠陥のせいにしがちである。そのやり口はだいたい次のように図式化できる。それは、シュレーゲルは確かに『修業時代』の構成の精妙な分析には成功しているが、しかしその〈内容〉——これはもちろんヴィルヘルムの形成（陶冶）プロセスとして理解され、そのようなものとして探られるのであるが——にはほとんど触れられていない、というものである。このような解釈のもっとも典型的な例は再びメリッタ・ゲルハルトだ。「シュレーゲルは多種多様な紆余曲折や変転に富んだヴィルヘルムの道筋をこれほど探求し解明しつつ追求しておきながら、彼の解釈はこの「段階経路」が導いていく目的でありこの内的な展開の最後の意味であり根底であるところの問題にはほとんど触れようとせず、これをその深奥において未解決のままに残したのである」（Goethe's〈Geprägte Form〉im romantischen Spiegel, S.39）。シュレーゲルはこの問題に単に触れなかったばかりではない。彼はこれを脱構築し、「その深奥において」すでに問題として克服していたのであり、このような設問のずらしによってメリッタ・ゲルハルトやほかの人々がほとんど触れようともしない問いに対する〈解答〉を提出しているのである。

（48）本書三七頁を参照。

（49）Mennemeier, Friedrich Schlegels Poesiebegriff, S.254-256 を参照。

（50）Herder, Sämtliche Werke, Bd.11, S.237.

（51）Herder, Sämtliche Werke, Bd.6, S.42.

（52）この解釈において私はヴェルナー・ハーマッハー〔Werner Hamacher〕に異議を唱える。彼はシュレーゲルの言う意味の反省〔反射〕として楕円的な二極間の閉鎖関係しか認めず、それゆえパレクバーシス的で放物線的な開放を反省的自己関係の他者、いやその否定として理解しているのだ（Der Satz der Gattung, S.1172-1174）。ハーマッハーとは異なり、ミヒァエル・フォン・ポーザー〔Michael von Poser〕はパレクバーゼを詩的反省自身の契機として認めている。「シュレーゲルのロマン主義的小説の〈パレクバーシス〉は意識的な芸術的遊動の——目立たなく織り込まれた——一契機である。そのような契機としてパレクバーシスは、芸術作品の高次の形式における自己自身との従事に回収される。それは累乗化する自己反省〔反射〕である」（Der abschweifende Erzähler, Bad Homburg/Berlin/Zürich 1969, S.131）。パレクバーシスの概念についてはさらに、Belgardt, Romantische Poesie, S.103f.および Bausch, Theorie des epischen Erzählens in der deutschen Frühromantik, S.110ff. を参照。

（53）Hamacher, Der Satz der Gattung, S.1174 を参照。

(54) Dietrich Mathy, Poesie und Chaos. Zur anarchistischen Komponente der frühromantischen Ästhetik, Frankfurt a. M. 1984.

(55) Mathy, Poesie und Chaos, S.54.

(一) ヒュステロンプロテロン〔Hysteronproteron〕とはギリシャ語で「後のものを先に」という意味で、修辞学的には論理時間関係の逆転によって効果を高める方法である。たとえば、「私に栄光の死をお命じ下さい、そして攻撃の御下命を」。

(二) 文のはじめのほうにある句や分詞構文や関係文と主文の間の主述関係が破綻するような構文。膠着語として自由に自己から抜け出ていける日本語では、特に散文では非常に例証は難しいが、多くの現代詩の統語構造を考えてみればわかるだろう。

(三) 原文はSubjekt zum Tode おそらくフランス語は sujet au mort だろう。Subjekt は sub-jectum として「投げ込まれたもの」を意味するので〔 〕の中に併記した。

(四) Spiel の持つ内含（構造を構造として成り立たせる遊隙、偶有性への「賭け」、必ずしも現実代補的再現ではない「劇」、分節的差異記号の実現的反復であると同時に常に他性を導入する「演奏」etc.）を伝えるには「遊動」では不可能なのだが、これはどうにもならない。訳語としてはポスト構造主義の文脈でよく用いられる「差異の戯れ」も併用した。その他場合によっては「遊戯」も用いている。

(五) Nという暗号がノヴァーリスにおいて指し示すのはもちろん Nichts すなわち「無」であろう。だが同時に nomen nominatur として恣意的な「何か」でもありうる。しかしその場合にも「無規定性」の契機によって無の意味が前景化する（「純粋のN」）。N-器官とは無規定的ポイエーシス器官としての詩的能力だろうか。

(六) 『ヴィルヘルム・マイスターの修業時代』は各二篇の四巻本として刊行された。

(七) ヒュペルバトーン〔Hyperbaton〕とは通常の意味では、ある文章の一部分が後ろに付加されたように付くことで、たとえば「雨も夜風も彼をとめることはできなかった、そして彼女の懇願さえも」といった構文である。シュレーゲルにおいてはもちろんこのような意味で考えられているのではなく、「踏み越える」という原義から「自己超出」の形式として考えられている。

（八） 作品構成上の三種類の「形成」であるが、これはシュレーゲルにおいて術語として固まったものではない。それぞれパラレリズム的自己分裂および相互結合〔Anbildung〕、差異的分節化の自己浸透〔Durchbildung〕、楕円的自己回帰の閉鎖からの自己超出〔Ausbildung〕の意味ではないだろうか。

（九） Romantische Kunst とはロマン主義の芸術ではなくて、ダンテ、セルバンテス、シェイクスピアを中心とした近世文学をさし、これがいわゆる文学的新旧論争の文脈において、決して回帰することができない理想としてのギリシャ文学に——擬古典主義は異なった状況下でギリシャそのものを模倣しようとするのに対して——まったく異なった原理によって肩を並べるべき近代文学のモデルとされるのである。批判版全集第一巻やその他のシュレーゲル選集に収められた『ギリシャ文学研究論文〔Über das Studium der griechischen Poesie〕』を参照。

（一〇） イゾトピーとはテクスト内の語彙素がある意味的まとまりに向けて調整されていることである。イゾトピーを欠くテクストは、ようするに何を言っているのかわからない（意味の方向性を欠く）理解不可能なテクストである。

（一一） 普通『ヴィルヘルム・マイスター』は、ひとりの人間の展開発展を描くドイツに特有な小説ジャンルである「教養小説」として読まれ、また紹介もされてきた。「教養〔Bildung〕」とは「陶冶」とも訳され、人間が本来なるべく定められた像〔Bild〕に向かって——彫刻家が大理石の中に像を彫り上げるように本来の自己を探しながら——自己を形成していくプロセスとされ、教養小説はその叙述として読まれてきたのである。だがここでメニングハウスが示しているように、シュレーゲルの読みはそれとはまったく異質な、より拡大されたレクチュールとなっている。

（一二） このように中心からはずれ出ていくものとして、ロマン主義芸術を特徴づける奇態なもの、グロテスクなもの、「エクセントリック」なものがあるのだろう。

V　ロマン主義の絶対的自己反省理論のシステム理論と歴史哲学における消尽点

（1） Bernhard Lypp, Ästhetischer Absolutismus. Zum Widerstreit von Reflexion und Sittlichkeit im deutschen Idealismus, Frankfurt a. M. 1972, S. 51.

（2） ユーリー・シュトリーターはこの成就と非‐成就の弁証法を、ノヴァーリスの中世の比喩的表出の改案をもとにして見事に叙述している。中世の比喩では表出される出来事は神の救済計画に組み込まれている。比喩は確かに現実には成就せずに未来の成就の萌芽を宿しているにすぎないものだが、「神の摂理において」それは「常にすでに成就したもの」(アウエルバッハ)なのである。ノヴァーリスにおいては、先行的で超越的な救済の道の成就性と直接性はかなり切り込まれている。比喩はしばしば相互にもつれ合った遊動状態に至る。これは、この内在的相互指示関係の戯れによって「自己活動性」へと促される読者においてはじめて成就するのだ。だがこの相互遊動する比喩の散乱反射において、〈近代的な〉やり方で中世の非‐成就と成就の〈弁証法〉が繰り返されるのである。Striedter, Die Fragmente des Novalis, S.207-254 を参照。

(3) Peter Szondi, Poetik und Geschichtsphilosophie, 2Bde., Frankfurt a. M. 1974.

(一) ウンベルト・マトゥラーナとフランシスコ・バレーラが生命活動のシステムを表現するために用いたこの概念をルーマンは社会システム理論に応用した。

(二) 原文英語。ルーマンの原注によれば、グレゴリー・ベイトソン〔Gregory Bateson〕の次の著作からの引用。Steps to an Ecology of Mind, San Francisco 1972, p.489.

(三) フリードリヒ・シュレーゲルは『アテネーウム』に発表した小論『難解について〔Über die Unverständlichkeit〕』でこう書いている。「私は言葉〔Worte〕というものがそれを用いる人々よりもずっと自己自身を理解しているということを示したいと思っていた」(*S*2, 364)。ロマン主義的ということでここで含意されているのは、このシュレーゲルの解釈学的基本理念であろう。

あとがき

(1) Günther Peters, Der zerrissene Engel, Genieästhetik und literarische Selbstdarstellung im 18. Jahrhundert, Stuttgart 1982, S.73f.

(2) 同書七五頁以下。

(3) Chryssoula Kambas, Walter Benjamins Verarbeitung der deutschen Frühromantik, in : Romantische Utopie—Utopische Romantik, hg. von Gisela Dischner und Richard Faber, Hildesheim 1979, S.195-200.

訳者あとがき

「あとがき」とは往々にして先に読まれることが多く、その場合、本の帯と相まって購読を促す口上のような役割を持つものである。だとすれば、内容紹介をかねた蠱惑的なテクストがここにはふさわしいのかもしれない。すなわち、本書が目的とするのは、「詩の構造とは連続するパラレリズムの構造である」というヤコブソンの構造主義詩学の根本命題から出発して、そこに欠けている理論的基礎づけをロマン主義詩学から導出し、その理論的基盤の上に立って文学テクストの無限の展相的生成の力学を解明することである、といったような説明である。そして、図式的な単純化を好む人々には、本書の理論装置をおそらく次のように説明すると納得されるだろう。すなわち、理論形成の出発点となるのはベンヤミンの博士論文『ドイツ・ロマン主義における芸術批評の概念』であり、そこに含まれる初期言語論と密接に結びついた絶対的反省理論とデリダの差延作用の理論を初期ロマン主義の表出理論において関係づけることによって、初期ロマン主義詩学の現働化をはかるものだ、と。

だが、このような単純化の果てに、古くからのさまざまなイデオロギー的二分法に人々が行き着くことになるとすれば、それはあまり生産的とはいえないだろう。すなわち、一方には合理性、普遍性、客観性、古典主義が肯定的なものとしてあり、他方には非合理性、個別性、主観性、ロマン主義といった否定的なものが並べられるあの図式である。そしてこのような二分法を立てる限り、そこに暗黙のうちに内含される価値観にもとらわれ続けることになる。すなわち、「ジャーマン・コネクションとして人文諸科学のいたるところを汚染する反合理主義的潮流」（アラン・ブルーム『アメリカン・ドリームの終焉』）の中にデリダやベンヤミンを一括して含め、このような黒い潮流の病巣源としてロマン主義を考えるような、大学の内部においてさえいまだに衰えることのないあの前批判的なロマン主義のイメージである。このような二分法を標榜する人々は、たとえばデリダの名前に言及しただけで、「ポストモダン」などというまったく見当違いな烙印を押したがり、「真面目なモデルネの合理的追求対不真面目なポストモダンの浮かれ騒ぎ」といった万人受けする論争枠にすべてを押し込めようとするのである。

本書がそのような論争枠とはまったく無関係であることはいうまでもない。もし関係するとすれば、それはロマン主義概念につきまとうそのようなイデオロギー的偏見を精密な読みによって除去する文献学的啓蒙としてのそれであろう。精密な読みが施されるのは、初期ロマン主義のテクストだけではない。本書が理論的出発点とするベンヤミンの博士論文にも、鋭いメスが入れられる。くわしくは本書の該当箇所を読んでもらえばわかるが、メニングハウスは、ベンヤミン論文の理論的手続きにおける欠陥とそれにもかかわらず到達された正しい結論との間の矛盾を暴き出した。そしてこの矛盾を、ベンヤミンが依拠したものよりも格段に整備されたロマン主義詩学のテクスト基盤の上に立って調停したのである。だがそれは単にテクスト基盤という歴史的制約だけによるものではない。増進的読みによって作品を完成させるという、まさしくロマン主義批評の精神によって、メニングハウスはベンヤミンのテクストを発展的に救済したのである（シュレーゲルは「批評行為とは著者の自己理解よりもよりよく彼を理解することである」と言っている）。

実はこの翻訳において訳出されていない部分が少々ある。それはロマン主義研究におけるベンヤミンの博士論文の受容史を叙述した補遺で、原書で二四ページ分に相当する箇所である。教授資格申請論文としての本書の制度的な性格上、研究史的位置づけを明確にしておく必要から付けられたものだが、このような翻訳書にはさしあたって不要なものと考え——原著者の意向もあって——割愛した。だがこの割愛した箇所には、単なる研究史的興味を越え出たもの、すなわち従来のロマン主義理解に対する根本的な批判も含まれている。本書がベンヤミンのロマン主義論を発展させるものであり、ベンヤミン自身がまだ十分に明証化できなかった反省の自己展相化理論の完成をめざすものである以上、それは当然のことであろう。以下にそれを簡単に紹介しておこう。

まずベンヤミンの博士論文自身とそれ以前のロマン主義研究との関係についてだが、ベンヤミン論文の中心概念である「ロマン主義的反省概念」をその哲学的内含に即して取り扱ったものは、彼以前の著作にはない。多くの場合、それらはフィヒテとシェリングを——前者については自我中心主義、後者については芸術の体系的価値づけにおいて、だがいずれの場合も哲学的反省からは縁遠いやり方で——あまりにも断絶なくロマン主義哲学そのものの中に組み込んできたが、ベンヤミンが注目したのは、むしろこの二人の哲学者とロマン主義との差異である。だが、フィヒテに関してはこの差異が執拗に叙述されるが、シェリングに言及されることは一度もない。メニングハウスによれば、これは戦略的沈黙だという。ロマン主義哲学の直接の源流としてのシェリングという当時支配的だった解釈枠に対して、黙殺という批判を行ったのである。黙殺といえばさらに、二次文献に向けられた批判的言及も——博士論文という制度的な枠組みのなかで体裁をととのえる最小限のものを除いて、しかもその場合も多くは引用箇所が属する意味連関から切りとられ、ベンヤミンの文脈に断片的にはめ込まれて——ほとんど見られない。そしてその理由は、ロマン主義の批評概念からベンヤミンが受け継いだ「劣悪なものの批評不可能性」だという。ということは、既存のロマン主義研究に対するベンヤミンの評価は、はなはだ低いものであったということになる。唯一の例外は（もっとも頻繁に引用された）ジークベルト・エルクースだが、彼とてベンヤミンとの間に反省概念をめぐる内容的な共通点があったわけではない。二人の共通点は、従来のロマン主義研究の理論的脆弱さに対する批判的エトスだけだったのである。

一九五五年にアドルノによってズーアカンプから出版されて以来、ベンヤミンの博士論文がそれ以後のロマン主義研究において占める位置価は決して小さなものではなかった。それは、バロック文学研究における『哀悼劇論』やゲーテ研究における『親和力論』の比ではない。だが、引用の量は決して引用の質には正比例しない。クラウス・ブリーグレープからエルンスト・ベーラーにいたる現代のゲルマニストたちのロマン主義論におけるベンヤミン論文の受容は、メニングハウスにはことごとく不満足なものだった。個々の研究に対するメニングハウスの批判は容赦なく厳しいものだが、ここでそれをいちいち紹介するのは控えよう（メニングハウス自身もそれを望んではいないようである）。それは多くの場合、ある種の理論的な素朴さ、すなわち概念的離接の不備によるものである。特にベンヤミンにおける「反省」という語の使い方の固有性が理解されていない、とメニングハウスは考える。それらの研究者においては多くの場合、反省は追補的で二次的なもの、外化による根源性の疎外、生と直接性の破壊といった旧来の理解に呪縛されたままで考察されており、そのままでは当然のことながら他のロマン主義諸概念にとって障害となるものだったのだ。それゆえ、そこで反省がロマン主義詩学を貫く枢軸的概念として理解されることは困難だったのだろう。

ロマン主義的反省概念については本文中に語り尽くされているので、これ以上屋上屋を重ねる必要はない。

ただ次のことを示唆しておくにとどめよう。ロマン主義的反省概念を理解するためには、「私は私を（鏡で）見る」といった命題から出発するのは非常に不利である。なぜならそこにはつねに、出発点となる「私」と追補的に映し出された「私」という二つのものが、時間的・論理的な「前・後」という秩序を持った実定的な極として介在するからである。むしろここでは、ドイツ語やフランス語の再帰動詞で自動詞的な意味作用をするものを考えてみたほうがよい。そういった場合、主語と再帰代名詞に分裂したものが、それぞれ先行的・追補的に作用・被作用の関係にある（たとえば「私が私を～」といったように）わけではなく、むしろ作用それ自体が作用点と同根源的に（いつもすでに）生起してしまっていると考えたほうが自然である。反省極に同根源的な絶対的反省（ノヴァーリスが言うところの「浮遊する間を構成する浮遊」）を多少とも直観的に理解するためには、このようなモデルに類推させて考えるべきだろう。

最後に著者を紹介しておこう。ヴィンフリート・メニングハウスは一九五二年生まれで、一九八九年の冬学期よりベルリン自由大学一般文芸学比較文学講座――かつてペーター・ソンディがいた――の正教授である。マールブルク、フランクフルト、ハイデルベルクでドイツ文学、哲学、政治学を学び、一九七九年にマールブルク大学に提出された博士論文は、二冊の単行本に分けられてズーアカンプ社から一九八〇年に出版されている。以下にそれらを含めた主著を挙げておく。

＊ Walter Benjamins Theorie der Sprachmagie, Fr/M（Suhrkamp）1980.
＊ Paul Celan――Magie der Form, Fr/M（Suhrkamp）1980.
＊ Schwellenkunde. Walter Benjamins Passage des Mythos, Fr/M（Suhrkamp）1986.

* Unendliche Verdopplung. Die frühromantische Grundlegung der Kunsttheorie im Begriff absoluter Selbstreflexion, Fr/M（Suhrkamp）1987.（本書）

学位を取得してからの彼は、ズーアカンプとインゼルの内部および周辺で五年ほど働いた後、ベルリン自由大学の助手となり、すぐさま教授資格申請論文を書いて正教授になっている。

本書を訳出・出版するにあたっては、多くの方々の親切な教示を得た。まず、出版をすすめてくれた元同僚の河本英夫（科学史）、およびその友人の金森修（フランス思想）、ドイツ語の不明箇所を尋ねた同僚のゲァハルト・ファーデン（哲学）、ルーマンに関する部分の訳稿に目を通してくれた同僚の馬場靖雄（社会学）、そしてあつかましい翻訳者の質問の手紙に何度も丁寧な答えを書いてくれた原著者ヴィンフリート・メニングハウスの各氏（なお原著者メニングハウス氏との手紙のやりとりの中で、引用箇所の数字など原書のいくつか技術的なミスを改め、表現も一部手直ししたところがある）、さらに特にお名前は挙げないが、ご助力をいただいた方々にこの場をかりて厚くお礼を申し上げます。

一九九一年十一月

伊藤秀一

重版にあたって

二十五年ぶりに『無限の二重化』が新装版として重版されることになりました。この間に著者のメニングハウスは知的関心を驚異的な規模で拡大し、生物学や認知科学の知見を——単に拝借するのではなく自らが批判的に取り組むことで——取り込み、新しい人文学としての経験美学を確立するに至りました。その進化については、本人が二〇一六年四月の『思想』（岩波書店）に寄稿してくれた文章があるので、そちらをお読みください。本書は、彼が「転向ではない」とするその進化の歴史の出発点に位置するものです。

二〇一七年九月

伊藤秀一

出典略語表

主要文献からの引用典拠は次の符号とページ数を本文中の（　）内に示した．

N 1　Novalis, *Schriften. Die Werke Friedrich von Hardenbergs*, hg. von Paul Kluckhohn und Richard Samuel. Erster Band: *Das dichterische Werk*, hg. von Paul Kluckhohn und Richard Samuel, Stuttgart ^{3}1977.

N 2　Novalis, *Schriften*. Zweiter Band: *Das philosophische Werk I*, hg. von Richard Samuel in Zusammenarbeit mit Hans-Joachim Mähl und Gerhard Schulz, Stuttgart ^{3}1981.

N 3　Novalis, *Schriften*. Dritter Band: *Das philosophische Werk II*, hg. von Richard Samuel in Zusammenarbeit mit Hans-Joachim Mähl und Gerhard Schulz, Stuttgart ^{2}1968.

N 4　Novalis, *Schriften*. Vierter Band: *Tagebücher, Briefwechsel, Zeitgenössische Zeugnisse*, hg. von Richard Samuel in Zusammenarbeit mit Hans-Joachim Mähl und Gerhard Schulz, Stuttgart ^{2}1975.

S 1　*Kritische Friedrich-Schlegel-Ausgabe*, hg. von Ernst Behler unter Mitwirkung von Jean-Jacques Anstett und Hans Eichner. Erster Band: *Studien des klassischen Altertums*, hg. von Ernst Behler, Paderborn/München/Wien 1979.

S 2　*Kritische Friedrich-Schlegel-Ausgabe*. Zweiter Band: *Charakteristiken und Kritiken I (1796–1801)*, hg. von Hans Eichner, 1967.

S 3　*Kritische Friedrich-Schlegel-Ausgabe*. Dritter Band: *Charakteristiken und Kritiken II (1802–1829)*, hg. von Hans Eichner, 1975.

S 5　*Kritische Friedrich-Schlegel-Ausgabe*. Fünfter Band: *Dichtungen*, hg. von Hans Eichner, 1962.

S 6　*Kritische Friedrich-Schlegel-Ausgabe*. Sechster Band: *Geschichte der alten und neuen Literatur*, hg. von Hans Eichner, 1961.

S 8　*Kritische Friedrich-Schlegel-Ausgabe*. Achter Band: *Studien zur Philosophie und Theologie*, hg. von Ernst Behler und Ursula Struc-Oppenberg, 1975.

S 10　*Kritische Friedrich-Schlegel-Ausgabe*. Zehnter Band: *Philosophie des Lebens. Philosophie der Sprache und des Wortes*, hg. von Ernst Behler, 1969.

S 11　*Kritische Friedrich-Schlegel-Ausgabe*. Elfter Band: *Wissenschaft der europäischen Literatur. Vorlesungen, Aufsätze und Fragmente aus der Zeit von 1795–1804*, hg. von Ernst Behler, 1958.

S 12, 13　*Kritische Friedrich-Schlegel-Ausgabe*. Zwölfter und Dreizehnter Band: *Philosophische Vorlesungen (1800–1807)*, Erster und Zweiter Teil, hg. von Jean-Jacques Anstett, 1964.

S 16　*Kritische Friedrich-Schlegel-Ausgabe*. Sechzehnter Band: *Fragmente zur Poesie und Literatur I*, hg. von Hans Eichner, 1981.

S 18, 19　*Kritische Friedrich-Schlegel-Ausgabe*. Achtzehnter und Neunzehnter Band: *Philosophische Lehrjahre 1796–1806 nebst philo-*

sophischen Manuskripten aus den Jahren 1796–1828, hg. von Ernst Behler, 1963 und 1971.

LN Friedrich Schlegel, *Literary Notebooks 1797–1801*, hg. von Hans Eichner, London 1957 (textgleich: Berlin 1980).

I Walter Benjamin, *Gesammelte Schriften*, unter Mitwirkung von Theodor W. Adorno und Gershom Scholem herausgegeben von Rolf Tiedemann und Hermann Schweppenhäuser. Band I: *Abhandlungen*, hg. von Rolf Tiedemann und Hermann Schweppenhäuser, Frankfurt a. M. 1974.

II Walter Benjamin, *Gesammelte Schriften*. Zweiter Band: *Aufsätze, Essays, Vorträge*, hg. von Rolf Tiedemann und Hermann Schweppenhäuser, Frankfurt a. M. 1974.

IV Walter Benjamin, *Gesammelte Schriften*. Vierter Band: *Kleine Prosa. Baudelaire-Übertragungen*, hg. von Tillmann Rexroth, Frankfurt a. M. 1972.

B Walter Benjamin, *Briefe*, hg. von Gershom Scholem und Theodor W. Adorno, Frankfurt a. M. 1966.

H Hölderlin, *Sämtliche Werke*, hg. von Friedrich Beißner, Bd. 4, 1 *(Empedokles. Aufsätze)*, Stuttgart 1961.

D Jacques Derrida, »Die différance«, in: ders., *Randgänge der Philosophie*, Berlin 1976, S. 6–37.

Dis Jacques Derrida, »La dissémination«, in: ders., *La dissémination*, Paris 1972, S. 319–417.

G Jacques Derrida, *Grammatologie*, Frankfurt a. M. 1974.

Lds Jacques Derrida, »La double séance«, in: ders., *La dissémination*, Paris 1972, S. 199–317.

SD Jacques Derrida, *Die Schrift und die Differenz*, Frankfurt a. M. 1972.

SP Jacques Derrida, *Die Stimme und das Phänomen*. Frankfurt a. M. 1979.

SS Niklaas Luhmann, *Soziale Systeme*, Frankfurt a. M. 1987.

文献目録

出典略語表に載せたもの（すなわち主要一次文献）を除く．

(a) 副次的一次文献

Johann Gottlieb Fichte, *Über den Begriff der Wissenschaftslehre; Grundlage der gesamten Wissenschaftslehre; Zweite Einleitung in die Wissenschaftslehre; Versuch einer neuen Darstellung der Wissenschaftslehre,* alle in: *J. G. Fichtes sämmtliche Werke,* 8 Bde., hg. von I. H. Fichte, Berlin 1845/1846 (Nachdruck Berlin 1971), Bd. 1.

Ders., *Darstellung der Wissenschaftslehre. Aus dem Jahre 1801,* in: *Sämmtliche Werke,* a. a. O., Bd. 2.

Ders., *Über Geist und Buchstab in der Philosophie,* in: *Sämmtliche Werke,* a. a. O., Bd. 8.

Ders., *J. G. Fichte – Gesamtausgabe,* hg. von Reinhard Lauth und Hans Gliwitzki, Bd. I,6, Stuttgart–Bad Cannstatt 1981.

Johann Gottfried Herder, *Fragmente zu einer »Archäologie des Morgenlandes«,* in: J. G. Herder, *Sämmtliche Werke,* hg. von Bernhard Suphan, Berlin 1877 ff., Bd. 6.

Ders., *Vom Geist der Ebräischen Poesie,* in: *Sämmtliche Werke,* a. a. O., Bd. 11.

Ders., *Briefe zur Beförderung der Humanität,* in: *Sämmtliche Werke,* a. a. O., Bd. 18.

Friedrich Hölderlin, *Sämtliche Werke,* hg. von Friedrich Beissner, Bd.6 (*Briefe*), Stuttgart 1953.

Roman Jakobson, »Linguistik und Poetik«; »Der grammatische Parallelismus und seine russische Spielart«, beide in: ders., *Poetik. Ausgewählte Aufsätze 1921–1971,* hg. von Elmar Holenstein und Tarcisius Schelbert, Frankfurt a. M. 1979

Ders., *Form und Sinn. Sprachwissenschaftliche Betrachtungen,* hg. von Eugenio Coseriu, München 1974.

Ders., »Die neueste russische Poesie«, in: *Texte der russischen Formalisten,* hg. von Wolf-Dieter Stempel, München 1972.

Ders., »Zur Struktur des Phonems«, in: Jakobson, *Selected Writings I* (Phonological Studies), The Hague/Paris ²1971.

Ders., »Die Linguistik und ihr Verhältnis zu anderen Wissenschaften«, in: Jakobson, *Aufsätze zur Linguistik und Poetik,* hg. von Wolfgang Raible, München 1974.

Ders., »Zeichen und System der Sprache«, in: ders., *Selected Writings II* (Word and Language), The Hague/Paris 1971.

Roman Jakobson/Krystina Pomorska, *Poesie und Grammatik. Dialoge,* Frankfurt a. M. 1982.
Immanuel Kant, *Kritik der Urteilskraft,* in: *Kants gesammelte Schriften,* hg. von der Königlich Preußischen Akademie der Wissenschaften, Bd. V, Berlin 1908–13.
Friedrich Gottlieb Klopstock, *Ausgewählte Werke,* hg. von Karl August Schleiden, München [4]1981.
Friedrich Schlegel, *Von der Schönheit in der Dichtkunst,* in: F. Schlegel, *Neue philosophische Schriften,* erläutert und mit einer Einleitung versehen von Josef Körner, Frankfurt a. M. 1935.
Friedrich Schlegels Briefe an seinen Bruder August Wilhelm, hg. von Oskar F. Walzel, Berlin 1890.
August Wilhelm Schlegel, *Kritische Schriften und Briefe,* 2 Bde., hg. von Edgar Lohner, Stuttgart 1962–63.
Friedrich Wilhelm Joseph Schelling, *Über die Möglichkeit einer Form der Philosophie überhaupt; Vom Ich als Princip der Philosophie oder über das Unbedingte im menschlichen Wissen; Philosophische Briefe über Dogmatismus und Kriticismus; Abhandlungen zur Erläuterung des Idealismus der Wissenschaftslehre; Ideen zu einer Philosophie der Natur als Einleitung in das Studium dieser Wissenschaft,* alle in: ders., *Schriften von 1794–1798,* Darmstadt 1980.
Ders., *System des transzendentalen Idealismus,* in: ders., *Schriften von 1799–1801,* Darmstadt 1975.

(b) 二次文献，その他

Beda Allemann, *Ironie und Dichtung,* Pfullingen [2]1969.
Walter Bausch, *Theorien des epischen Erzählens in der deutschen Frühromantik,* Bonn 1964.
Hans-Joachim Beck, *Friedrich von Hardenbergs »Oeconomie des Styls«. Die »Wilhelm Meister«-Rezeption im »Heinrich von Ofterdingen«,* Bonn 1976.
Ernst Behler, »Die Theorie der romantischen Ironie im Lichte der handschriftlichen Fragmente Friedrich Schlegels«, in: *Zeitschrift für deutsche Philologie* 88 (1969).
Ders., *Klassische Ironie. Romantische Ironie. Tragische Ironie. Zum Ursprung dieser Begriffe,* Darmstadt 1972.
Ders., »Die Kunst der Reflexion. Das frühromantische Denken im Hinblick auf Nietzsche«, in: *Untersuchungen zur Literatur als Geschichte. Festschrift für Benno von Wiese,* Berlin 1973.
Raimund Belgardt, *Romantische Poesie. Begriff und Bedeutung bei Friedrich Schlegel,* The Hague/Paris 1969.
Walter Benjamin, »Drei Lebensläufe«, in: *Zur Aktualität Walter Benjamins,* hg. von Siegfried Unseld, Frankfurt a. M. 1972.
Norbert W. Bolz, »Der Geist und die Buchstaben. Friedrich Schlegels

hermeneutische Postulate«, in: U. Nassen (Hg.), *Texthermeneutik – Aktualität, Geschichte, Kritik,* Paderborn/München/Wien/Zürich 1979.
Götz Braun, *Norm und Geschichtlichkeit der Dichtung. Klassisch-romantische Ästhetik und moderne Literatur,* Berlin/New York 1983.
Klaus Briegleb, *Ästhetische Sittlichkeit. Versuch über Friedrich Schlegels Systementwurf zur Begründung der Dichtungskritik,* Tübingen 1962.
Anni Carlsson, *Die Fragmente des Novalis,* Basel 1939.
Gilles Deleuze, *Différence et répétition,* Paris 1968.
Jacques Derrida, »Signatur Ereignis Kontext«, in: ders., *Randgänge der Philosophie,* Berlin 1976.
Manfred Dick, *Die Entwicklung des Gedankens der Poesie in den Fragmenten des Novalis,* Bonn 1967.
Hans Dierkes, *Literaturgeschichte als Kritik. Untersuchungen zu Theorie und Praxis frühromantischer Literaturgeschichtsschreibung,* Tübingen 1980.
Hans Eichner, »Friedrich Schlegels Theorie der Literaturkritik«, in: *Zeitschrift für deutsche Philologie* 88 (1969).
Siegbert Elkuß, *Zur Beurteilung der Romantik und zur Kritik ihrer Erforschung,* München/Berlin 1918.
Carl Enders, *Friedrich Schlegel. Die Quellen seines Wesens und Werdens.* Leipzig 1913.
Heinrich Fauteck, *Die Sprachtheorie Fr. v. Hardenbergs (Novalis),* Berlin 1940.
Eva Fiesel, *Die Sprachphilosophie der deutschen Romantik,* Tübingen 1927.
Manfred Frank, »Die Philosophie des sogenannten ›magischen Idealismus‹«, in: *Euphorion* 63 (1969).
Ders., *Das Problem ›Zeit‹ in der deutschen Romantik – Zeitbewußtsein und Bewußtsein von Zeitlichkeit in der frühromantischen Philosophie und in Tiecks Dichtung,* München 1972.
Ders., *Das individuelle Allgemeine. Textstrukturierung und -interpretation nach Schleiermacher,* Frankfurt a. M. 1977.
Ders., *Was ist Neostrukturalismus?,* Frankfurt a. M. 1983.
Manfred Frank/Gerhard Kurz, »ordo inversus. Zu einer Reflexionsfigur bei Novalis, Hölderlin, Kleist und Kafka«, in: *Geist und Zeichen. Festschrift für Arthur Henkel,* Heidelberg 1977.
Rodolphe Gasché, *The tain of the mirror. Derrida and the philosophy of reflection,* Cambridge 1986.
Peter Gebhardt, »Über einige Voraussetzungen der Literaturkritik Benjamins«, in: Gebhardt u. a., *Walter Benjamin – Zeitgenosse der Moderne,* Kronberg/Ts. 1976.
Melitta Gerhard, »Goethe's ›Geprägte Form‹ im romantischen Spiegel. Zu Friedrich Schlegels Aufsatz ›Über Goethe's Meister‹«, in: *On Ro-*

manticism and the Art of Translation. Studies in Honor of Edward H. Zeydel, Princeton 1956.
A. J. Greimas, *Strukturale Semantik*, Braunschweig 1971.
Karl Grob, *Ursprung und Utopie. Versuche zu Herder und Novalis*, Bonn 1976.
Theodor Haering, *Novalis als Philosoph*, Stuttgart 1954.
Werner Hamacher, »pleroma – zu Genesis und Struktur einer dialektischen Hermeneutik bei Hegel«, in: G. W. F. Hegel, *Der Geist des Christentums. Schriften 1796–1801*, hg. und eingeleitet von Werner Hamacher, Berlin 1978.
Ders., »Der Satz der Gattung: Friedrich Schlegels poetologische Umsetzung von Fichtes unbedingtem Grundsatz«, in: *MLN* 95 (1980).
Rudolf Haym, *Die romantische Schule. Ein Beitrag zur Geschichte des deutschen Geistes*, Berlin [3]1914.
Josef Haslinger, *Die Ästhetik des Novalis*, Königstein 1981.
Roland Heine, *Transzendentalpoesie. Studien zu Friedrich Schlegel, Novalis und E. T. A. Hoffmann*, Bonn 1974.
Dieter Henrich, »Fichtes ursprüngliche Einsicht«, in: *Subjektivität und Metaphysik. Festschrift für Wolfgang Cramer*, hg. von Dieter Henrich und Hans Wagner, Frankfurt a. M. 1966 (als separates Buch gleichen Titels: Frankfurt a. M. 1967).
Friedrich Hiebel, *Novalis. Der Dichter der blauen Blume*, München 1951.
Jochen Hörisch, *Die fröhliche Wissenschaft der Poesie. Der Universalitätsanspruch von Dichtung in der frühromantischen Poetologie*, Frankfurt a. M. 1976.
Walter Hof, *Hölderlins Stil als Ausdruck seiner geistigen Welt*, Meisenheim am Glan 1954.
Ricarda Huch, *Blütezeit der Romantik*, Leipzig [6]1916.
Eberhard Huge, *Poesie und Reflexion in der Ästhetik des frühen Friedrich Schlegel*, Stuttgart 1971.
Raymond Immerwahr, »The subjectivity or objectivity of Friedrich Schlegel's poetic irony«, in: *The Germanic Review* 26 (1951).
Ders., »Friedrich Schlegel's essay ›On Goethe's Meister‹«, in: *Monatshefte für deutschen Unterricht, deutsche Sprache und Literatur* 46 (1957).
Ders., »Structural symmetry in the episodic narratives of Don Quijote, part one«, in: *Comparative Literature* 10 (1958).
Ders., »Die symbolische Form des ›Briefes über den Roman‹«, in: *Zeitschrift für deutsche Philologie* 88 (1969).
Wolfgang Janke, *Fichte. Sein und Reflexion – Grundlagen der kritischen Vernunft*, Berlin 1970.
Ders., »Enttönter Gesang – Sprache und Wahrheit in den ›Fichte-Studien‹ des Novalis«, in: *Erneuerung der Transzendentalphilosophie im*

Anschluß an Kant und Fichte. Reinhardt Lauth zum 60. Geburtstag, hg. von Klaus Hammacher und Albert Mues, Stuttgart 1979.
Rolf-Peter Janz, *Autonomie und soziale Funktion von Kunst. Studien zur Ästhetik von Schiller und Novalis,* Stuttgart 1973.
Marie Joachimi, *Die Weltanschauung der deutschen Romantik,* Jena/Leipzig 1905.
André Jolles, *Einfache Formen,* Tübingen 1930.
Friedrich Kainz, »Friedrich Schlegels Sprachphilosophie«, in: *Zeitschrift für Deutsche Geisteswissenschaft* 3 (1940).
Chryssoula Kambas, »Walter Benjamins Verarbeitung der deutschen Frühromantik«, in: *Romantische Utopie – Utopische Romantik,* hg. von Gisela Dischner und Richard Faber, Hildesheim 1979.
Ernst Keller, *Kritische Intelligenz: Lessing – Schlegel – Börne. Studien zu ihren literaturkritischen Werken.* Bern/Frankfurt a. M. 1976.
Erwin Kircher, *Philosophie der Romantik,* Jena 1906.
Eugeniusz Klin, *Die hermeneutische und kritische Leistung Friedrich Schlegels in den romantischen Krisenjahren,* Wroclaw 1971.
Helmut Koch, *Der philosophische Stil des Novalis,* Diss. Münster 1972.
Irmgard Kowatzki, *Der Begriff des Spiels als ästhetisches Phänomen,* Bern/Frankfurt a. M. 1973.
Gerhard Kurz, *Mittelbarkeit und Vereinigung – Zum Verhältnis von Poesie, Reflexion und Revolution bei Hölderlin,* Stuttgart 1975.
Jacques Lacan, *Schriften* I und II, hg. von Norbert Haas, Olten 1973 und 1975.
Philippe Lacoue-Labarthe/Jean-Luc Nancy, *L'absolu littéraire. Théorie de la littérature du romantisme allemand,* Paris 1978.
Paul Lerch, *Friedrich Schlegels philosophische Anschauungen in ihrer Entwicklung und systematischen Ausgestaltung,* Berlin 1905.
Claude Lévi-Strauss, *Strukturale Anthropologie,* Bd. 1, Frankfurt a. M. 1967.
Ders., *Mythologica,* Bd. 1: *Das Rohe und das Gekochte,* Frankfurt a. M. 1971.
Richard Lowth, *De sacra poesia Hebraeorum,* Oxford 1753.
Niklas Luhmann, *Soziale Systeme. Grundriß einer allgemeinen Theorie,* Frankfurt a. M. 1985.
Bernhard Lypp, *Ästhetischer Absolutismus. Zum Widerstreit von Reflexion und Sittlichkeit im deutschen Idealismus,* Frankfurt a. M. 1972.
Hans-Joachim Mähl, »Goethes Urteil über Novalis. Ein Beitrag zur Geschichte der Kritik an der deutschen Romantik«, in: *Jahrbuch des Freien Deutschen Hochstifts* 1970.
Frieda Margolin, *Die Theorie des Romans in der Frühromantik,* Stuttgart 1909.
Dietrich Mathy, *Poesie und Chaos. Zur anarchistischen Komponente der frühromantischen Ästhetik,* Frankfurt a. M. 1984.

Franz Norbert Mennemeier, *Friedrich Schlegels Poesiebegriff. Dargestellt anhand der literaturkritischen Schriften. Die romantische Konzeption einer objektiven Poesie,* München 1971.
Winfried Menninghaus, *Walter Benjamins Theorie der Sprachmagie,* Frankfurt a.M. 1980.
Willy Michel, *Ästhetische Hermeneutik und frühromantische Kritik. Friedrich Schlegels fragmentarische Entwürfe, Rezensionen, Charakteristiken und Kritiken,* Göttingen 1982.
Heinrich Nüsse, *Die Sprachtheorie Friedrich Schlegels,* Heidelberg 1962.
Wolfgang Paulsen, »Friedrich Schlegels *Lucinde* als Roman«, in: *The Germanic Review* 21 (1946).
Klaus Peter, *Friedrich Schlegels ästhetischer Intellektualismus. Studien über die paradoxe Einheit von Philosophie und Kunst in den Jahren vor 1800,* Diss. Frankfurt a.M. 1966.
Ders., *Idealismus als Kritik, Friedrich Schlegels Philosophie der unvollendeten Welt,* Stuttgart/Berlin/Köln/Mainz 1973.
Günter Peters, *Der zerrissene Engel. Genieästhetik und literarische Selbstdarstellung im 18. Jahrhundert,* Stuttgart 1982.
Alexis Philonenko, *La liberté humaine dans la philosophie de Fichte,* Paris 1966.
Charlotte Pingoud, *Grundlinien der ästhetischen Doktrin Friedrich Schlegels,* Stuttgart 1914.
Karl Konrad Polheim, *Die Arabeske. Ansichten und Ideen aus Friedrich Schlegels Poetik,* München/Paderborn/Wien 1966.
Ders., »Friedrich Schlegels *Lucinde*«, in: *Zeitschrift für deutsche Philologie* 88 (1969).
Michael von Poser, *Der abschweifende Erzähler,* Bad Homburg v. d. H./Berlin/Zürich 1969.
Roland Posner, »Strukturalismus in der Gedichtinterpretation«, in: *Literaturwissenschaft und Linguistik,* Bd. 1, hg. von Jens Ihwe, Frankfurt a.M. 1972.
Vladimir Propp, *Morphologie des Märchens,* Frankfurt a.M. 1975.
Heinrich Reichardt, *Integrale Sprachtheorie. Zur Aktualität der Sprachphilosophie von Novalis und Friedrich Schlegel,* München 1976.
Kurt Röttger, *Kritik und Praxis. Zur Geschichte des Kritikbegriffs von Kant bis Marx,* Berlin/New York 1975.
Klaus Ruder, *Zur Symboltheorie des Novalis,* Marburg 1975.
Peter Rühmkorf, *agar agar – zauzaurim. Zur Naturgeschichte des Reims und der menschlichen Anklangsnerven,* Reinbek 1981.
Lawrence J. Ryan, *Hölderlins Lehre vom Wechsel der Töne,* Stuttgart 1960.
Ferdinand de Saussure, *Grundfragen der allgemeinen Sprachwissenschaft,* Berlin 1967.

Walter Schulz, *Metaphysik des Schwebens. Untersuchungen zur Geschichte der Ästhetik,* Pfullingen 1985.

Hinrich C. Seeba, »Wirkungsgeschichte der Wirkungsgeschichte. Zu den romantischen Quellen (F. Schlegel) einer neuen Disziplin«, in: *Jahrbuch für internationale Germanistik* III/1, Frankfurt a. M. 1971.

H. Spaarnay, »Neue Schriften zur Romantik«, in: *Neophilologus* 9 (1923).

Jury Striedter, *Die Fragmente des Novalis als »Präfigurationen« seiner Dichtung,* Diss. masch. Heidelberg 1953 (unveränderter Nachdruck: München 1984).

Ingrid Strohschneider-Kohrs, *Die romantische Ironie in Theorie und Gestaltung,* Tübingen 1960.

Stefan Summerer, *Wirkliche Sittlichkeit und ästhetische Illusion. Die Fichterezeption in den Fragmenten und Aufzeichnungen Friedrich Schlegels und Hardenbergs,* Bonn 1974.

Peter Szondi, »Friedrich Schlegel und die romantische Ironie«, in: *Euphorion* 48 (1954).

Ders., *Poetik und Geschichtsphilosophie,* 2 Bde., Frankfurt a. M. 1974.

Paul Valéry, *Über Kunst,* Frankfurt a. M. 1959.

Martin Walser, *Selbstbewußtsein und Ironie,* Frankfurt a. M. 1981.

Heinz-Dieter Weber, *Friedrich Schlegels »Transzendentalpoesie«. Untersuchungen zum Funktionswandel der Literaturkritik im 18. Jahrhundert,* München 1973.

René Wellek, »The early literary criticism of Walter Benjamin«, in: *Rice University Studies* 57 (1971).

《叢書・ウニベルシタス　356》

無限の二重化
ロマン主義・ベンヤミン・デリダにおける
絶対的自己反省理論

1992年2月6日　初　版第1刷発行
2017年11月15日　新装版第1刷発行

ヴィンフリート・メニングハウス
伊藤秀一 訳
発行所　一般財団法人　法政大学出版局
〒102-0071 東京都千代田区富士見 2-17-1
電話 03(5214)5540 振替 00160-6-95814
製版，印刷：三和印刷　製本：誠製本

Printed in Japan

ISBN978-4-588-14048-8

著　者

ヴィンフリート・メニングハウス（Winfried Menninghaus）

1952年生まれ．マールブルク，フランクフルト，ハイデルベルクでドイツ文学，哲学，政治学を学ぶ．本書『無限の二重化』で大学教授資格を取得し，1989年冬学期よりベルリン自由大学一般文芸・比較文学科の正教授．1994年よりイェール大学ほかアメリカ，フランスの大学でも客員教授を務め，2012年には『美の約束』でイタリア美学会国際美学賞を受賞．2013年よりフランクフルトのマックス・プランク経験美学研究所所長．本書のほか，日本語訳に『敷居学――ベンヤミンの神話のパサージュ』（現代思潮新社，2000年），『吐き気――ある強烈な感覚の理論と歴史』（2010年，小局刊），『美の約束』（現代思潮新社，2013年）がある．

訳　者

伊藤秀一（いとう・しゅういち）

1955年生まれ．東北大学大学院文学研究科（独語独文学専攻）博士後期課程満期退学．長崎大学講師・助教授を経て，2000年より中央大学経済学部教授．本書のほか，翻訳書にメニングハウス『敷居学――ベンヤミンの神話のパサージュ』（現代思潮新社，2000年），同『美の約束』（現代思潮新社，2013年），ブルーメンベルク『世界の読解可能性』（共訳，小局刊，2005年），ホーン『ロマンを生きた女たち』（現代思潮新社，新装版，2016年）がある．